21世纪高等院校会计学规划教材

会计学原理及教学案例

KUAIJIXUE YUANLI JI JIAOXUE ANLI

陈沉　张军波　邓彦　惠青山　编著

華南理工大學出版社
SOUTH CHINA UNIVERSITY OF TECHNOLOGY PRESS
·广州·

图书在版编目（CIP）数据

会计学原理及教学案例/陈沉等编著. —广州：华南理工大学出版社，2020.5（2021.8 重印）

ISBN 978-7-5623-6292-0

Ⅰ.①会…　Ⅱ.①陈…　Ⅲ.①会计学-案例-高等学校-教学参考资料　Ⅳ.①F230

中国版本图书馆 CIP 数据核字（2020）第 039632 号

会计学原理及教学案例

陈　沉　张军波　邓　彦　惠青山　编著

出 版 人：卢家明

出版发行：华南理工大学出版社

（广州五山华南理工大学 17 号楼，邮编 510640）

http：//hg.cb.scut.edu.cn　　E-mail：scutc13@scut.edu.cn

营销部电话：020-87113487　87111048（传真）

策划编辑：吴兆强

责任编辑：吴兆强　邓荣任

印 刷 者：广东虎彩云印刷有限公司

开　　本：787mm×1092mm　1/16　**印张：**18　**字数：**465 千

版　　次：2020 年 5 月第 1 版　2021 年 8 月第 3 次印刷

定　　价：45.00 元

---

21 世纪高等院校会计学规划教材

编委会

本教材为中央财政支持地方高校发展专项资金项目“产教融合 MPAcc 教学智库实验平台建设”（项目编号：400180039）、广东省哲学社会科学规划项目（GD16XGL53&GD18YGL02）、广州市哲学社会科学发展“十三五”规划马哲专项共建课题（2017GZMZGJ12）、“广东工业大学本科教学质量监控及评估机制研究”（项目编号：211180040）及广东工业大学校青年基金重点项目（18ZS0028）阶段性成果之一。

前 言

为了提升会计信息质量，进一步与国际会计准则趋同，近年来财政部多次修订了《企业会计准则》，相应的会计处理方法和会计科目等发生了变动，而相关制度与政策的修订必然带动会计教学工作的相应调整。随着大数据、人工智能、移动互联网和云计算的发展，会计支持决策的重要性日益凸显。如何引领师生思考新时代背景下会计理论和实务的发展方向，通过现实案例掌握会计学基本知识和基本原理，培养职业胜任能力，值得我们深思和探索。基于此，为了更好地满足广大会计理论界和实务界的学习需要，我们编写了《会计学原理及教学案例》这本教材。

作为会计学的入门教材，本教材以深入浅出的方式给会计初学者直观地呈现会计基础知识。基于最新企业会计准则和制度，本教材力争结构合理、内容丰富、简单易懂、突出重点，将理论知识与实务案例紧密结合，以便于教师教学及学生自学。

本教材一共 11 章内容，每一章伊始都有学习目标及内容概述，并由教学案例导入，每章结尾设有本章小结及相应习题，以帮助学生更好地复习和掌握该章节知识。教材第一章为总论，阐述企业资金运行过程，囊括会计的含义、会计目标、会计假设等会计基本理论；第二章为会计核算基础，介绍会计的基本方法，并通过后续几章知识的运用，加深学生对企业资金运行过程中会计核算的理解和掌握；第三章为筹资活动的会计核算；第四章为资金使用的会计核算；第五章为销售活动的会计核算；第六章为利润形成及分配业务的会计核算；从第三章到第六章主要是运用前面的基础知识进行会计核算；第七章为会计凭证与会计账簿，向学生介绍会计凭证的作用、分类及会计账簿的知识；第八章为财产清查，包括财产物资的盘存制度、方法、应用及结果处理等；第九章为财务报告，介绍会计信息输出形式——资产负债表、利润表、现金流量表等内容；第十章为会计工作组织与职业道德，让学生了解与会计相关的法律法规等。第十一章为“大智移云”视角下的会计，概述“大智移云”背景给会计工作带来的影响。本教材有配套的 PPT 课件等资料，方便教师授课。

本教材由广东工业大学管理学院会计系多位教师共同编写，参加编写的人员有陈沉博士、张军波副教授、黄蓉教授、邓彦教授、惠青山教授、吴小节教授、黄灿博士、彭镇博士、饶静副教授、陈越博士、张卓副教授等。本教材在编写过程中得到了广东工业大学管理学院诸多师生、华南理工大学出版社等的大力支持，同时参阅了相关文献及会计初级教材，在此一并表示感谢。本教材在编写过程中难免有所缺憾，恳请读者和同行批评指正，也可将问题以邮件的方式发送至 530709165@qq.com，以便更好地完善和提高。

全体编者

2020 年 3 月于广东工业大学

目 录

第一章 总 论

【学习目标及内容概述】

1. 熟悉会计的基本概念与对象，掌握会计的职能，了解会计发展历程。
2. 掌握会计的基本假设与会计基础。
3. 掌握会计信息的质量要求，了解会计信息的使用者。
4. 熟悉会计目标的内容。

【教学案例导入】

关于会计的对话

在我们开始学习会计基础知识之前，先来看一段关于会计的对话：甲、乙、丙、丁是四个好伙伴，有一次在一起聚会，一通天南海北闲聊之后聊起了什么是会计这一话题，四个人各执一词，谁也说服不了谁。以下是他们的对话：

甲：会计？这还不简单，会计就是指一个人。比如：我们公司的刘会计，是我们公司的会计人员，这里的会计不是人是什么？

乙：不对，会计不是指人，会计是指一项工作，比如我们常常这样问一个人，你在公司做什么工作的？我在公司当会计，这里的会计当然指的是一项会计工作。

丙：会计不只是指一项工作，也不是指一个人，而是指一个部门、一个机构，即会计机构。你们看，每个公司都有一个会计部，或者会计处什么的。这里的会计是指会计部门，显然是一个机构。

丁：你们都错了，会计既不是一个人，也不是一项工作，更不是指一个部门或机构，而是指一门学科。我弟弟就是在湖南大学学会计的，他当然是去学一门学科。

结果，他们谁也说服不了谁。

在日常生活中，会计确实有多种不同的含义，甲、乙、丙、丁四个人的看法都只是会计含义的一部分，但又都不全面。我们通常所说的会计主要还是指会计工作和会计学。

会计是一项经济管理工作，一项为生产经营活动服务的社会实践。会计是指会计工作。同时，既然有会计工作的实践，势必有实践经验的总结和概括，就有会计的理论，就会有会计工作的指导思想，会计是解释和指导会计实践的知识体系，是一门学科，也就是说，会计是指会计学。可见，会计既指会计学，也指会计工作；既包括会计理论，也包括会计实践。

思考：如果让你谈谈什么是会计，你会怎么说呢？

第一节　会计概述

一、会计的概念与特征

社会发展到今天，商品经济已经渗透到人们生活的方方面面。家庭的收入、支出、结余，企业的投入、产出和盈亏，投资者关心的投资回报等，均属于会计反映的内容。下面对会计基本特征的相关内容进行介绍。

（一）会计的概念

会计是以货币为主要计量单位，运用专门的方法，核算和监督一个单位经济活动的一种经济管理工作。

会计已经成为现代企业一项重要的管理工作。企业的会计工作主要是通过一系列会计程序，对企业的经济活动和财务收支进行核算和监督，反映企业财务状况、经营成果和现金流量，反映企业管理层受托责任履行情况，为会计信息使用者提供决策有用的信息，并积极参与经营管理决策，提高企业经济效益，促进市场经济的健康有序发展。

（二）会计的基本特征

会计的基本特征可以从以下五个方面来把握。

第一，会计是一种经济管理活动。会计为企业经济管理提供各种数据资料，而且通过各种方式直接参与经济管理，对企业的经济活动进行核算和监督。从职能属性来看，会计的核算和监督本身就是一项管理活动；从本质属性来看，会计本身就是一项经济管理活动，它属于管理范畴。

第二，会计是一个经济信息系统。会计将企业经济活动的各种数据转化为货币化的会计信息，这些信息是企业内部管理者和外部利益相关者进行相关经济决策的重要依据。

第三，会计以货币作为主要计量单位。经济活动中一般使用劳动计量单位、实物计量单位和货币计量单位三种计量单位。相对于其他两种计量单位，货币计量便于统一衡量和综合比较，能全面反映企业的生产经营情况，因此，会计需要以货币作为主要计量单位。

第四，会计具有核算和监督的基本职能。核算和监督这两大职能是会计工作最基本的职能，也是会计管理活动的重要表现形式。

第五，会计采用一系列专门的方法。会计在对经济活动进行核算、监督和分析时，形成了一套独特的计算方法。会计方法包括会计核算方法、会计分析方法和会计检查方法。其中，会计核算方法是整个会计方法体系的基础，它指的是通过对发生的经济业务进行全面、综合、连续、系统的记录和计算，为经营管理提供有效的会计信息的方法。

（三）会计的发展历程

会计随着人类社会生产的发展和经济管理需要而产生、发展并不断完善。

1. 会计的产生

会计最早产生于原始社会末期，随着生产的发展、生产规模的扩大和劳动成果的增加，人们单凭大脑记忆已无法完成对生产耗费及劳动成果的管理，便出现了“结绳记事”“绘图记事”和“刻契记事”等，在对社会生产实践活动所进行的计量、计算、记录和比较的过程中产生了会计。

随着生产力水平的提高，“剩余产品”越来越多，劳动耗费和劳动成果的记录与计算更加复杂，过去由生产人员附带完成的记录与计算工作必须由专职人员才能完成，“会计人员”从生产人员中单独分离出来，会计也相应从生活活动中分离出来并成为管理活动的一部分。

2. 会计的发展

会计发展分古代会计、近代会计和现代会计三大阶段，具体如表 1－1 所示。

表 1－1　会计发展阶段

发展阶段	所处时期	特点	具体内容
古代会计	从会计产生到 15 世纪末	计量单位以实物和货币为主，作为生产职能的附带部分，以官厅会计为主，会计核算采用单式记账法	文明古国如中国、巴比伦、埃及、印度与希腊，都留下了对会计活动的记载，是会计的雏形。在我国，有关会计事项记载的文字，最早出现于商朝的甲骨文
近代会计	从 1494 年到 20 世纪 40 年代末	以货币为主要计量单位，会计作为独立的管理职能，以企业会计为主，会计核算采用复式记账法，并形成一整套完整的会计核算方法	1494 年，数学家卢卡·帕乔利在《算术、几何、比及比例概要》中专门阐述了复试记账的基本原理。这是会计发展史上的第一个里程碑。工业化革命后，会计理论和方法出现了明显的发展，从而完成了由簿记到会计的转化。1853 年，苏格兰成立了世界上第一个注册会计师团体——“爱丁堡会计师协会”，这被誉为继复式簿记后会计发展史上的又一个里程碑
现代会计	从 20 世纪 50 年代至今	会计分为财务会计和管理会计两大分支，会计理论逐渐形成，会计规范逐渐走向国际化	这一会计发展阶段，会计理论与会计实务都取得了极大的发展，标志着会计发展进入成熟时期。一方面，电子计算机技术被推广到会计领域，引起会计工艺的彻底革命，使会计的性质、职能和作用发生了很大的变化；另一方面，传统的会计逐渐形成了两个相对独立的分支：“财务会计”和“管理会计”。而管理会计的诞生则成为会计发展史上的第三个里程碑

二、会计对象与职能

（一）会计的对象

会计对象是会计行为的客体，是会计工作的内容，也是会计核算和会计监督的内容，具体是指社会再生产过程中能以货币表现的经济活动，即资金运动或价值运动。企业的资金运动具体表现为资金投入、资金循环与周转（资金的运用）、资金退出 3 个基本环节。

在不同的企业或单位，资金运动的形式和内容各有不同，因此会计的具体对象也有所不同。

1. 资金投入

资金投入包括企业所有者投入的资金和债权人投入的资金两部分，前者形成企业所有者权益，后者形成企业债权人权益（即企业的负债）。资金投入是企业获取资金的过程，是资金运动的起点。投入企业的资金一部分形成流动资产，另一部分形成企业的固定资产等非流动资产。

2. 资金循环和周转（资金的运用）

资金循环与周转是指资金投入企业后，在供应、生产和销售环节不断循环与周转的过程。具体又分为供应、生产和销售三个阶段。

（1）供应阶段——生产的准备。在这个阶段，企业利用投入的资金购买并储备原材料等劳动对象，为生产产品做充分的物资准备，同时要发生材料买价、运输费、装卸费等材料采购成本，与供货方发生货款的结算关系。

（2）生产阶段——产品的制造和资产的耗费。在这个阶段，生产工人借助机器设备对原材料进行加工生产，同时产生生产材料的消耗费用、工资费用、固定资产折旧费用，使企业与职工之间发生工资结算关系，单位之间发生劳务结算关系等。

（3）销售阶段——产品价值的实现。在这个阶段，企业将生产的产品对外销售，在取得销售收入的同时，还需要支付必要的销售费用，如包装费、运输费、广告费等，与购货商发生货款结算关系、与税务机关发生税务结算关系。

3. 资金退出

资金退出是指资金离开本单位，退出资金的循环和周转，主要包括偿还债务、上缴税金、向所有者分配利润、经法定程序减少资本等。资金退出是资金运动的终点。

上述资金运动的 3 个基本环节是相互支撑、相互制约的统一体。没有资金的投入，就不会有资金的循环和周转；没有资金的循环和周转，就不会有债务的偿还、税金的上缴和利润的分配等；没有资金的退出，就不会有新一轮的投入，也就不会有企业的进一步发展。

（二）会计的职能

会计职能是指会计在经济管理过程中所具有的功能。作为“过程的控制和观念的总结”的会计具有会计核算和会计监督两项基本职能，还具有预测经济前景、参与经济决策、评价经营业绩等拓展职能。

1. 会计基本职能

（1）会计的核算职能。会计的核算职能又称为会计的反映职能，是指会计管理活动以货币为主要计量单位，通过确认、计量、记录和报告，运用专门的方法，从数量上反映各单位已经发生或完成的经济活动，为经济管理提供完整、连续、系统的会计信息的功能。它是会计最基本的职能，具有以下 4 个特征：

第一，主要以货币为计量单位，从数量方面反映经济活动。计量单位主要有 3 种：实物度量、劳动度量和货币度量。实物度量（如台、件、公斤、吨）的缺点是不能综合反映经济现象和结果，只能单个进行反映；劳动度量（劳动工时）能解决综合反映问题，但由于各单位机械化、电子化程度不同，劳动生产率有别，从而不可比；而货币度量可以对各种经济活动进行综合反映。以货币为统一计量单位，对经济活动进行综合反映，是会计的重要特点。

第二，会计核算内容既包括事中核算、事后核算，也包括事前核算，即核算的内容主要是已经发生或完成的经济活动，同时也为预测未来提供信息。会计核算对已经发生的经济业务进行事后的确认、计量、记录和报告，这是会计核算的基础工作。随着社会经济的发展，市场竞争日益激烈，企业经济活动日益复杂，经营管理需要加强预测性。因此，会计核算从事中核算、事后核算扩展到事前核算、分析和预测经济前景，为经营管理提供更多的会计信息。

《中华人民共和国会计法》（以下简称《会计法》）和《会计基础工作规范》规定会计核算的具体内容包括 7 项：①款项和有价证券的收付；②财物的收发、增减和使用；③债权债务的发生和结算；④资本、基金的增减；⑤收入、支出、费用、成本的计算；⑥财务成果的计量和处理；⑦需要办理会计手续、进行会计核算的其他事项。

第三，会计核算具有完整性、连续性和系统性的特点。完整性是指凡属于会计核算的内容都必须加以记录，不能有任何遗漏；连续性是指各种经济业务的确认、计量、记录和报告都要连续进行，不能有任何中断；系统性是指会计提供的数据资料必须在科学的分类的基础上形成相互联系的有序整体。三者缺一不可，相辅相成。

第四，会计核算方法。主要包括设置会计科目和账户、复式记账、填制和审核会计凭证、登记账簿、成本计算、财产清查及编制财务会计报告七大会计方法。

（2）会计的监督职能（控制职能）。会计监督是指会计机构、会计人员按照一定的目的和要求，利用会计核算所提供的信息，对企事业单位经济活动的全过程进行控制和指导，以达到预期目标的功能。

会计监督具有以下特点：

第一，会计监督的主体是会计机构、会计人员。

第二，主要利用各种价值指标对经济活动进行货币监督。会计核算以货币为主要计量单位，提供了一系列反映企业经济活动的价值指标，如资产、负债、所有者权益、收入、成本费用和利润及偿债能力、获利指标。会计监督主要是依据这些指标进行的，有时也利用实物度量进行实物监督。

第三，会计监督的依据主要包括 5 个方面：①财经法律、法规、规章，如《中华人民共和国公司法》；②会计法律、法规和国家统一会计制度，如《会计法》《总会计师条例》《企业财务会计报告条例》《会计基本准则和具体准则》《小企业会计准则》等；③各省、自治区、直辖市财政厅（局）及国务院业务主管部门根据《会计法》和国家统一会计制度制定的具体实施办法或者补充规定；④各单位根据《会计法》和国家统一会计制度制定的单位内部会计管理制度；⑤各单位内部的预算、财务计划、经济计划、业务计划等。

第四，会计监督贯穿于经济活动的全过程，包括事前监督、事中监督和事后监督。其中，事前监督主要表现为对计划和预算的审核；事中监督主要表现为对日常经济活动的适时限制和调整；事后监督主要表现为对已经完成的经济活动的合理性、合法性和有效性进行的检查、分析、评价以及必要的纠正活动。

《会计基础工作》规范会计监督，包括以下内容：①对原始凭证进行审核和监督；②对会计账簿或者账外设账行为进行监督；③对实物、款项进行监督；④对财务报告进行监督；⑤对财务收支进行监督；⑥对单位制定的预算、财务计划、经济计划、业务计划的执行情况进行监督。

（3）会计核算与会计监督的关系。会计核算与会计监督的关系十分密切，两者相辅相成：①会计核算是会计监督的基础，如果没有完整可靠的核算资料，会计监督便失去了客观依据；②会计监督是会计核算的质量保证，如果没有科学和严格的监督，会计核算就会失去意义。因此，两者有机结合，才能正确、及时、完整地反映经济活动，有效地提高经济效益。

2. 会计拓展职能

随着社会经济的发展和经济管理的现代化，会计的职能也会随之变化，一些新的职能不断出现。会计除了会计核算和会计监督 2 个基本职能之外，还有预测经济前景、参与经济决策和评价经营业绩 3 个拓展职能。

（1）预测经济前景。是指根据会计报告等信息，定量或者定性判断和推测经济活动的发展变化规律，以指导和调节经济活动，提高经济效益。

（2）参与经济决策。是指根据财务会计报告等信息，运用定量和定性分析方法，对备选方案进行经济可行性分析，为企业生产经营管理提供与决策有关的信息。

（3）评价经营业绩。是指利用财务会计报告等信息，采用适当方法，对企业一定经营期间的资产运营、经济效益等经营成果，对照相应的标准，进行定量及定性对比分析，做出真实、客观和公正的综合评判。

第二节　会计假设和会计基础

一、会计基本假设

会计基本假设是会计确认、计量和报告的前提，是对会计核算所处时间、空间环境等所做的合理假定。会计面对的是一个现实的复杂多变的社会经济环境，要使会计核算工作具有一定的稳定性和规律性，必须对会计工作提出一定的前提条件，即设定某些假设，从而使会计工作在一定的规则下进行。

根据《企业会计准则》的规定，会计基本假设包括会计主体、持续经营、会计分期和货币计量 4 项内容。

（一）会计主体

1. 定义

会计主体是指会计确认、计量和报告的空间范围，即会计核算和监督的特定单位或组织。在会计主体假设下，企业应当对其本身发生的交易或者事项进行会计确认、计量和报告，反映企业本身所发生的经济活动。明确界定会计主体是开展会计确认、计量和报告工作的重要前提。

明确会计主体的意义：①明确会计主体，才能划定会计所要处理的各项交易或事项的范围。在会计实务中，只有那些影响企业本身经济利益的各项交易或事项才能加以确认、计量和报告。会计工作中通常所说的资产、负债的确认，收入的实现，费用的发生等都是针对特定会计主体而言的。②明确会计主体，才能将会计主体的交易或事项与会计主体所有者的交易或事项以及其他会计主体的交易或事项区分开来。

2. 会计主体和法律主体的关系

会计主体不同于法律主体，但它们存在着一定的关系：①法律主体必然是一个会计主体。例如，一个企业作为一个法律主体，应当建立财务会计系统，独立反映其财务状况、经营成果和现金流量，所以它也是一个会计主体。②会计主体不一定是法律主体。例如，企业集团中的母公司拥有若干子公司，母公司和子公司虽然是不同的法律主体，但是母公司对子公司拥有控制权，为了全面反映企业集团的财务状况、经营成果和现金流量，有必要将企业集团作为一个会计主体，编制合并财务报表，在这种情况下，尽管企业集团不属于法律主体，但它却是会计主体。

（二）持续经营

持续经营是指在可以预见的未来，会计主体将会按当前的规模和状态继续经营下去，不会停业，也不会大规模削减业务。在持续经营假设下，会计确认、计量和报告应当以企业持续、正常的经济活动为前提。一个企业在不能持续经营时，应当停止使用根据该假设所选择的会计确认、计量和报告原则与方法，否则不能客观反映企业的财务状况、经营成果和现金流量，会误导会计信息使用者的经济决策。

（三）会计分期

会计分期是指将一个会计主体持续经营的经济活动划分为一个个连续的、长短相同的期间，以便分期结算账目和编制财务会计报告。

根据持续经营假设，企业的正常生产将无限期地进行下去，要正确地核算盈亏，理论上应当从企业成立开始，到企业结束经营为止，将企业持续期间全部收支相抵才能确定盈亏，这样会导致会计信息失去相应的价值。因此，为了及时提供企业生产经营信息，我们假定企业正常生产经营活动可以人为地分隔成若干相等的、较短的时间段落，这就是会计分期。由此可知，会计分期假设是持续经营假设的一个必要补充，它同样是会计核算时间范围的规定。

在会计分期假设下，企业应当划分会计期间，分期结算账目和编制财务报表。会计期间通常分为年度和中期。在我国，会计年度自公历 1 月 1 日起至 12 月 31 日止。中期，是指短于一个完整的会计年度的报告期间，通常包括半年度、季度和月度，一般按照公历日期来确定。

（四）货币计量

货币计量是指会计主体在会计确认、计量和报告时以货币作为计量尺度，反映会计主体的经济活动。之所以选择货币为计量单位，是因为货币可作为衡量一般商品价值的共同尺度，具有价值尺度、流通手段、储藏手段和支付手段等特点。

在货币计量的前提下，我国企业的会计核算以人民币为记账本位币。业务收支以人民币以外的货币为主的单位，也可以选定其中一种货币作为记账本位币，但编制的财务报表应当折算为以人民币反映。在境外设立的中国企业向国内报送的财务报表，也应当折算为以人民币反映。

（五）会计基本假设之间的关系

会计主体、持续经营、会计分期和货币计量是相互依存、相互补充的。第一，会计主体确立了会计核算的空间范围，持续经营和会计分期确立了会计核算的时间长度，货币计量为会计核算提供了必要手段。第二，没有会计主体，就不会有持续经营；没有持续经营，就不会有会计分期；没有货币计量，就不会有现代会计。

二、会计基础

会计基础是指会计确认、计量和报告的基础。会计基础按其是以应收应付还是以实收实付作为确认、计量和报告企业单位收入和费用的标准，可以分为权责发生制和收付实现制两类。

企业的资源流动会引起相应的现金流动，但由于存在会计分期，现金实际的收付期间和资源流动的发生期间往往会出现不一致的情况。因此，在确认资产、负债、收入和费用时，就可能出现两种会计基础：收付实现制和权责发生制。企业在确认、计量和报告中往往以权责发生制为基础。

（一）权责发生制

权责发生制的定义、核算原则、适用范围、优点如表 1－2 所示。

表 1－2　权责发生制

项目	内　　容
定义	权责发生制也称应计制或应收应付制，是指收入、费用的确认应当以收入和费用的实际发生作为确认的标准，合理确认当期损益的一种会计基础
核算原则	在权责发生制下，凡是当期已经实现的收入和已经发生或应当负担的费用，无论款项是否收付，都应当作为当期的收入和费用，计入利润表；凡是不属于当期的利润和费用，即使款项已在当期收付，也不应当作为当期的收入和费用

续上表

项目	内　　容
适用范围	《企业会计准则——基本准则》明确规定，企业应当以权责发生制为基础进行会计确认、计量和报告。事业单位部分经济业务或者事项，以及部分行业事业单位的会计核算采用权责发生制核算的，由财政部在相关会计制度中具体规定
优点	在权责发生制下，可以正确反映企业在各个会计期间所实现的收入和实现收入所应负担的费用，从而可以正确地将收入和费用相配合，并加以比较，正确确定各期的财务成果

（二）收付实现制

收付实现制的定义、核算原则、适用范围和优点如表1-3所示。

表1-3　收付实现制

项目	内　　容
定义	收付实现制也称现金制，是以收到或支付现金作为确认收入和费用的标准，是与权责发生制相对应的一种会计基础
核算原则	在收付实现制下，凡是本期收到的收入和支出的费用，不管是否应当归属于本期，都应当作为本期的收入和费用；反之，凡是本期未收到的收入或未支付的费用，即使应当归属于本期，也不应作为本期的收入和费用
适用范围	事业单位会计核算一般采用收付实现制
优点	在收付实现制下，会计记录直观，不需要对账簿记录进行期末账项调整

（三）权责发生制和收付实现制的实例

朝阳公司2021年5月发生下列经济业务：

（1）3日，收到上月应收销货款50 000元；

（2）5日，收到购货单位预付款30 000元；

（3）8日，计算并缴纳本月应负担的设备维修费1000元；

（4）28日，收到6月银行存款利息收入1800元；

（5）30日，预付下一年度办公室租金13 000元。

按照权责发生制计算：

本月应计的收入＝1800（元）

本月应计的费用＝1000（元）

按照收付实现制计算：

本月应计的收入＝50 000＋30 000＋1800＝81 800（元）

本月应付的费用＝1000＋13 000＝14 000（元）

第三节 会计信息质量

一、会计信息使用者

会计信息使用者的角色不同，使用会计信息目的也不相同。总的来说，会计信息的使用者分为企业外部会计信息使用者和企业内部会计信息使用者。

（一）企业外部会计信息使用者

企业外部会计信息使用者是指企业外部与企业有直接或者间接经济利害关系的单位和个人。具体包括投资者、债权人、客户和供应商、政府和社会公众等。

投资者需要利用会计信息及时获取企业财务状况和一段时期内的获利情况，以便重新评估其投资的风险和收益，及时调整投资方略。债权人主要通过分析企业本期的收入和利润了解企业的偿债能力，确认企业的资信度，决定是否给予贷款和贷款金额额度。企业的客户和供应商根据企业资本结构、偿债能力和财务风险来评估企业是否能如期支付货款，确定议价策略。政府通过企业财务报表监督市场规范，通过税收和其他政策调节宏观经济。社会公众也关心企业对当地经济发展的贡献，如增加就业、刺激消费、社区服务等。

（二）企业内部会计信息使用者

企业内部会计信息使用者主要是指企业内部各阶层的管理人员以及企业员工。企业各级管理人员需要利用会计信息做出各种判断和决策，包括战略选择、筹资决策、生产经营决策、投资决策等，还需要用财务指标来评价和控制生产经营活动中各部门的表现。企业职工则需要通过会计信息了解企业获利情况，从而获得稳定的就业保证和相应的工资福利信息。

二、会计信息质量要求

会计作为一项反映经济信息的工作和管理活动，有义务向相关利益者提供对决策有用的会计信息。会计信息质量要求是在会计假设的基础上形成的，反映了会计活动的内在规律和长期会计实践经验总结，是对企业财务报告中所提供的会计信息质量的基本要求。我国《企业会计准则——基本准则》规定，会计信息质量要求包括可靠性、相关性、可理解性、可比性、实质重于形式、重要性、谨慎性、及时性。

（一）可靠性

可靠性又称客观性、真实性。它要求企业应当以实际发生的交易或者事项为依据进行会计确认、计量和报告，如实反映符合确认和计量要求的各项会计要素及其他相关信息，保证会计信息真实可靠、内容完整。

可靠性的理解有3个方面：①应当以实际发生的交易或者事项为依据，不能捏造、虚构经济事项进行会计确认、计量和报告。②应当中立、如实地反映信息，不以个人意愿修改歪曲会计资料和数据。③在符合重要性和成本效益原则的前提下，保证会计信息的完整性，其中包括应当编报的报表及其附注内容等应当保持完整，不能随意遗漏或者减少应予披露的信息，与使用者决策相关的有用信息都应当充分披露。

（二）相关性

相关性又称有用性。它要求企业提供的会计信息应当与财务会计报告使用者的经济决策需要相关，有助于财务会计报告使用者对企业过去、现在或者未来的情况作出评价或者预测。

相关的会计信息具有反馈价值，有助于使用者评价企业过去的决策，证实或者修正企业过去的预测。相关的会计信息还具有预测价值，有助于使用者根据财务报告所提供的会计信息预测企业未来的财务状况、经营成果和现金流量。不同的使用主体具有不同的会计信息需求，在确认、计量、报告会计信息时，应当充分考虑会计信息使用者的决策模式和信息需求，以满足会计质量相关性的要求。

（三）可理解性

可理解性又称明晰性。它要求企业提供的会计信息应当清晰明了，便于财务会计报告使用者理解和使用。企业编制财务报告、提供会计信息的目的在于使用，而要让使用者有效地使用会计信息，就要求信息应当清晰明了，易于理解。

同时，鉴于会计信息是一种专业性较强的信息产品，在强调会计信息的可理解性要求的同时，使用者也应尽量提高有关企业生产经营活动和会计核算方面的知识水平，并且愿意付出努力去研究这些信息。对于某些复杂的信息，例如，交易本身较为复杂或者会计处理较为复杂，但其对使用者的经济决策是相关的，就应当在财务报告中予以披露，企业不能仅仅以该信息会使某些使用者难以理解为由，而将其排除在财务报告所应披露的信息之外。

（四）可比性

可比性要求企业提供的会计信息应当互相可比。它有两方面的含义：①纵向可比，即要求同一企业对于不同时期发生的相同的或者相似的交易或者事项，应当采用一致的会计政策，不得随意变更。确需变更的，应当在附注中予以说明。目的是便于使用者了解企业财务状况和经营成果的变化趋势，有利于决策，同时防止人为操控数据指标。②横向可比，即要求不同企业发生的相同或者相似的交易或者事项，应当采用规定的会计政策，确保会计信息口径一致、互相可比，便于使用者评价不同的企业，从而做出科学合理的决策。

（五）实质重于形式

实质重于形式要求企业应当按照交易或者事项的经济实质进行会计确认、计量和报告，不应仅以交易或者事项的法律形式为依据。在实务中，有时交易或者事项的法律形式并不能真实地反映其实质，企业应当按照经济实质对所发生的交易或者事项进行会计确认、计量和报告，否则容易导致会计信息失真，无法如实反映经济现实。

例如：某企业以融资租赁方式租入的固定资产，法律形式上承租企业并不拥有所有权，不应核算；但经济实质上该企业拥有该项固定资产的使用权并能带来经济利益，故应当进行核算。

（六）重要性

重要性要求企业提供的会计信息应当反映与企业财务状况、经营成果和现金流量等有关的所有重要交易或者事项。企业在进行会计核算时，对于重要的会计事项应当单独反映，而次要的会计事项可以简化或合并反映。此外，重要性的应用有赖于职业判断。企业应当根据其所处环境和实际情况，从项目的性质和金额大小两方面来判断其重要性。

（七）谨慎性

谨慎性又称稳健性。它要求企业对交易或者事项进行会计确认、计量和报告应当保持应有的谨慎，不应高估资产或者收益、低估负债或者费用。在市场经济环境下，企业的生产经营活动面临着许多风险和不确定性。谨慎性主要表现在不记录预计的收入，但应记录和反映预计可能发生的损失，例如对各项资产计提坏账准备、资产减值准备等。但是，谨慎性原则的应用并不允许企业设置秘密准备，人为操纵会计信息。

（八）及时性

及时性要求企业对于已经发生的交易或者事项，应当及时进行会计确认、计量和报告，不得提前或者延后。会计信息的价值在于帮助使用者做出经济决策，因而具有时效性。即使是可靠、相关的会计信息，若没有及时使用，也就失去了意义。因此，及时性的要求体现在 3 个方面：①要求及时收集会计信息，即在交易或者事项发生之后，及时收集整理各种原始单据和凭证；②要求及时处理会计信息，即按照相关规定，及时进行会计确认、计量和编制财务报告；③要求及时传递会计信息，即按照国家规定时限，及时将财务报告传递给会计信息使用者。

第四节　会计目标

一、会计目标的概念

会计目标是指会计工作应达到的目的或结果。会计目标分为直接目标和间接目标。

会计的直接目标也称为会计报告目标。会计活动的重要手段和最终结果是根据企业日常生产经营活动的记录编制财务报告。会计信息使用者将依据财务报告所反映出来的经济现象和趋势做出经济决策。

会计的间接目标或终极目标是提高企业的经济效益，这也是由会计的本质决定的。会计在本质上是一个信息系统，也是一种管理活动。企业的任何一项管理活动都必须服从于企业创造最大效益这一最终目标。会计人员通过对实际发生的经济活动的如实记录、分析和报告，使企业管理与决策更加科学，为企业实现最终目标提供了可能。

二、我国会计具体目标

我国《企业会计准则》规定，财务会计报告的目标是向财务会计报告使用者提供与企业财务状况、经营成果和现金流量等有关的会计信息，反映企业管理层受托责任履行情况，有助于财务会计报告使用者做出经济决策。财务会计报告使用者包括投资者、债权人、政府及其有关部门和社会公众等。

在企业所有权与经营权分离的经济环境下，我国会计具体目标反映了会计信息所满足的两种需求观点：一是决策有用观。决策有用观认为，会计的目标是向信息使用者提供对决策有用的信息。二是受托责任观。受托责任观认为，会计的目标是向委托人报告受托责任的履行情况。财务报告反映了企业管理层受托责任的履行情况和业绩情况，这样有助于评价企业经营管理责任和资源使用有效性。

本章小结

本章介绍了会计的定义、会计对象和会计职能、会计假设和会计信息质量要求以及会计目标。通过本章学习，要重点把握以下内容：

（1）会计是以货币为主要计量单位，运用专门的方法，核算和监督一个单位经济活动的经济管理工作。

（2）会计对象即会计工作的内容，在不同的企业或单位，资金投入、资金运用与资金退出的三个具体环节所体现的会计具体对象有所不同。

（3）会计的职能包括核算和监督两个基本职能，同时，随着社会经济的发展，会计还拓展出预测经济前景、参与经济决策和评价经营业绩等新职能。

（4）会计假设是会计工作的前提，包括会计主体、持续经营、会计分期和货币计量四种假设。会计基础分为权责发生制和收付实现制两种，是企业会计确认、计量和报告的标准。

（5）会计信息使用者分为外部使用者和内部使用者，向使用者提供的会计信息质量的基本要求分别是可靠性、相关性、可理解性、可比性、实质重于形式、重要性、谨慎性、及时性。

（6）会计的终极目标是提高企业的经济效益，会计信息所需要满足的两种需求形成了我国会计具体目标——决策有用观和受托责任观。

习　题

一、单项选择题

1. 下列有关会计的基本特征表述正确的是（　　）。
   A. 会计是以货币为计量单位，不能使用实物计量和劳动计量
   B. 会计拥有一系列的专门方法，包括会计核算、管理和决策分析等
   C. 会计具有会计核算和监督的基本职能
   D. 会计的本质是核算活动

2. 下列属于会计信息质量要求的是（　　）。
   A. 配比原则　　B. 必要性
   C. 划分收益性支出和资本性支出　　D. 实质重于形式

3. 在可预见的未来，会计主体不会破产清算，所持有的资产将正常运营，所负有的债务将正常偿还。这属于（　　）。
   A. 货币计量假设　　B. 会计分期假设
   C. 持续经营假设　　D. 会计主体假设

4. 朝阳公司于202×年8月临时租入一套设备用于生产成品，9月份支付8月、9月、10月三个月租金共计90 000元。根据权责发生制的要求，对该项租金支出正确处理的是（　　）。
   A. 全额计入8月份的制造费用
   B. 全额计入9月份的制造费用
   C. 全额计入10月份的制造费用
   D. 按一定的方法分摊计入8月、9月、10月份的制造费用

5. 根据权责发生制原则，以下属于本期的收入和费用的是（　　）。
   A. 支付明年的房屋租金
   B. 本期已经收款，但商品尚未制造完成
   C. 当前税法规定预缴的税费
   D. 商品在本期销售，但货款尚未收到

6. 企业应向股东提供有助于其做出是否继续持有公司股票决策的会计信息，所体现的会计信息质量要求是（　　）。
   A. 及时性　　B. 相关性
   C. 可比性　　D. 重要性

7. 会计核算上将以融资租赁方式租入的资产视为企业的资产所反映的会计信息质量要求的是（　　）。
   A. 相关性　　B. 谨慎性
   C. 实质重于形式　　D. 及时性

8. 企业会计核算时将劳动资料划分为固定资产和低值易耗品，是基于（　　）信息质量要求。

A. 重要性　　B. 可比性
C. 谨慎性　　D. 权责发生制

二、多项选择题

1. 在有不确定因素情况下做出合理判断时，下列事项符合谨慎性会计信息质量要求的是（　　）。

A. 设置秘密准备，以防备在利润计划完成不佳的年度转回
B. 不要高估资产和预计收益
C. 合理估计可能发生的损失和费用
D. 尽可能低估负债和费用

2. 下列做法中，符合谨慎性要求的有（　　）。

A. 被投资企业当年发生严重亏损，投资企业对此项长期投资计提减值准备
B. 在物价上涨时对存货计价采用先进先出法
C. 对应收账款计提坏账准备
D. 对固定资产计提折旧

3. 会计的基本职能包括（　　）。

A. 核算职能　　B. 监督职能
C. 决策职能　　D. 预测职能

4. 下列属于我国企业会计假设的是（　　）。

A. 会计主体　　B. 持续经营
C. 货币计量　　D. 权责发生制
E. 会计分期

5. 下列说法正确的是（　　）。

A. 会计人员只能核算与监督所在主体的经济业务，不能核算和监督其他主体的经济业务
B. 会计主体可以是企业中一特定部分，也可以是几个企业组成的企业集团
C. 会计主体一定是法律主体
D. 会计主体假设界定了从事会计工作和提供会计信息的空间范围

6. 会计信息的外部使用者包括（　　）。

A. 股东　　B. 债权人
C. 政府　　D. 首席执行官
E. 董事长　　F. 供应商

7. 对会计目标主要有两种观点，分别为（　　）。

A. 信息系统观　　B. 受托责任观
C. 管理活动观　　D. 决策有用观

习题答案

一、单项选择题

题号	1	2	3	4	5	6	7	8
答案	C	D	C	D	D	B	C	A

二、多项选择题

题号	1	2	3	4	5	6	7
答案	BC	AC	AB	ABCE	ABD	ABCF	BD

第二章 会计核算基础

【学习目标及内容概述】

本章介绍了会计核算方法、会计要素和会计等式、会计科目与会计账户、复式记账、会计循环与会计核算程序的相关内容，旨在让同学们通过本章内容的学习把握会计核算基础的相关知识，为后续章节中经济业务的处理、会计具体工作的开展打下良好的基础。

通过本章学习，应掌握的内容如下：

（1）会计核算方法的分类及程序。

（2）会计要素的具体分类及其概念；会计等式的内容及其运用。

（3）会计科目的分类，主要会计科目的名称；会计账户的结构及其反映的内容。

（4）复式记账的基本原理，正确分析经济业务并编制会计分录、过账和编制试算平衡表。

（5）会计循环的完整步骤；会计核算程序的种类及不同会计核算程序间的主要区别。

【教学案例导入】

会计核算基础有两种，一种叫收付实现制或实收实付制，另一种叫权责发生制或应收应付制。在不同的会计核算基础下企业收入和费用的确认存在较大的差别。假定朝阳公司202×年12月发生了如下经济业务：

（1）销售A产品一批，价款10万元，货款已经收到并存入银行；

（2）销售B产品一批，价款20万元，收到为期2个月的商业汇票一张；

（3）银行通知企业收到了东方公司202×年11月份的欠款6万元；

（4）银行收到C产品预收款项4万元；

（5）用银行存款支付了本月的生产费用10万元；

（6）本月接受云山公司劳务需支付8万元，合同规定货款延期到下月支付。

请根据权责发生制和收付实现制分别核算朝阳公司202×年12月份的损益。

思考题：

（1）权责发生制和收付实现制分别是什么？

（2）朝阳公司202×年12月份的如上经济业务在不同记账基础下如何影响当期收入和费用的计量，对利润的影响又是怎样的？

第一节 会计核算方法概述

一、设置会计科目和账户

会计科目和账户是对会计对象的具体内容（六大会计要素）进行分类核算的项目。通过设置会计科目和账户，可以按时间和类别将各项经济业务的增减变动记入账户，分门别类地提供各种有用的数据和信息，供决策者使用。设置会计科目和账户是会计核算最基本的方法。

二、复式记账

复式记账是指对发生的每一笔经济业务，都以相同的金额，同时在相互联系的两个或两个以上的账户中进行全面登记的一种记账方法。它既能够全面、完整、相互联系地反映每一项经济业务的来龙去脉，也可以检查有关经济业务的账户记录是否正确。

三、填制和审核会计凭证

会计凭证是记录经济业务、明确经济责任的书面证明，是登记账簿的依据。填制和审核会计凭证是指在经济业务发生后，经办人员或有关单位借助设置的会计科目和账户、复式记账法，按照有关规定填制会计凭证，并由有关部门和人员进行审核，保证会计资料真实、合法和合理的一种专门方法。

四、登记账簿

登记账簿是指根据审核无误的会计凭证，将所有经济业务按其发生的时间顺序，分门别类地记入有关账簿，并定期进行对账和结账。账簿所提供的各种数据和资料，是编制财务会计报告的依据。

五、成本计算

成本计算，是指将生产经营过程中所发生的各种费用，按一定的成本计算对象进行归集和分配，最后计算出该对象的总成本和单位成本的一种专门方法。成本是补偿生产耗费的价值尺度，是反映经济管理质量的综合性指标，是企业制定产品价格的基本依据，是企业决策的重要依据，因此，成本计算是企业进行经济核算的中心环节。

六、财产清查

财产清查，是指通过对各种财产物资的实地盘点以及对银行存款和债权债务的查询核对，来查明实存数和账存数是否相符的一种专门方法。财产清查对于保证会计核算资料的客观真实性、监督财产物资的安全完整与合理使用，具有重要的作用。

七、编制财务会计报告

财务会计报告，又称会计报告或财务报告，是指企业对外提供的反映企业某一特定日期的财务状况和某一会计期间的经营成果、现金流量等会计信息的文件。财务会计报告是企业会计核算的最终成果，是企业提供会计信息的主要形式，也是会计信息使用者了解企业信息的主要渠道。

以上七种方法相互联系，密切配合，构成了一个完整的方法体系。就其使用程序来看，填制和审核会计凭证是首要环节，登记账簿是中间环节，编制财务会计报告是最终环节。这三个环节环环相扣，构成企业会计核算方法中的三大基本步骤，其他方法与它们紧密相连。它们之间的关系如图 2 – 1 所示。

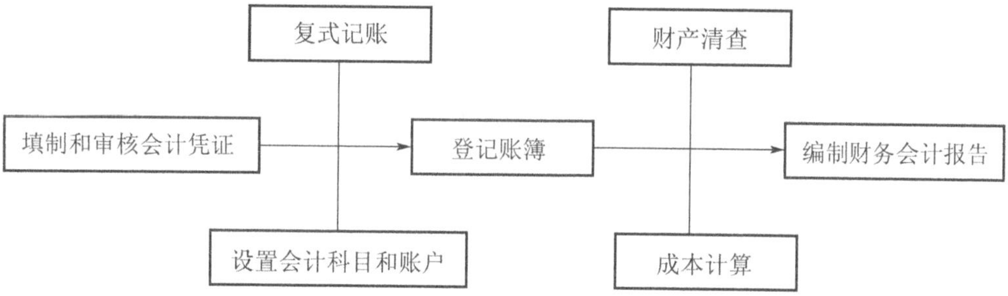

图 2 – 1　会计核算方法

第二节　会计要素和会计等式

会计的对象是社会再生产过程中的资金运动或价值运动，是会计核算和监督的内容。在各企业中，资金运动的具体过程表现为各种各样的经济业务，为了分门别类地、正确地核算和监督各项经济业务，需要使用一些特定概念对会计对象进行分类。由于单位的组织形式和经济活动的内容不同，所以不同单位的会计对象均有不同的特点。

一、会计要素概述

会计要素是会计对象的具体化，是根据交易或者事项的经济特征所确定的财务会计对象的基本分类，所以又称会计对象要素，实际上就是对企业经济活动或资金运动的基本分类。会计要素按照其性质分为资产、负债、所有者权益、收入、费用和利润。其中，资产、负债和所有者权益侧重于反映企业的财务状况，称为静态会计要素；收入、费用和利润侧重于反映企业的经营成果，称为动态会计要素。会计要素分类如图 2－2 所示。

会计要素有两大作用：一是为会计分类核算提供了基础；二是为会计报表构筑了基本框架，是报表最基本的项目，是会计报表项目的底线，因而又称财务报表要素。

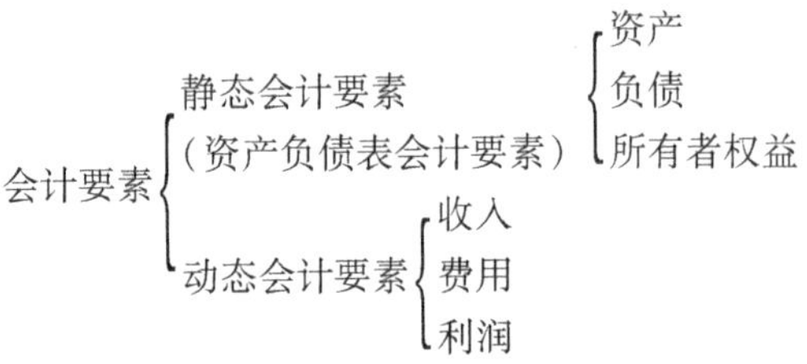

图 2－2　会计要素分类

二、静态会计要素

（一）资产

资产是指企业过去的交易或者事项形成的、由企业拥有或控制的、预期会给企业带来经济利益的资源，包括各种财产、债权和其他权利。

1. 资产的特点

（1）资产预期会给企业带来经济利益。这是资产最重要的特征。预期会给企业带来经济利益，指资产直接或者间接导致现金和现金等价物流入企业的潜力。如果某一项目预期不能给企业带来经济利益，则不能确认为企业的资产。前期已经确认为资产的项目，如果不能再为企业带来经济利益的，也不能确认为企业的资产。例如：企业开办时期的装修费以及筹建中的其他支出均不能作为资产处理。

（2）资产是由过去的交易或者事项所形成的。过去的交易或事项包括：购买、生产、建造行为或其他交易及事项。企业预期在未来发生的交易或者事项不形成资产，如预计在未来某个时点将要购买的设备、即将取得的货币，不是企业的资产。

（3）资产为企业所拥有，或即使不为企业拥有，也是由其所控制。拥有是指企业享有某项资源的所有权。控制是指虽然不享有某项资产的所有权，但是企业能够支配这些资产，能够排他性地从资产中获取经济利益，如融资租入的固定资产。

2. 资产的确认条件

要将一项资源确认为资产，除了需要符合资产的定义外，还应当同时满足以下两个条件：

（1）与该资源有关的经济利益很可能流入企业。从资产的定义可以看出，能否给企业带来经济利益是资产的一项本质特征，但在实际生活中，由于经济环境瞬息万变，与资源有关的经济利益能否确实流入企业或能流入多少都带有不确定性。所以资产的确认还应与经济利益流入的不确定性程度的判断结合起来。例如企业从国外进口设备，这台设备性能先进，预计能为企业节省大量劳动时间，则这台设备能为企业带来经济利益，确认为资产。如果这台设备是国外已经淘汰的产品，它的使用会给环境造成一定程度的破坏，我国国内已经禁止使用，那么这台设备因为不能为企业带来经济利益，不能确认为资产。

（2）该资源的成本或者价值能够可靠地计量。可计量性是所有会计要素确认的重要前提，资产的确认也是如此。只有当与资源有关的成本或者价值能够可靠地计量时，才能确认为资产。例如人力资源就是企业一项重要的资源，但因为目前人力资源的计量问题没有得到解决，也就是人力资源还不能用货币计量，因此人力资源目前不能作为企业的资产入账。

3. 资产的分类

（1）资产按照流动性可分为流动资产和非流动资产。资产的流动性是指资产的变现能力。流动资产是指可以在一年或一个营业周期内变现或者耗用的资产。企业拥有的流动资产包括现金和各种存款、交易性金融资产、应收及预付款项、存货等。非流动资产是指持有期超过一年或一个营业周期的资产，包括长期投资、固定资产、无形资产和其他资产。

（2）资产按其是否具有实物形态可分为有形资产和无形资产。有形资产是指具有一定实物形态、用肉眼能够看到的资产，如房屋建筑物、机器设备、原材料、库存商品等。有形资产是企业的主要资产。无形资产是指企业可以长期使用而不具有实物形态的资产，主要是企业在法律上依法享有的一些权利，如专利权、商标权、著作权、特许经营权等。

（二）负债

负债是企业过去的交易或事项形成的预期会导致经济利益流出企业的现时义务。

1. 负债的特点

（1）负债是企业承担的现时义务。这是负债的一个基本特征。现时义务是指企业在现行条件下已承担的义务。未来发生的交易或者事项形成的义务，不属于现时义务，不应当确认为负债。现时义务包括法定义务和推定义务。法定义务是指具有约束力的合同或法律法规规定的义务，通常在法律意义上需要强制执行。推定义务是指根据企业多年来的习惯做法、公开的承诺或者公开宣布的政策而导致企业将承担的责任。

（2）负债预期会导致经济利益流出企业。这是负债的一项本质特征。只有在履行义务时会导致经济利益流出企业的，才符合负债的定义。在履行现时义务清偿负债时，导致经济利益流出企业的形式多种多样，如：用库存现金或实物资产偿还、以提供劳务偿还、部分转移资产部分提供劳务偿还、将负债转为资本等。

（3）负债是由企业过去的交易或事项形成的。只有过去发生的交易或者事项才能形成负债，企业将在未来发生的交易或者事项不形成负债。如正在交涉中的借款、应当在未来缴纳的税款，不是企业的负债。

2. 负债的确认条件

要将一项现时义务确认为负债，除了需要符合负债的定义外，还应当同时满足以下两个条件：

（1）与该义务有关的经济利益很可能流出企业。从负债的定义来看，预期会导致经济利益流出企业是负债的一个本质特征。在实际生活中，由于经济环境复杂，履行义务所需流出的经济利益带有不确定性，尤其是与推定义务相关的经济利益通常需要依赖于大量的估计。所以，负债的确认还应与经济利益流出的不确定性程度的判断结合起来，如果有确凿的证据表明，与现时义务有关的经济利益很可能流出企业，那么应当将其作为负债予以确认；若与现时义务有关的经济利益流出企业可能性很小，则不能确认为负债。

（2）未来流出的经济利益的金额能够可靠地计量。对于与法定业务有关的经济利益流出金额，通常可以根据合同或者法律规定的金额予以确定，因为经济利益的流出是在未来期间，有时未来期间较长，有关金额的计量需要考虑货币时间价值等因素的影响。对于与推定义务有关的经济利益流出金额，企业应当根据履行相关义务所需支出的最佳估计数进行估计。

3. 负债的分类

负债按照流动性分为流动负债和非流动负债。流动性是指负债偿还期限的长短。流动负债是指在一年或者超过一年的一个营业周期内需偿还的债务，包括短期借款、应付账款、应交税费、应付股利等。非流动负债是指偿还期在一年或者超过一年的一个营业周期以上的负债，包括长期借款、应付债券、长期应付款等。

（三）所有者权益

所有者权益又称股东权益，是所有者在企业资产中享有的经济利益，是所有者对企业资产的剩余索取权，其金额为资产减去负债后的余额。

1. 所有者权益的特点

（1）所有者权益是一种剩余权益。从数量上说是资产减去负债后的余额，所有者权益的大小取决于所有者对企业投资的增减和企业经营的有效与否。

（2）所有者权益所代表的资产可供企业长期使用。企业不必像负债那样定期按照固定的比例支付资金的使用报酬。除非发生减资、清算，企业不需要偿还其所有者。所有者投资所形成的资产可供企业长期使用，其出资额依法登记后，不得抽回。

（3）所有者权益所代表的资产是企业偿还的物质保证，也是企业亏损的承担者。

2. 所有者权益的确认条件

所有者权益体现的是所有者在企业中的剩余权益。所有者权益的确认主要依赖于资产和负债的确认，所有者权益金额的确定也取决于资产和负债的计量。

3. 所有者权益的内容

所有者权益的来源包括所有者投入的资本、直接计入所有者权益的利得和损失、留存收益等，具体项目有实收资本、资本公积、盈余公积和未分配利润。

（1）实收资本是指投资者按照企业章程或合同、协议的约定实际投入企业的资本，以及按照有关规定由资本公积、盈余公积等转增资本的资金。

（2）资本公积是企业收到投资者的超出其在注册资本（或股本）中所占份额的投资，以及直接计入所有者权益的利得和损失。

（3）盈余公积是指税后净利润中按一定比例计提的公积金。

（4）未分配利润是指本期未分配完的、留待以后会计年度分配的利润。

所有者投入的资本是指所有者投入企业的全部资本，既包括构成企业注册资本或股本的金额（称为实收资本或股本），也包括投入资本超过注册资本或股本的金额（称为资本溢价或股本溢价）。直接计入所有者权益的利得和损失，是指不应计入当期损益、会导致所有者权益发生增减变动的、与所有者投入资本或者向所有者分配利润无关的利得或者损失。

4. 负债和所有者权益的异同点

共同点：负债和所有者权益都是企业的资金来源，都是对企业资产的求偿权，前者是债权人的求偿权，后者是投资人的求偿权。

负债和所有者权益的区别如表 2 - 1 所示。

表 2 - 1 负债和所有者权益的区别

项目	负债（债权人权益）	所有者权益（投资人权益）
性质不同	企业对债权人负担的经济责任，债权人有优先受偿的权利	企业所有者对剩余资产的要求权在顺序上置于债权人权力之后
权利不同	债权人只有优先受偿权，而没有经营决策的参与权和收益分配权	所有者可以参与企业的经营决策及收益分配
偿还期限不同	负债通常都有约定的偿还日期	不存在约定的偿还日期，是企业的一项可以长期使用的资金，只有在企业清算时才予以偿还
风险不同	债权人获取的利息一般是按一定利率计算、预先可以确定的固定数额，企业不论盈利与否均应按期付息，风险较小	所有者获得多少收益视企业的盈利水平及经营政策而定，风险较大
计量不同	必须在发生时按照规定的方法单独予以计量	不必单独计量，而是对资产和负债计量以后形成的结果

三、动态会计要素

（一）收入

收入是指企业在日常活动中形成的、会导致所有者权益增加的、与所有者投入资本无关的经济利益的总流入。

1. 收入的特点

（1）收入是企业在日常活动中形成的。日常活动，是指企业为完成其经营目标所从事的经常性活动以及与之相关的活动。

（2）收入会导致所有者权益的增加。企业为第三方或客户代收的款项，如旅行社代收的门票和飞机票等，一方面增加企业的资产，另一方面增加企业的负债，并不增加企业的所有者权益，因而不是企业的收入。

（3）收入的表现形式是多种多样的。收入可能表现为资产的增加（增加银行存款、应收账款），也可能表现为负债的减少（减少预收账款），还可能表现为两者的组合（销售实现时，部分冲减预收账款，部分增加银行存款）。

（4）收入是与所有者投入资本无关的经济利益的总流入。所有者投入资本主要是为谋求享有企业资产的剩余权益，由此形成的经济利益的总流入不构成收入，而是所有者权益的组成部分。

2. 收入的确认条件

企业收入的来源渠道多种多样，按企业所从事的日常活动的性质，收入有三种来源：

一是对外销售商品；二是提供劳务；三是让渡资产使用权。一般而言，收入的确认至少应当符合以下条件：一是与收入相关的经济利益很可能流入企业；二是经济利益流入企业的结果会导致资产的增加或者负债的减少；三是经济利益的流入金额能够可靠地计量。

3. 收入的分类

收入的分类如图 2 –3 所示。

- 收入分类
  - 按交易性质
    - 销售商品收入（如某工业企业销售产品的收入）
    - 提供劳务收入（如咨询公司提供的咨询服务收入）
    - 让渡资产使用权收入（如工业企业对外出租固定资产的收入）
  - 按业务比重
    - 主营业务收入（如某工业企业销售产品的收入）
    - 其他业务收入（如某工业企业销售原材料的收入）

图 2 –3　收入的分类

（二）费用

费用是指企业在日常活动中发生的、会导致所有者权益减少的、与向所有者分配利润无关的经济利益的总流出。

1. 费用的特点

（1）费用是企业在日常活动中形成的。费用要和收入相配比，要注意区分费用和损失。费用和损失都会带来企业经济利益的流出，但费用形成于企业日常活动，而损失产生于非日常活动。因日常活动所产生的费用通常包括销售成本（营业成本）、职工薪酬、折旧费、无形资产摊销费等。企业处置固定资产、无形资产等非流动资产，对外捐赠，因自然灾害等非常原因造成财产毁损等，导致经济利益的总流出，但不是日常活动，所以此类支出属于企业的损失而非费用。

（2）费用是与向所有者分配利润无关的经济利益的总流出。费用的发生会导致经济利益的流出，但不包括向所有者分配的利润。向所有者分配的利润也会导致经济利益的流出，但其流出属于所有者权益的抵减，不应确认为费用。

（3）费用会导致所有者权益减少。如果交易或者事项导致经济利益流出企业，但不减少所有者权益，则不属于企业的费用，如以现金偿还债务、向投资者支付股利以及企业支付职工薪酬，这些活动只是用企业的资产偿还负债，不涉及所有者权益，因此这些支付活动不属企业的费用。

（4）费用表现为资产减少、负债增加或两者兼有。费用应当会导致经济利益的流出，从而导致资产减少、负债增加或两者兼有。企业用银行存款支付的广告费、预提的本期短期借款利息，都属于企业的费用。

2. 费用的确认条件

费用的确认除了应当符合定义外，还应当满足严格的条件。一般而言，费用的确认至少应当符合以下条件：一是与费用相关的经济利益很可能流出企业；二是经济利益流出企业的结果会导致资产的减少或者负债的增加；三是经济利益的流出金额能够可靠地计量。

3. 费用的分类

费用的分类如图 2－4 所示。

- 费用分类
  - 营业成本
    - 主营业务成本
    - 其他业务成本
  - 期间费用
    - 财务费用
    - 管理费用
    - 销售费用

图 2－4 费用的分类

（三）利润

利润是指企业在一定会计期间的经营成果，是企业的收入扣除费用后的金额。

1. 利润的确认条件

利润反映的是收入减去费用、利得减去损失后的净额。利润的确认主要依赖于收入和费用以及利得和损失的确认，其金额的确定也主要取决于收入、费用、利得和损失金额的计量。

2. 利润的分类

利润的分类如图 2－5 所示。

- 利润
  - 企业的日常活动（即收入减去费用后的净额）
  - 企业的非日常活动（即直接计入当期利润的利得和损失）
    - 营业外收入
    - 营业外支出

图 2－5 利润的分类

直接计入当期利润的利得和损失，是指应当计入当期损益、会导致所有者权益发生增减变动的、与所有者投入资本或者向所有者分配利润无关的利得或损失。

3. 利润的计算步骤

营业利润＝主营业务收入＋其他业务收入－主营业务成本－其他业务成本－税金及附加－销售费用－管理费用－研发费用－财务费用－资产减值损失＋其他收益＋投资收益（－投资损失）±公允价值变动损益±资产处置损益

利润总额＝营业利润＋营业外收入－营业外支出

净利润＝利润总额－所得税费用

其中：营业收入包括主营业务收入和其他业务收入；营业成本包括主营业务成本和其他业务成本；税金及附加包括主营业务和其他业务负担的消费税、城市维护建设税、资源税和教育费附加、房产税、土地使用税、车船税等。

四、会计等式

会计等式也称为会计恒等式，是表明会计要素之间相互关系的代数方程式，它揭示了会计要素之间的内在联系。

（一）会计的静态等式

会计的静态等式也称为资产负债表会计等式，是最基本的会计等式，其反映了某一特定日期企业三大静态会计要素之间的平衡关系，表明企业一定时点上的财务状况。

资产＝权益（负债＋所有者权益）

企业生产经营的主要目的是获取利润。为了获取利润，企业必须拥有或能够控制一定数量的经济资源，如库存现金、原材料、机器设备等，这在会计上称为资产。资产无论以什么样的形式存在，都必须由资产的所有者提供。资产的提供者会对企业资产提出相应的要求权，这在会计上称为权益。权益包括债权人权益和所有者权益。债权人权益是债权人对企业投资而形成的要求权，即负债；所有者权益是业主对企业的投资而形成的要求权。

（二）会计的动态等式

会计的动态等式也称为利润表会计等式，是关于利润的会计等式，其反映了三大动态会计要素之间的平衡关系。

$$收入-费用=利润$$

利润是企业最终的经营成果，它本身就揭示了收入和费用在客观上存在的紧密联系。费用是为取得收入而发生的支出，收入是发生费用带来的结果。企业为了获取利润而开展业务，为了取得收入必然发生各种耗费，并力图使经济效益达到最大化。收入大于费用的差额为企业的利润，反之则为亏损。

（三）会计的综合等式

会计的综合等式也称为扩展的会计等式，其反映了六个会计要素之间的平衡等式。

$$资产=负债+所有者权益+(收入-费用)$$

或

$$资产+费用=负债+所有者权益+收入$$

从产权关系上分析，企业实现的利润应归属于企业投资者，利润的增加会导致所有者权益增加，同时资产也等额增加；若企业发生亏损，会导致所有者权益减少，资产也等额减少。企业的利润经过分配后形成的盈余公积和未分配利润是所有者权益的组成内容，因此，等式又变回静态的会计等式。

五、经济业务对会计等式的影响

在会计上，将能导致会计要素项目金额发生增减变动的事项称为经济业务，如企业销售产品、支付差旅费、购买设备等。

假设朝阳公司2021年1月初的资产、负债及所有者权益的简明情况如表2－2所示。

表2－2　资产负债表（简式）

编制单位：朝阳公司　　　　2020年12月31日　　　　单位：元

资产	金额	负债与所有者权益	金额
库存现金	5 000	短期借款	50 000
银行存款	400 000	应付票据	80 000
应收账款	100 000	应付账款	535 000
原材料	20 000	实收资本	500 000

续上表

资产	金额	负债与所有者权益	金额
库存商品	140 000		
固定资产	500 000		
合计	1 165 000	合计	1 165 000

表2－2的资产合计为1 165 000元，负债与所有者权益也合计为1 165 000元，左右两边相等。

1. 对基本会计等式的影响

（1）基本等式左右两边同时增加的经济业务。

①资产增加，负债增加。

【例2－1】 202×年1月3日，朝阳公司在银行借款50 000元，一年还清。

【分析】 此项业务使公司的资产（银行存款）增加50 000元，同时使公司的负债（短期借款）增加50 000元。等式两边的增加数额相同，所以等式两边的总额依然相等，等式仍保持平衡。

②资产增加，所有者权益增加。

【例2－2】 202×年1月5日，朝阳公司接受红旗公司资金投入200 000元。

【分析】 此项业务使公司的资产（银行存款）增加200 000元，同时使公司的所有者权益（实收资本或股本）增加200 000元。等式两边的增加数额相同，所以等式两边的总额依然相等，等式仍保持平衡。

（2）基本等式两边同时减少的经济业务。

③资产减少，负债减少。

【例2－3】 202×年1月6日，朝阳公司用银行存款归还上年借款30 000元。

【分析】 此项业务使公司的资产（银行存款）减少30 000元，同时使公司的负债（短期借款）减少30 000元。等式两边的减少数额相同，所以等式两边的总额依然相等，等式仍保持平衡。

④资产减少，所有者权益减少。

【例2－4】 202×年1月10日，朝阳公司用银行存款退回某投资者原投资150 000元。

【分析】 此项业务使公司的资产（银行存款）减少150 000元，同时使公司的所有者权益（实收资本或股本）减少150 000元。等式两边的减少数额相同，所以等式两边的总额依然相等，等式仍保持平衡。

（3）基本等式左边内部一增一减。

⑤一资产增加，另一资产减少。

【例2－5】 202×年1月11日，朝阳公司购买原材料一批，价款18 000元，用银行存款支付（假设不考虑税费）

【分析】 此项业务使公司的一项资产（原材料）增加18 000元，同时公司的另一项资产（银行存款）减少18 000元。等式左边同时一增一减，数额相同，所以等式仍保持平衡。

（4）基本等式右边内部一增一减。

⑥一负债增加，另一负债减少。

【例2－6】202×年1月15日，朝阳公司向银行申请短期借款10 000元，直接偿还前欠某工厂材料款。

【分析】此项业务使公司的一项负债（短期借款）增加了10 000元，同时使公司的另一项负债（应付账款）减少了10 000元。等式右边同时一增一减，数额相同，所以等式仍保持平衡。

⑦一所有者权益增加，另一所有者权益减少。

【例2－7】202×年1月16日，朝阳公司将资本公积20 000元转增实收资本。

【分析】此项业务使公司的一项所有者权益（实收资本）增加了20 000元，同时另一项所有者权益（资本公积）减少了20 000元。等式右边增减金额相等，所有者权益总额保持不变，等式左右两边总额不变。

⑧一负债增加，一所有者权益减少。

【例2－8】202×年1月18日，经决定，朝阳公司进行利润分配，应付给投资者利润60 000元。

【分析】此项业务使公司的负债（应付股利）增加了60 000元，同时使所有者权益（利润分配）减少了60 000元。等式右边增减金额相等，等式左右两边总额不变。

⑨一负债减少，一所有者权益增加。

【例2－9】202×年1月20日，经批准将企业原发行的20 000元应付债券转为实收资本。

【分析】此项业务使企业的负债（应付债券）减少20 000元，同时使所有者权益（实收资本）增加20 000元。等式右边增减金额相等，等式左右两边总额不变。

第三节 会计科目和会计账户

一、会计科目

（一）概念

会计科目是对会计要素的具体内容进一步分类核算的类别名称，也可以称为账户的名称。通过设置会计科目，可以全面、系统、分门别类地核算各项资产、负债、所有者权益、收入、费用的增减变化情况及企业生产经营过程和结果，以便提供相关的会计信息。每一个会计科目都明确地反映一定的经济内容。

设置会计科目是对会计要素的具体内容加以科学分类，并进行分类反映与监督的一种方法。

（二）设置原则

设置会计科目是会计核算的起点，是编制会计凭证、设置账簿、编制财务会计报表的依据。会计科目的设置是否科学合理，对于系统地提供会计信息、发挥会计职能、提高会计的工作效率有很大影响。

设置会计科目应遵循以下三项基本原则：

1. 会计科目的设置要结合会计对象的具体内容和特点

每一个会计科目应能反映一项经济业务的具体内容，各科目之间不能混淆。企业可以根据企业的实际情况，在不违背会计科目使用原则的基础上，确定适用于本企业的会计科目名称。

2. 统一性和灵活性相结合

企业设置一级会计科目名称时，若在《企业会计准则——应用指南》中有明确的会计科目名称，要遵循国家的统一规定，不另外确定科目名称，以增强会计科目名称的统一性和会计信息的可比性。同时，在不影响会计核算统一要求和会计报表指标汇总，以及对外提供统一的财务报告的基础上，可以根据企业的实际情况自行增设、分拆、合并会计科目。

3. 会计科目的设置要含义明确，同时保持会计指标体系的完整和统一

设置会计科目时，要注意会计科目的名称能确切地反映其核算的具体内容，做到含义明确、简明扼要、通俗易懂、便于记忆和运用。为了便于企业在不同时期分析比较会计核算指标和在一定范围内汇总会计核算指标，应保持会计科目的相对稳定，不能经常变动会计科目的名称和内容。

（三）会计科目的分类

1. 按照会计科目反映的经济内容来分类

会计科目按其反映的经济内容，可分为五大类，即资产类、负债类、所有者权益类、成本类和损益类（包括收入类和费用类两类账户）。

2. 按照提供信息的详细程度来分类

会计科目按其提供信息的详细程度，可分为总账科目和明细科目。总账科目又称为一级科目，反映各种交易或事项（经济业务）的概括情况。明细科目反映各种交易或事项（经济业务）的详细情况，可以进一步细分为二级明细科目、三级明细科目等。二级明细科目是对一级科目所作的进一步分类，三级明细科目是对二级科目所作的进一步分类，以此类推。

总账科目与明细科目之间的关系在性质上是从属的关系；即总账科目控制明细科目，明细科目是对总账科目的补充，反映总账科目的详细内容。

（四）会计科目的主要名称

会计科目的主要名称见企业会计科目表（表2－3）。

二、会计账户

（一）概念

会计账户是根据会计科目开设的，用来分类、连续、系统地记录各项经济业务，反映各个会计要素增减变化情况及其结果的具有一定格式和结构的记账实体。设置会计账户是对会计要素的具体内容采用货币计量，进行日常分类、记录、汇总与监督的一种方法。

表2-3　企业会计科目表

顺序号	编号	会计科目名称	顺序号	编号	会计科目名称
一、资产类			31	1531	长期应收款
1	1001	库存现金	32	1532	未实现融资收益
2	1002	银行存款	33	1601	固定资产
3	1012	其他货币资金	34	1602	累计折旧
4	1101	交易性金融资产	35	1603	固定资产减值准备
5	1121	应收票据	36	1604	在建工程
6	1122	应收账款	37	1605	工程物资
7	1123	预付账款	38	1606	固定资产清理
8	1131	应收股利	39	1701	无形资产
9	1132	应收利息	40	1702	累计摊销
10	1164	合同资产	41	1703	无形资产减值准备
11	1165	合同资产减值准备	42	1711	商誉
12	1221	其他应收款	43	1801	长期待摊费用
13	1231	坏账准备	44	1811	递延所得税资产
14	1401	材料采购	45	1901	待处理财产损溢
15	1402	在途物资	二、负债类		
16	1403	原材料	46	2001	短期借款
17	1404	材料成本差异	47	2101	交易性金融负债
18	1405	库存商品	48	2201	应付票据
19	1406	发出商品	49	2202	应付账款
20	1407	商品进销差价	50	2203	预收账款
21	1408	委托加工物资	51	–	合同负债
22	1471	存货跌价准备	52	2211	应付职工薪酬
23	1481	持有待售资产	53	2221	应交税费
24	1482	持有待售资产减值准备	54	2231	应付利息
25	1501	持有至到期投资	55	2232	应付股利
26	1502	持有至到期投资减值准备	56	2241	其他应付款
27	1503	可供出售金融资产	57	2245	持有待售负债
28	1511	长期股权投资	58	2401	递延收益
29	1512	长期股权投资减值准备	59	2501	长期借款
30	1521	投资性房地产	60	2502	应付债券

续上表

顺序号	编号	会计科目名称	顺序号	编号	会计科目名称
61	2701	长期应付款	五、损益类		
62	2702	未确认融资费用	81	6001	主营业务收入
63	2711	专项应付款	82	6011	利息收入
64	2801	预计负债	83	6051	其他业务收入
65	2901	递延所得税负债	84	6061	汇兑损益
三、所有者权益类			85	6101	公允价值变动损益
66	4001	实收资本	86	6111	投资收益
67	4002	资本公积	87	6115	资产处置损益
68	4003	其他综合收益	88	6117	其他收益
69	4101	盈余公积	89	6301	营业外收入
70	4103	本年利润	90	6401	主营业务成本
71	4104	利润分配	91	6402	其他业务成本
72	4201	库存股	92	6403	税金及附加
四、成本类			93	6411	利息支出
73	5001	生产成本	94	6601	销售费用
74	5101	制造费用	95	6602	管理费用
75	5201	劳务成本	96	6603	财务费用
76	5301	研发支出	97	6701	资产减值损失
77	–	合同履约成本	98	6711	营业外支出
78	–	合同履约成本减值准备	99	6801	所得税费用
79	–	合同取得成本	100	6901	以前年度损益调整
80	–	合同取得成本减值准备			

注：其中带“－”符号的为尚未确认代码的科目

（二）会计科目与会计账户的关系

会计科目与会计账户既有联系，又有区别。

1. 会计科目与会计账户的联系

会计科目是设置会计账户的依据，是会计账户的名称；会计账户是根据会计科目开设的，是会计科目的具体运用。两者均按会计要素的经济内容设置，设置的原则是一致的，相同名称的科目和账户反映相同的经济内容。

2. 会计科目与会计账户的区别

会计科目只反映一定的经济内容；按照规定的会计科目开设的账户，不仅反映经济内容，而且反映其增减变化过程和结果。会计科目不具备格式和结构；账户有一定的格式和结构。会计科目是开设账户、填制记账凭证的依据；账户记录是编制会计报表的依据。

（三）会计账户的结构

会计账户的结构就是指账户的格式。在实际工作中，常见的账户格式有两种，一种是账户的书面格式，就是我们常说的组成账簿的各个账页；另一种是账户的简化格式，这种格式通常在会计教学与科研中使用，它由一条横线和一条竖线结合在一起组成，由于形状和字母“T”字相似，故也称为“T”形账户（表2－4）。

表2－4　会计账户结构

借　　　　账户名称（会计科目）　　　　贷

本期发生额（增减金额）	本期发生额（增减金额）
余额	余额

（四）会计账户的类别

1. 按照会计账户反映的经济内容分类

会计账户按其反映的经济内容不同，可以分为资产类、负债类、所有者权益类、成本类和损益类账户。如“库存现金”“银行存款”“原材料”“固定资产”等属于资产类账户；“短期借款”“应付账款”“应交税费”等属于负债类账户；“实收资本”“盈余公积”“利润分配”等属于所有者权益类账户；“生产成本”“制造费用”等属于成本类账户。损益类账户按照其具体内容不同，又可以细分为损益类收入账户和损益类费用账户，如“主营业务收入”“其他业务收入”“营业外收入”等属于损益类收入账户；“主营业务成本”“其他业务成本”“管理费用”“销售费用”“财务费用”等属于损益类费用账户（图2－6）。

会计账户按其反映经济内容分类
- 资产类账户
- 负债类账户
- 所有者权益类账户
- 成本类账户
- 损益类账户
  - 损益类收入账户
  - 损益类费用账户

图2－6　按反映的经济内容分类

2. 按照提供信息的详细程度分类

会计账户按照隶属关系可以分为总分类账户和明细分类账户。总分类账户简称为总账账户，根据总账科目设置，有一个一级科目就有一个总分类账户，它反映各种交易或事项（经济业务）的概括情况。明细分类账户简称为明细账户，根据明细科目设置，有一个明细账户就有一个明细分类账户，它反映各种交易或事项（经济业务）的细节情况。总分类账户与明细分类账户之间的关系在性质上是从属的关系，总分类账户控制明细分类账户，在数量上总分类账户金额与所属明细分类账户金额之和是相等的关系（图2－7）。

会计账户按提供信息详细程度分类
- 总分类账户
- 明细分类账户

图2－7　按提供信息的详细程度分类

3. 按借贷记账法下期末余额的方向分类

会计账户按借贷记账法下期末余额的方向可以分为借方余额账户、贷方余额账户、期末无余额账户和双重余额类账户（图2－8）。其中，借方余额账户主要指资产类和成本类账户，贷方余额账户主要指负债类和所有者权益类账户，期末无余额账户是指损益类账户。双重余额类账户中，如果余额在借方，同借方余额账户；如果余额在贷方，同贷方余额账户。分类账示意图如图2－9所示。

会计账户按借贷记账法下期末余额的方向分类
- 借方余额账户
- 贷方余额账户
- 期末无余额账户
- 双重余额类账户

图2－8　按借贷记账法下期末余额的方向分类

分类账

账户名称------------ ------------ ------------ ------------

账号	总页码
页次	

年		凭证		摘要	借方									贷方									借或贷	余额									√
月	日	字	号		百	十	万	千	百	十	元	角	分	百	十	万	千	百	十	元	角	分		百	十	万	千	百	十	元	角	分	

图2－9　分类账示意图

4. 按与会计报表的关系分类

会计账户按照与会计报表的关系可分为资产负债表账户和利润表账户（图2－10）。资产负债类账户中所提供的资料是编制资产负债表的依据，包括资产类、负债类和所有者权益类账户。利润表账户中所提供的资料是编制利润表的依据，包括损益类账户。

会计账户按与会计报表关系分类
- 资产负债表账户
- 利润表账户

图2－10　按与会计报表的关系分类

5. 按用途和结构分类

会计账户按照用途和结构可分为基本账户、调整账户、成本账户和损益计算账户（图 2－11）。基本账户包括盘存账户、资本账户、结算账户和跨期摊配账户；调整账户包括备抵账户、附加调整账户和备抵附加调整账户；成本账户包括集合分配账户、成本计算账户和对比账户；损益计算账户包括收入计算账户、费用计算账户和财务成果计算账户。

会计账户按用途和结构分类
- 基本账户
- 调整账户
- 成本账户
- 损益计算账户

图 2－11　按用途和结构分类

（五）会计账户的内容

不管是何种形式的会计账户，账户所包含的内容是一致的。每一个会计账户的内容都由账户名称、账户方向和账户金额三部分构成。账户名称就是会计科目，对每一个账户都必须冠以一个名称，就像每一个人必须有一个名字一样，这样才能对每个账户所登记的交易或事项进行区分与管理。账户方向就是账户的左右两边，这个左右两边在会计核算时要用一定的符号来代替，在复式借贷记账法中，会计账户的左边称为“借方”，会计账户的右边称为“贷方”。账户的金额是指每项交易或事项的发生引起相应账户的增减变化金额，以及最终得出的余额。

书面格式的会计账户，其内容一般包括以下方面：

（1）会计账户的名称（会计科目）。

（2）日期与凭证号数（用来说明登记账户的日期与根据）。

（3）摘要（概括介绍交易或事项的主要内容）。

（4）账户增加和减少的金额。

（5）账户的余额。

本期发生额是指在某一会计期间内，某个会计账户的增、减变化金额。如果该增减金额在账户的左边，则称为借方发生额；如果该增减金额在账户的右边，则称为贷方发生额。借方发生额与贷方发生额相抵后产生的差额称为余额。

账户的期末余额 = 期初余额 + 本期增加金额 － 本期减少金额

本期的期末余额就是下一期的期初余额。

根据会计等式：资产 = 负债 + 所有者权益，因为资产位于等式的左边，所以凡是资产类账户，增加数记入账户的借方，减少数记入账户的贷方，余额一般在账户的借方；而负债和所有者权益位于等式的右边，为了维持等式的平衡关系，凡是负债和所有者权益账户，增加数记入账户的贷方，减少数记入账户的借方，余额一般在账户的贷方。

资产类账户：

期末余额 = 期初余额 + 借方本期发生额 － 贷方本期发生额

负债和所有者权益账户：

期末余额 = 期初余额 + 贷方本期发生额 － 借方本期发生额

反映生产过程的成本类账户与损益类费用账户在记账方向上与资产类相同，损益类收入账户在记账方向上与所有者权益类账户相同，这些记账方向可用图 2－12a、b 表示。

借方　　账户名称（会计科目）　　贷方

期初余额 本期发生额（增加数）	本期发生额（减少数）
本期发生额合计 期末余额	本期发生额合计

图 2－12a　资产类、成本类与损益类费用账户记账方向

借方　　账户名称（会计科目）　　贷方

本期发生额（减少数）	期初余额 本期发生额（增加数）
本期发生额合计	本期发生额合计 期末余额

图 2－12b　负债类、所有者权益类与损益类收入账户记账方向

第四节　复式记账

一、记账方法的概念与种类

（一）记账方法的概念

对企业的交易与事项进行会计核算必须采用科学的记账方法。记账方法是根据一定的原理，运用一定的记账符号和记账规则，采用一定的计量单位，利用文字和数字记录经济活动的一种专门的方法。

（二）记账方法的种类

按照记录方式不同，记账方法可以分为单式记账法和复式记账法两大类。

1. 单式记账法的概念与特点

单式记账法指的是对经济业务只作单方登记，而不反映其来龙去脉的一种记账方法。这种方法除了有关应收款、应付款的现金和银行存款在两个或两个以上的有关账户中进行登记以外，对于其他经济业务都只在一个账户中登记或不登记。

单式记账法的特点是平时只登记现金、银行存款的收付业务和各种往来账项，而对于固定资产折旧、材料物资的耗用等，则不予登记。单式记账法虽然简便，但也存在明显的缺陷，即它只能体现账户的增减变动情况，而无法反映造成账户增减变动的原因；它不能全面完整地反映经济活动过程，账户记录的数字也缺乏必然联系。

2. 复式记账法的概念与特点

复式记账法就是对每一项经济业务所引起的资金运动，需要按相同的金额，同时记入

相对应的两个或两个以上相互联系的账户中，进行全面登记的一种记账方法。这种双重记录就是复式记账。会计等式：资产 = 负债 + 所有者权益，为复式记账提供了理论上的依据。

复式记账具有诸多好处，如能够全面地反映经济活动情况，能完整地记录经济业务对资产、负债和所有者权益增减变动的影响，能反映经济活动的来龙去脉，能保证会计记录的正确性。在复式记账法下，账户记录的结果可以进行试算平衡，便于核对、检查账目。

复式记账法根据不同的记账符号，可以分为借贷复式记账法、增减复式记账法和收付复式记账法三种。借贷复式记账法是目前国际通用的较科学、较严密与较完善的一种复式记账法；增减复式记账法是我国在 20 世纪 60 年代商业系统改革记账方法时设计提出的一种记账方法；收付复式记账法是在我国传统的收付记账法的基础上发展起来的一种记账方法，在会计核算模式改革前主要在行政单位采用。2006 年财政部发布的《企业会计准则》中规定，所有企业一律采用借贷复式记账法。

二、借贷记账法的基本原理

（一）以“借”和“贷”作为记账符号

记账符号是用来确定发生的交易或事项应当登记在某一账户的特定部位或方向的标志，只有按照记账符号的方向登记账户，才能保证会计记录的正确性。不同的记账方法有不同的记账符号，它体现了不同记账方法的特征。借贷记账法的记账符号为“借”和“贷”，它们已经失去了原有的字面意义，演变为单纯的记账符号，“借”代表账户的左边，“贷”代表账户的右边。

（二）以会计平衡公式为原理建立账户结构

借贷记账法根据会计平衡公式“资产 = 负债 + 所有者权益”来设置账户、复式记账和编制财务报表。在借贷记账法中所有账户的左方为“借”，右方为“贷”。其中，资产类、成本类和损益类费用账户用借方登记增加数，贷方登记减少数，期末余额在借方；负债类、所有者权益类和损益类收入账户用贷方登记增加数，借方登记减少数，期末余额在贷方。

（三）以“有借必有贷，借贷必相等”作为记账规则

根据复式记账法的概念，对每一项交易事项都是要以相等的金额，同时在两个或两个以上相互联系的账户中进行登记。因此，在借贷记账法中，发生的任何一项交易或事项记入账户时，都是按照相等的金额，一方面记入一个或几个账户的借方，另一方面记入一个或几个账户的贷方，而且记入借方账户和贷方账户的金额必然相等。这就形成了借贷记账法的记账规则——“有借必有贷，借贷必相等”。

（四）运用“有借必有贷，借贷必相等”记账规则进行试算平衡

试算平衡是借贷记账法成为完整的科学方法体系的又一个重要因素。试算平衡是根据会计等式的平衡关系，通过汇总账户的借贷方金额合计是否相等，来检验记账过程有无错

误的一种方法。在借贷记账法下，进行试算平衡的方法是通过编制总分类账户余额试算平衡表和总分类账户本期发生额试算平衡表来实现的。

由于借贷记账法的记账规则是“有借必有贷，借贷必相等”，因此在处理每一笔交易或事项时，都有借方发生额和贷方发生额，并且借贷金额相等。所以，在一定时期内（如一个月），无论发生多少笔交易或事项，所有账户的借方发生额合计与所有账户贷方发生额合计必然相等，这就是本期发生额试算平衡；既然所有账户的本期发生额是平衡的，那么所有账户的借方期末余额合计也必然等于所有账户的贷方期末余额合计。试算平衡公式如下：

所有账户期初借方余额合计 = 所有账户期初贷方余额合计

所有账户借方本期发生额合计 = 所有账户贷方本期发生额合计

所有账户期末借方余额合计 = 所有账户期末贷方余额合计

三、借贷记账法的运用

（一）编制会计分录

1. 会计分录的概念与编制步骤

会计分录是对会计主体发生的经济业务进行“交易事项分析”之后得到的结果。在企业发生经济业务后，首先要按照一定的规则将发生的经济业务“翻译”为会计分录。通常，会计分录是登记在记账凭证或日记账上的。一笔会计分录主要包括会计科目、记账方向、变动金额三个要素。编制会计分录是会计核算的第一步，也是最基本、最重要的一个环节。会计分录根据会计事项的繁简不同，可以分为简单会计分录（“一借一贷”）和复合会计分录（“一借多贷”或“多借一贷”）。

按照借贷记账法做会计分录，其具体程序可以概括如下：

（1）分析经济业务，找出经济业务涉及的会计科目（至少两个）；

（2）确定会计科目的类别，即确定是资产类、负债类、所有者权益类的会计科目，还是收入类、费用类的会计科目；

（3）确定会计科目反映的经济内容是增加了，还是减少了；

（4）根据做会计分录的记账规则，确定相关会计科目是应该记入借方，还是应该记入贷方。

2. 会计分录的编制方法

下面举例说明会计分录的编制方法。

【例 2 - 10】假定朝阳公司 202×年 5 月份发生如下经济业务：

（1）所有者投入资本 500 000 元。

【分析】涉及的会计科目：银行存款——资产类账户——增加 500 000 元；实收资本——所有者权益类账户——增加 500 000 元。

按照记账规则：资产类增加——记借方；所有者权益类增加——记贷方。

所以可以编制如下分录：

借：银行存款　　　　500 000

　贷：实收资本　　　　500 000

（2）向红星厂购入原材料 30 吨，单价每吨 1 500 元；价款 45 000 元，货款暂欠，原材料已经验收入库。

【分析】涉及的会计科目：原材料——资产类账户——增加 45 000 元；

应付账款——负债类账户——增加 45 000 元。

按照记账规则：资产类增加——记借方；负债类增加——记贷方。

所以可以编制如下分录：

借：原材料 45 000

贷：应付账款 45 000

（3）从银行借入期限为 3 个月的周转借款 45 000 元，直接偿还前欠红星厂的货款 45 000 元。

【分析】涉及的会计科目：应付账款——负债类账户——减少 45 000 元；

短期借款——负债类账户——增加 45 000 元。

按照记账规则：负债类增加——记贷方；负债类减少——记借方。

所以可以编制如下分录：

借：应付账款 45 000

贷：短期借款 45 000

（4）开出支票 100 000 元，购入生产设备两台，价款合计 100 000 元。

【分析】涉及的会计科目：银行存款——资产类账户——减少 100 000 元；

固定资产——资产类账户——增加 100 000 元。

按照记账规则：资产类增加——记借方；资产类减少——记贷方。

所以可以编制如下分录：

借：固定资产 100 000

贷：银行存款 100 000

（5）生产产品领用原材料 15 吨，共计 22 500 元。

【分析】涉及的会计科目：生产成本——成本类账户——增加 22 500 元；

原材料——资产类账户——减少 22 500 元。

按照记账规则：成本类增加——记借方；资产类减少——记贷方。

所以可以编制如下分录：

借：生产成本 22 500

贷：原材料 22 500

（6）计提上月购入一台生产设备的折旧费 30 000 元。

【分析】涉及的会计科目：制造费用——损益类费用账户——增加 30 000 元；

累计折旧——资产类账户——增加 30 000 元。

这里需要特别说明的是，累计折旧虽然属于资产类科目，但它是一个很特殊的资产类科目。“累计折旧”是作为“固定资产”科目的抵减科目列为资产类的。所以它的记账规则与其他资产类科目正好相反，累计折旧的增加记贷方（代表固定资产价值的减少），减少记借方（只在固定资产报废或毁损才会冲减累计折旧）。

因此，按照记账规则：损益类费用增加——记借方；资产类（累计折旧）增加——记贷方。

所以可以编制如下分录：

借：制造费用　　30 000
　贷：累计折旧　　30 000

（7）销售产品 70 000 元，其中 500 元收到现金，30 000 元已存入银行，其余 39 500 元尚未收到（假设不考虑税费）。

【分析】涉及的会计科目：

库存现金——资产类科目——增加 500 元
银行存款——资产类科目——增加 30 000 元
应收账款——资产类科目——增加 39 500 元
（以上）共 70 000 元

主营业务收入　损益类收入科目　增加 70 000 元

按照记账规则：资产类增加——记借方；损益类收入增加——记贷方。

所以可以编制如下分录：

借：库存现金　　500
　　银行存款　　30 000
　　应收账款　　39 500
　贷：主营业务收入　　70 000

（8）购入库存商品一批 6 000 元，购入计算机一台 8 600 元，计算机已投入使用，用现金支付 900 元，用银行存款支付 10 000 元，余款暂欠。

【分析】涉及的会计科目：

库存商品——资产类科目——增加 6 000 元
固定资产——资产类科目——增加 8 600 元
（以上）共 14 600 元

库存现金——资产类科目——减少 900 元
银行存款——资产类科目——减少 10 000 元
应付账款——负债类科目——增加 3 700 元
（以上）共 14 600 元

按照记账规则：资产类增加——记借方；资产类减少——记贷方；
负债类增加——记贷方。

所以可以编制如下分录：

借：库存商品　　6 000
　　固定资产　　8 600
　贷：库存现金　　900
　　　银行存款　　10 000
　　　应付账款　　3 700

（二）过账

1. 过账的概念

过账就是将会计分录中记录的交易或事项的增减变化金额登记到有关账户中的过程，过账实际上通常称为登记账簿。下面将使用账户的简化格式“T”形账户来说明过账的具体步骤。

2. 过账的步骤

（1）将各个账户的期初余额过入相关账户中。注意资产类账户的期初余额在借方，负债与所有者权益类账户期初余额在贷方。

（2）将会计分录中记录的各种相关账户的本期发生额登记入账。借方发生额过入到相关账户的借方；贷方发生额过入到相关账户的贷方。

（3）在会计期末，结算出各个账户的本期发生额合计与期末余额，并编制试算平衡表，检验会计分录的编写及记账过程是否正确。

3. 过账举例

【例 2－11】朝阳公司 202×年 4 月 30 日各账户余额如表 2－5 所示。

表 2－5　朝阳公司 202×年 4 月 30 日各账户余额表　　单位：元

资产类账户		负债和所有者权益类账户	
库存现金	2 000	短期借款	18 000
银行存款	200 000	应付账款	10 000
应收账款	2 000	实收资本	289 200
原材料	49 000	资本公积	20 800
库存商品	10 000		
生产成本	15 000		
固定资产	70 000		
累计折旧（备抵账户）	10 000		
资产合计	338 000	负债和所有者权益合计	338 000

将【例 2－10】中各个账户的期初余额和各项会计分录中的金额过入到相关账户中，并计算出各相关账户的本期发生额合计与期末余额，如图 2－13 所示。

借　　库存现金　　贷

借方		贷方	
期初余额	2 000		
（7）	500	（8）	900
本期发生额	500	本期发生额	900
期末余额	1 600		

（a）

借　　银行存款　　贷

借方		贷方	
期初余额	200 000		
（1）	500 000	（4）	100 000
（7）	30 000	（8）	10 000
本期发生额	530 000	本期发生额	110 000
期末余额	620 000		

（b）

应收账款

借		贷	
期初余额	2 000		
(7)	39 500		
本期发生额	39 500	本期发生额	—
期末余额	41 500		

(c)

原材料

借		贷	
期初余额	49 000		
(2)	45 000	(5)	22 500
本期发生额	45 000	本期发生额	22 500
期末余额	71 500		

(d)

库存商品

借		贷	
期初余额	10 000		
(8)	6 000		
本期发生额	6 000	本期发生额	—
期末余额	16 000		

(e)

生产成本

借		贷	
期初余额	15 000		
(5)	22 500		
本期发生额	22 500	本期发生额	—
期末余额	37 500		

(f)

固定资产

借		贷	
期初余额	70 000		
(4)	100 000		
(8)	8 600		
本期发生额	108 600	本期发生额	—
期末余额	178 600		

(g)

累计折旧

借		贷	
		期初余额	10 000
		(3)	30 000
本期发生额	—	本期发生额	30 000
		期末余额	40 000

(h)

短期借款

借		贷	
		期初余额	18 000
		(3)	45 000
本期发生额	—	本期发生额	45 000
		期末余额	63 000

(i)

应付账款

借		贷	
		期初余额	10 000
(3)	45 000	(2)	45 000
		(8)	3 700
本期发生额	45 000	本期发生额	48 700
		期末余额	13 700

(j)

借	实收资本		贷
		期初余额	289 200
		（1）	500 000
本期发生额	—	本期发生额	500 000
		期末余额	789 200

（k）

借	资本公积		贷
		期初余额	20 800
本期发生额	—	本期发生额	—
		期末余额	20 800

（l）

借	制造费用		贷
期初余额	—		
（6）	30 000		
本期发生额	30 000	本期发生额	—
期末余额	30 000		

（m）

借	主营业务收入		贷
		期初余额	—
		（7）	70 000
本期发生额	—	本期发生额	70 000
		期末余额	70 000

（n）

图 2－13　各账户记账方向

（三）编制试算平衡表

1. 试算平衡表的作用

所谓试算平衡，是基于会计记账“有借必有贷，借贷必相等”的平衡原理，在登记完总分类账、明细分类账以后（即过账以后），为了检查前面的数据处理是否有错误，将各个总账上借方、贷方的发生额（或余额）进行加总，如果两者相等，则认定在前面的记账和过账过程中没有发生错误；如果两者不等，则说明前面的记账和登记账簿过程中有错误，必须及时予以更正。编制试算平衡表，已经成为企业经常性的会计工作之一。

试算平衡表借贷两方不平衡可能是由一种错误引起，也可能是由几种错误同时造成的。一般来说，可能出现的错误有如下三类：

第一，编制试算平衡表时出错。如栏目加总错误，分类账余额移入时出错，借方余额写入贷方栏或相反情况，以及余额遗漏等。

第二，确定账户余额时出错。如某个分类账余额加计出错。

第三，分类账记录出错。如记账时将借、贷方分录记反，借项或贷项记账遗漏等。

编制试算平衡表进行查错是基于会计借贷平衡原理进行的。试算表不平衡时，可以肯定账务处理工作必然有误；试算表平衡时，却不能保证账务处理工作绝对正确，如在下述情形下发生的错误由于不影响借贷平衡，就不会被发现：借贷同时遗漏；借贷同时重复记录；借贷两方正好发生等额的错误。另外，对于使用凭证不符、交易日期记录不准确、会计科目用错等不影响借贷总额的错误，试算平衡表也难以发现。

尽管如此，试算平衡表仍被普遍运用，因为会计上的多数错误通常是由于金额记录错误所造成的。这种金额上的错误，除上述特殊情形外，通过试算平衡表很容易发现。此外，通过试算平衡表，也可以从中初步明了企业所有经济业务的影响和企业的财务状况。

2. 试算平衡表的编制方法

试算平衡表有两种形式：发生额平衡与余额平衡。本期发生额的试算平衡主要是根据借贷记账法的记账规则“有借必有贷，借贷必相等”为原理做到平衡。因为每一笔会计分录的借方金额与贷方金额均相等，因此无论会计分录有多少笔，其借方金额合计与贷方金额合计必定相等。即

所有账户借方本期发生额合计 = 所有账户贷方本期发生额合计

余额的试算平衡是根据会计恒等式“资产 = 负债 + 所有者权益”为原理进行试算平衡的，这种平衡关系在任何时候都不会被打破。因为在任何一个时点上，企业的资产只有两个来源：一是所有者投入的，称为所有者权益；二是向债权人借入的，称为负债。余额按照所处的时间不同，分为期初余额和期末余额，其平衡公式为：

所有账户期初借方余额合计 = 所有账户期初贷方余额合计

所有账户期末借方余额合计 = 所有账户期末贷方余额合计

3. 试算平衡表的内容和编制步骤

试算平衡表一般包括如下内容：

（1）表头部分。编制试算平衡表时，先填写单位名称、表格名称以及总分类账各账户记录的截止日期。

（2）会计科目，即当期经济交易所影响的总分类账中各个账户的名称。将企业所使用的各分类账户名称按照资产、负债、所有者权益、损益类的先后顺序填入试算平衡表的第一列。

（3）借方余额和贷方余额。将各分类账户的期初余额、本期借贷发生额与期末余额填入试算平衡表的对应栏目。

（4）合计。按照本期发生额试算平衡公式与余额试算平衡公式将上一步骤填入的余额进行汇总，以检验双方的合计金额是否相等。

【例 2 －12】以例 2 －11 各账户资料为依据，编制试算平衡表如下：

表 2 －6 朝阳公司试算平衡表

202×年 5 月 31 日 单位：元

账户名称	期初余额		本期发生额		期末余额	
	借方	贷方	借方	贷方	借方	贷方
库存现金	2 000		500	900	1 600	
银行存款	200 000		530 000	110 000	620 000	
应收账款	2 000		39 500		41 500	
原材料	49 000		45 000	22 500	71 500	
库存商品	10 000		6 000		16 000	
生产成本	15 000		22 500		37 500	
固定资产	70 000		108 600		178 600	
累计折旧		10 000		30 000		40 000

续上表

账户名称	期初余额		本期发生额		期末余额	
	借方	贷方	借方	贷方	借方	贷方
短期借款		18 000		45 000		63 000
应付账款		10 000	45 000	48 700		13 700
实收资本		289 200		500 000		789 200
资本公积		20 800				20 800
制造费用			30 000		30 000	
主营业务收入				70 000		70 000
合计	348 000	348 000	827 100	827 100	996 700	996 700

第五节　会计循环与会计核算程序

一、会计循环

会计循环是将企业发生的经济业务通过一定的程序和方法以财务报表的形式表现出来的过程。简单来说，就是将企业发生的经济业务转换为会计信息，将企业的财务状况和经营状况用会计语言表述出来。会计循环是会计主体编制财务报表的过程，是企业提供会计信息的必经程序。可以说，财务会计的整体框架是由会计循环搭建起来的。当经济业务发生时，会计人员分析其所影响的资源（资产）与权益（负债及所有者权益），计量其影响的金额，进行记录（编制分录）、分类处理（登记分类账），然后经过一些必要的调整与结算，最后汇总编制报表，将信息传递给使用者。一个完整的会计循环包括以下几个步骤：

（1）分析企业发生的交易或事项，填制原始凭证；

（2）编制分录，填制记账凭证；

（3）过账，即登记账簿；

（4）编制未调整试算平衡表；

（5）编制调整分录与过账；

（6）编制调整后试算平衡表；

（7）编制财务报表；

（8）编制结账分录并过账；

（9）编制结账后试算平衡表。

在这九个步骤中，前三步构成企业会计主要的日常工作，即处理每天发生的经济业务。第四步到第九步则一般发生在期末。前三个步骤与最终编制出的财务报表即可构成一个简单的会计循环。将这九个步骤简要解释如下。

（一）分析企业发生的交易事项，填制原始凭证

目标：收集信息；依据：原始凭证。

这一步是对企业发生的经济业务进行初步确认和记录，然后填制并审核原始凭证。

其中，原始凭证，又称为单据，是在经济业务发生或完成时取得或填制的。它主要用来记录或证明经济业务的发生或完成情况。常用的原始凭证有现金收据、发货票、增值税专用（或普通）发票、差旅费报销单、产品入库单、领料单等。

通过收集信息并填制原始凭证，能够为下一步骤填制记账凭证提供依据。

（二）编制分录，填制记账凭证

目标：将企业发生的经济业务以会计语言表现出来；载体：记账凭证。

这一步是以通过审核的原始凭证为基础，通过编制会计分录来填制记账凭证。

其中，记账凭证，又称记账凭单，是指会计人员根据审核无误的原始凭证，按照经济业务的内容加以归类，并据以确定会计分录后填制的会计凭证。记账凭证是登记账簿的直接依据，其主要作用是确定会计分录，进行账簿登记，反映经济业务的发生或完成情况，监督企业经济活动。

关于原始凭证和记账凭证，我们将在第七章中进行更加详细的介绍，此处只做简要说明。

（三）过账，即登记账簿（总分类账和明细分类账）

目标：将信息进行分类整理；载体：总分类账和明细分类账。

这一步是根据记账凭证登记总分类账、明细分类账。

我们应当明确，会计账簿（包括总分类账和明细分类账）与会计凭证都是记录经济业务的会计资料，但两者记录的方式有所不同。会计凭证对经济业务的记录是零散的，为了全面、连续、系统地反映和监督经济业务内容，必须通过登记会计账簿将分散在会计凭证中的大量核算资料集中起来，以确保经济业务记录的系统性和条理性，做到分类、序时、连续、完整。

（四）编制未调整试算表

目标：检查前面的步骤中是否存在错误；手段：看借贷是否平衡。

关于试算平衡表的相关介绍可以参考本章第四节。

（五）调整分录的编制与过账

目标：根据权责发生制和配比原则的要求，按照收入、费用的归属期，对账本记录进行必要的调整，从而正确计算当期损益。

实际工作中，会计人员在期末结账时，按照会计上权责发生制的要求，还需要对企业的某些经济业务进行调整，做一些没有明显经济业务发生的分录。这种需要会计人员主动去做的分录，就是所谓的调整分录。

调整分录主要影响企业的利润表，即主要涉及收入与费用科目。其基础在于会计上要

求采用权责发生制。调整分录涉及的应调整项目主要包括三个方面：应计项目、递延项目、估计项目。

1. 应计项目

凡是在当期发生的费用及实现的收入，因未收付现金且不便于随时记录，未在账簿上反映的，在期末时应予以调整。应计项目包含应计费用和应计收入。

应计费用又称应付费用，指本期已发生而尚未实际支付现金的各项费用，如应付职工薪酬、应付水电费、应付租金、应付利息等。应付费用的调整分录，一方面应确认费用，另一方面增加负债，费用账户用来计算当期损益，负债账户则留待以后期间实际支付现金时冲销。

应计收入又称应收收入，指本期已赚取而尚未收现的各项收入，如应收利息、应收租金、应收佣金等。应收收入的调整分录，一方面应增加收入，另一方面增加资产。应收收入的确认用来正确计算当期损益，资产账户则留待以后期间实际收到现金时冲销。

【例 2－13】假设朝阳公司于 202×年 12 月 1 日从银行借入为期三年的长期借款 20 000 元，这笔借款年利率为 6%。

【分析】朝阳公司 12 月 1 日借入长期借款时，编制分录如下：

借：银行存款　　20 000

　贷：长期借款　　20 000

12 月 31 日，计算当期承担的利息费用为：20 000×6%×1/12＝100（元），编制调整分录如下：

借：财务费用　　100

　贷：应付利息　　100

2. 递延项目

所谓递延项目，是指已实现实际现金的收付，并登记在账上，但尚未赚取的收入或消耗的费用。这种预收的收入或预付的费用，将在以后期间里，随着企业提供劳务（或货物）或消耗费用，转化成已实现的收入或已发生的费用。递延项目包含预付费用和预收收入。

预付费用，指未得到服务前先支付了现金，取得将来享受服务的权利。这种经济业务在现金付出时记为资产，因为取得了未来享受服务的经济利益，以后随着服务的享受而逐渐被耗用；若未能享受到应得的服务，则可要求退款。这类费用包括预付保险费、预付租金、预付利息，在期末时应将已耗用部分调整为费用。

预收收入，指未提供产品或劳务前预先收取的款项。由于预先收取了款项，企业产生了在未来提供货物或劳务的义务，因此预收收入既增加了企业的资产，也增加了企业的负债。随着企业货物或劳务的提供，预收收入由负债转为真正的收入。预收收入包括预收货款、预收利息、预收房租等。

【例 2－14】假设朝阳公司于 202×年 9 月 1 日收到一年租金 6 000 元，确认为预收收入。

【分析】朝阳公司 9 月 1 日收到 6000 元租金时，编制分录如下：

借：银行存款　　　　6 000

　贷：预收账款　　　　6 000

9 月 30 日，随着时间的推移，部分租金收入得到实现（6000/12 = 500），编制调整分录如下：

借：预收账款　　　　500

　贷：其他业务收入　　　　500

3. 估计项目

估计项目的调整与前面几类调整相比，不同之处体现在金额调整的不确定性上。由于常需考虑未来的事项作为计算的依据，故称此类账项为估计项目，如：坏账损失的估计、固定资产折旧的提取、售后保证费用的估计等。

【例 2 – 15】假设朝阳公司 202 × 年 8 月末应收账款及应收票据的余额经估计约有 1500 元不能收回。

【分析】编制调整分录如下：

借：资产减值损失　　　　1 500

　贷：坏账准备　　　　1 500

（六）编制调整后试算平衡表

目标：在调整分录之后，再次检查是否存在错误；判断依据：借贷是否平衡。

这一步是在将调整分录登记入账后，通过编制调整后试算平衡表，再次检查是否存在错误。

编制调整后试算平衡表的具体方法是，在原试算平衡表旁增加两列，录入调整分录相关金额，然后用原试算平衡表余额加减录入的调整分录金额，得到调整后试算平衡表的余额。相关处理如表 2 – 7 所示。

表 2 – 7　调整后试算平衡表

会计科目	试算平衡表		调整分录		调整后试算平衡表	
	借	贷	借	贷	借	贷

（七）编制财务报表

目标：将企业发生的经济业务以会计语言的形式表述出来。

在试算平衡后，就可以根据分类账户中有关账户的发生额和各账户的期末余额编制财务报表。财务报表是对企业财务状况、经营成果和现金流量的结构性表述，只有通过编制财务报表，才能使会计的反映和监督职能得到充分履行，才能使投资者、经营者、债权人及政府的财政、税务、审计等监督部门及时了解报表单位的会计信息，满足相关部门做出经济决策的需要。

一套完整的财务报表至少应当包括资产负债表、利润表、现金流量表、所有者权益（或股东权益）变动表及附注。在具体的编制流程中，我们通常先编制利润表，然后编制资产负债表和现金流量表。

关于财务报表的具体格式与编制方法，将在第九章的内容中进行详细的介绍，此处只做简要说明。

（八）编制结账分录并过账

目标：将损益类账户的余额结转为零，并将净收益金额转移到留存收益。

所谓“结账”，是指将收入类和费用类账户结清，转入“本年利润”；以及再将“本年利润”转入“利润分配——未分配利润”的一系列工作。

企业在会计年度结束后，为了了解当期的经营成果及期末的财务状况，必须将企业所有账户的资料予以汇总计算，以便编表。由于损益类账户反映的是一个会计期间的经营成果，因此每个会计期末都需要结清损益类账户，即将损益类账户的期末余额都结转到“本年利润”账户，以便下期重新开始登记损益事项，反映下一会计期间的经营成果。此外，企业若想了解当期的财务状况，还应将“本年利润”余额结转到“利润分配——未分配利润”账户，从而使期末资产负债表具体项目的金额变动能够得到详细的反映。

通过下面例题进一步了解结账分录的形式。

【例 2－16】假定在 202×年 12 月 31 日，朝阳公司部分损益类账户期末余额如下：管理费用借方余额 20 000 元，主营业务成本借方余额 35 000 元，主营业务收入贷方余额 60 000 元，试为朝阳公司编制关于上述账户的结账分录。

【分析】管理费用、主营业务成本是损益类费用账户，应将其余额从借方结转至“本年利润”账户的借方：

借：本年利润	55 000	
贷：管理费用		20 000
主营业务成本		35 000

主营业务收入是损益类收入账户，应将其余额从贷方结转至“本年利润”账户的贷方：

借：主营业务收入	60 000	
贷：本年利润		60 000

通过上面的例子，我们可以看出，结账分录形式根据账户类别不同而有所差异，总结归纳如下：

借：本年利润

　贷：费用类账户

借：收入类账户

　贷：本年利润

其最终结果都是将利润表账户余额（即收入类账户和费用类账户余额）结清，全部转入“本年利润”账户。

（九）编制结账后试算平衡表

目标：检查结账后的借贷平衡。

结账后试算平衡表的编制方法与调整后试算平衡表的编制方法类似。由于上一步骤进行结账后，利润表账户余额已结清，只有资产负债表账户有余额，因此正确的结账后试算平衡表信息实际上就相当于资产负债表所提供的信息。

具体来说，在录入结账分录的相关金额后，利用调整后试算平衡表的相关金额加减结账分录的相关数额，就可以得到结账后试算平衡表。相关处理如表2－8所示。

表2－8 结账后试算平衡表

会计科目	试算平衡表		调整分录		调整后试算平衡表		结账分录		结账后试算平衡表	
	借	贷	借	贷	借	贷	借	贷		

至此，一个完整的会计循环就算完成了。鉴于上述会计循环各个环节的内容，我们将会在后续各章的学习中进行详细解说，因此本处只是做了较为简略的介绍，帮助学生初步了解财务会计的整体框架。希望学生在后续学习过程中仔细体会上述每一步骤蕴含的原理，以便对这一块知识形成更加系统、深刻的认知。

二、会计核算程序

（一）会计核算程序的含义

会计核算程序，又叫会计核算形式或财务处理程序，是指组织会计核算（主要是填制凭证、登记账簿、编制报表），形成会计信息的步骤和方法。具体而言，就是从填制、整理、传递会计凭证，登记会计账簿，到编制会计报表，提供会计信息整个过程的程序形式和方法。

会计核算程序一般由各单位根据实际情况自行组织和设计。它可以发挥如下作用：

（1）可以确保账务处理过程有条不紊、衔接有序地进行，确保准确、及时、完整地提供会计信息，提高会计核算工作的质量。

（2）可以减少不必要的会计核算冗余环节和手续，节约人力、物力和财力，提高会计工作效率。

（3）可以加强会计管理，充分发挥会计工作的监督职能，也有助于会计核算的分工协作、责任划分。

（二）选择会计核算处理程序的要求

会计核算处理程序的基本过程是：从会计凭证到会计账簿再到会计报表三个环节。这是一条不会改变的处理程序，但是它们的衔接方式和处理方法却是多种多样的，因而有了不同的核算处理形式和组织形式。在会计核算工作的长期实践中，会计工作者已经设计和采用了多种有效的会计核算处理形式和组织形式。目前采用的有以下五种：

（1）记账凭证会计核算处理程序。

（2）汇总记账凭证会计核算处理程序。

（3）科目汇总表会计核算处理程序。

（4）多栏式日记账会计核算处理程序。

（5）日记总账会计核算处理程序。

其中，记账凭证会计核算处理程序是最基本的一种，其他几种会计核算处理程序都是在这种会计核算处理程序的基础上发展变化而来的。因此，它们之间既有共同点，又有各自的特点。企业在选择适合本单位的会计核算处理程序时，一般要符合如下三方面要求：

（1）符合本单位经济活动的实际情况，如经济活动的规模大小、业务的繁简程度等。

（2）能正确、及时、完整地提供本单位的财务状况、经营成果和资金运用情况等会计信息，以满足企业经营管理的需要。

（3）能在保证会计工作质量的前提下，力求简化核算手续，提高会计工作效率，节约账务处理费用，提高会计工作效益。

（三）记账凭证会计核算处理程序

1. 记账凭证会计核算处理程序的特点

记账凭证会计核算处理程序是直接根据各种记账凭证逐笔登记总分类账的一种会计核算处理程序。记账凭证会计核算处理程序是会计核算处理程序中最基本的一种，其他各种会计核算处理程序基本上是在这种会计核算处理程序上发展变化而来的。直接根据记账凭证填制总分类账，是记账凭证会计处理程序最为突出的特点，也是它有别于其他会计核算处理程序的基本特征。

2. 记账凭证会计核算处理程序的核算要求

在记账凭证会计核算处理程序下，记账凭证可以采用通用的格式，也可以采用收款凭证、付款凭证和转账凭证三种专用格式。如果业务量较少或运用电子计算机进行账务处理，常采用通用格式。在账簿设置方面，一般应设置现金日记账、银行存款日记账、总分类账和明细分类账。现金日记账和银行存款日记账，一般可采用三栏式，总分类账也用三栏式并按总账科目开设账页，明细分类账可以根据管理的需要设置，可用三栏式、数量金额式或多栏式等。

3. 记账凭证会计核算处理程序的步骤

记账凭证会计核算处理程序的步骤如图 2－14 所示。

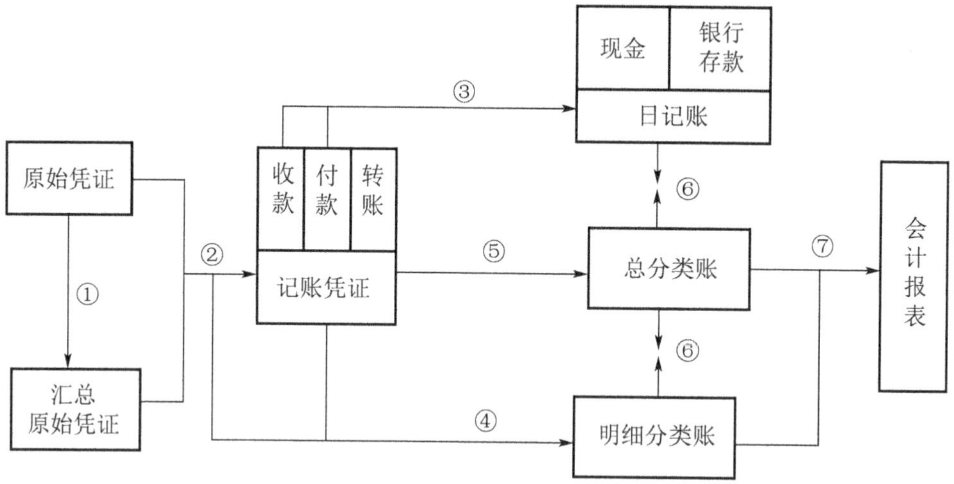

图 2－14　记账凭证会计核算处理程序的步骤

说明：①根据各种原始凭证填制汇总原始凭证。

②根据各种原始凭证或汇总原始凭证填制记账凭证。

③根据收、付款凭证登记现金日记账和银行存款日记账。

④根据各种原始凭证、汇总原始凭证或各种记账凭证登记明细分类账。

⑤根据各种记账凭证逐笔登记总分类账。

⑥月终，将现金日记账、银行存款日记账的余额和明细分类账的余额合计数与总分类账的对应账户余额相核对。

⑦月终，根据总分类账和明细分类账的记录编制会计报表。

4. 记账凭证会计核算处理程序的适用范围

记账凭证会计核算处理程序根据记账凭证直接登记总分类账，程序简单、直观明了、易于理解。但是，当企业、事业等单位的经济业务量比较大时，记账凭证的数量必然很多，根据记账凭证逐笔登记总分类账的工作量必然很大。因此，这种会计核算处理程序一般适用于一些规模比较小、经济业务量少和凭证不多的单位，大中型规模的单位一般不宜采用。当采用这种会计核算处理程序时，为了减少登记总账工作量，简化核算手续，也应尽量把业务内容相同的原始凭证先汇总编制成汇总原始凭证，再根据汇总原始凭证填制记账凭证。

（四）汇总记账凭证会计核算处理程序

1. 汇总记账凭证会计核算处理程序的特点

汇总记账凭证会计核算处理程序是定期根据记账凭证分类编制汇总收款凭证、汇总付款凭证和汇总转账凭证，再根据汇总记账凭证登记总分类账的一种账务处理程序。它是记账凭证会计核算处理程序的发展，它与记账凭证账务处理程序的主要区别是在记账凭证和总分类账之间增加了汇总记账凭证。设置和填制汇总记账凭证，直接根据汇总记账凭证登记总分类账，是这种会计核算处理程序的突出特点，也是它区别于其他会计核算处理程序的基本特征。

2. 汇总记账凭证会计核算处理程序的核算要求

在汇总记账凭证会计核算处理程序下，记账凭证除了设置收款凭证、付款凭证和转账凭证外，还要设置总账凭证，包括汇总收款凭证、汇总付款凭证和汇总转账凭证。在各种汇总记账凭证上都要求反映会计科目的对应关系。

汇总收款凭证是按库存现金或银行存款科目的借方分别设置，定期（如 5 天或 10 天）将这一期间内全部现金或银行存款的收款凭证，分别按库存现金或银行存款科目所对应的贷方科目加以汇总，每期填列一次，每月编制一张。月终时，结算出汇总收款凭证的合计数，据以登记总分类账。汇总收款凭证的格式如表 2－9 所示。

表 2－9　汇总收款凭证

年　月　日

借方科目：　　　　　　　　　　　　　　　　　　　　　　　　　汇收第　号

贷方科目	金额				总账页数	
	1 日至 10 日 收款凭证 第__号至第__号	11 日至 20 日 收款凭证 第__号至第__号	21 日至 31 日 收款凭证 第__号至第__号	合计	借方	贷方

会计主管：　　　　　记账：　　　　　审核：　　　　　填制：

汇总付款凭证是按库存现金或银行存款科目的贷方设置，定期（如 5 天和 10 天）将这一期间内全部的库存现金或银行存款科目所对应的借方科目加以汇总，每期填列一次，每月编制一张（表 2－10）。月终时，结算出汇总付款凭证的合计数，据以登记总分类账。

表 2－10　汇总付款凭证

年　月　日

贷方科目：　　　　　　　　　　　　　　　　　　　　　　　　　汇付第　号

借方科目	金额				总账页数	
	1 日至 10 日 付款凭证 第__号至第__号	11 日至 20 日 付款凭证 第__号至第__号	21 日至 31 日 付款凭证 第__号至第__号	合计	借方	贷方

会计主管：　　　　　记账：　　　　　审核：　　　　　填制：

汇总转账凭证是按转账业务中的每一账户的贷方科目设置，定期（如5天或10天）将这一期间内全部的转账凭证，按其对应的借方科目加以汇总，每期填列一次，每月编制一张。月终时，结算出汇总转账凭证的合计数，据以登记总分类账。汇总转账凭证的格式如表2－11所示。

表2－11　汇总转账凭证

年　月　日

贷方科目：　　　　　　　　　　　　　　　　　　　　　　汇转第　号

借方科目	金　额				总账页数	
	1日至10日 转账凭证 第__号至第__号	11日至20日 转账凭证 第__号至第__号	21日至31日 转账凭证 第__号至第__号	合计	借方	贷方

会计主管：　　　　　　　记账：　　　　　　　审核：　　　　　填制：

汇总转账凭证在设计上，账户的对应关系是一个贷方科目与一个或多个借方科目相对应，即一贷一借或一贷多借。因此，在汇总记账凭证会计核算处理程序下，为了便于填制汇总转账凭证，要求所有的转账凭证也按一个贷方科目与一个或几个借方科目相对应来填制，不能填制一个借方科目与几个贷方科目相对应的转账凭证，即不能填制一借多贷的会计分录。

应当指出的是，如果在汇总期内某一贷方科目的转账凭证数量较少，或者某些汇总原始凭证（如耗用材料汇总表）已按贷方科目设置，反映一贷多借的科目对应关系，则可以不编制汇总转账凭证，直接据以登记总分类账，以简化核算手续。

在汇总记账凭证会计核算处理程序下，账簿设置与记账凭证会计核算处理程序的账簿设置基本一致，即日记账、明细账的格式一致，只是对总分类账的格式要求有所不同。为使总分类账的内容与各种汇总记账凭证相一致，总分类账应采用借、贷、余三栏及“对方科目”栏的格式，以清晰地反映账户的对应关系。其格式如表2－12所示。

表 2－12　总分类账

会计科目：　　　　　　　　　　　　　　　　　　　　第　页

年		凭证		摘要	对方科目	借方	贷方	借或贷	余额
月	日	字	号						

总分类账的登记方法是：月终时，根据汇总收款凭证的合计数，记入总分类账中"库存现金"或"银行存款"账户的借方以及有关账户的贷方；根据汇总付款凭证的合计数，填入总分类账中"库存现金"或"银行存款"账户的贷方，以及有关账户的借方；根据汇总转账凭证的合计数，计入总分类账户中各个应借账户的借方，以及该汇总转账凭证所列的应贷账户的贷方。

3. 汇总记账凭证会计核算处理程序的步骤

汇总记账凭证会计核算处理程序的基本步骤和内容如图 2－15 所示。

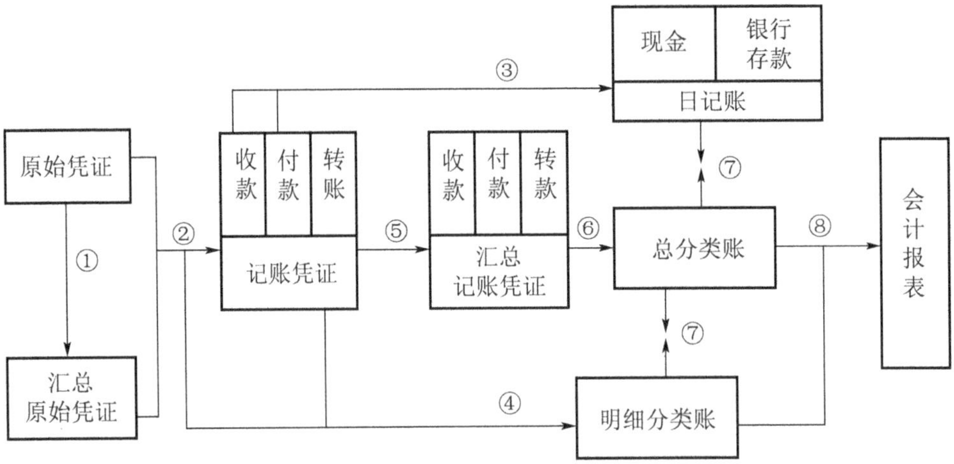

图 2－15　汇总记账凭证会计核算处理程序

说明：①根据各种原始凭证填制汇总原始凭证。

②根据各种原始凭证或汇总原始凭证填制记账凭证。

③根据收、付款记账凭证登记现金日记账和银行存款日记账。

④根据原始凭证或汇总原始凭证或记账凭证登记明细分类账。

⑤根据收款凭证、付款凭证和转账凭证定期分别填制汇总收款凭证、汇总付款凭证和汇总转账凭证。

⑥根据各种汇总记账凭证登记总分类账。

⑦月终，将现金日记账、银行存款日记账的余额以及各明细分类账的余额合计数与总分类账有关账户的余额核对。

⑧月终，根据总分类账和各种明细分类账编制会计报表。

4. 汇总记账凭证会计核算处理程序的适用范围

从上面的阐述可知，在汇总记账凭证会计核算处理程序下，汇总记账凭证把当期全部的记账凭证进行了汇总，然后于月终时一次过入总分类账，因而大大减轻了登记总分类账的工作量，提高了工作效率，而且汇总记账凭证是按科目的对应关系即会计分录进行归类汇总填制，然后据以过入总分类账，因而账户的对应关系清晰明了，便于检查和分析账目。

但是，采用汇总记账凭证会计核算处理程序，在减少过入总账工作量的同时，另一方面却较大地增加了填制各种汇总记账凭证的工作量。特别是，对于那些业务量少、含有同一贷方科目的转账凭证又不多的小型单位，编制汇总记账凭证过入总账并不能起到减少工作量的作用。因此，汇总记账凭证会计核算处理程序一般适用于经济规模较大、业务量较多的大型单位，特别是那些同种业务重复发生次数较多的单位。

（五）科目汇总表会计核算处理程序

1. 科目汇总表会计核算处理程序的特点

科目汇总表会计核算处理程序是定期将所有记账凭证按会计科目汇总编制成科目汇总表，再根据科目汇总表登记总分类账的会计核算处理程序。设置和填制科目汇总表，直接根据科目汇总表登记总分类账是这种会计核算处理程序的突出特点，也是它区别于其他会计核算处理程序的基本特征。

2. 科目汇总表会计核算处理程序要求

科目汇总表是根据记账凭证定期汇总总分类账每个科目的借、贷方发生额，据以登记总分类账的一种汇总凭证，故它也叫记账凭证汇总表。科目汇总表的格式可根据各单位管理的需要自行设计，但常见的格式为如表 2－13 和表 2－14 所示的两种。

表 2－13　科目汇总表（格式一）

____年____月____日至____日　　　　科汇第____号

会计科目	账页	本期发生额		记账凭证起讫号数
		借方	贷方	
合计				

会计主管：　　　记账：　　　审核：　　　填制：

表 2－14　科目汇总表（格式二）

____年____月____日至____日　　　　科汇第____号

会计科目	账页	1—10 日		11—20 日		21—31 日		本月合计	
		借方	贷方	借方	贷方	借方	贷方	借方	贷方
合计									

会计主管：　　　记账：　　　审核：　　　填制：

格式一是一次性科目汇总表，每隔一定时期（如5天或10天）汇总一次，编制一张并据以登记总分类账。格式二是多次性科目汇总表，每隔一定时期（如5天或10天）汇总一次，填制一次，月末将各记录金额合计而编成一张。

在科目汇总表会计核算处理程序下，记账凭证设置收款凭证、付款凭证和转账凭证三种，在格式上可以采用复式记账凭证，也可以采用单式记账凭证。采用复式记账凭证时，为了便于按科目归类汇总编制科目汇总表，要求所有记账凭证中的科目对应关系，只能是一个借方科目与另一个贷方科目相对应，即每张记账凭证上只能编制一个简单的会计分录。每一记账凭证最好复写成一式二份，便于分别用来归类汇总借方科目和贷方科目。在填制科目汇总表时，对于现金和银行存款的借方发生额和贷方发生额，也可直接根据现金日记账和银行日记账的发生额填列，而不再根据收款凭证和付款凭证归类汇总填制。

在账簿设置上，一般可设置现金日记账和银行存款日记账、总分类账和明细分类账。在格式上，明细分类账可采用三栏式、数量金额式和多栏式，总分类账均可采用借、贷、余三栏式。

3. 科目汇总表会计核算处理程序的步骤

科目汇总表会计核算处理程序的步骤如图2－16所示。

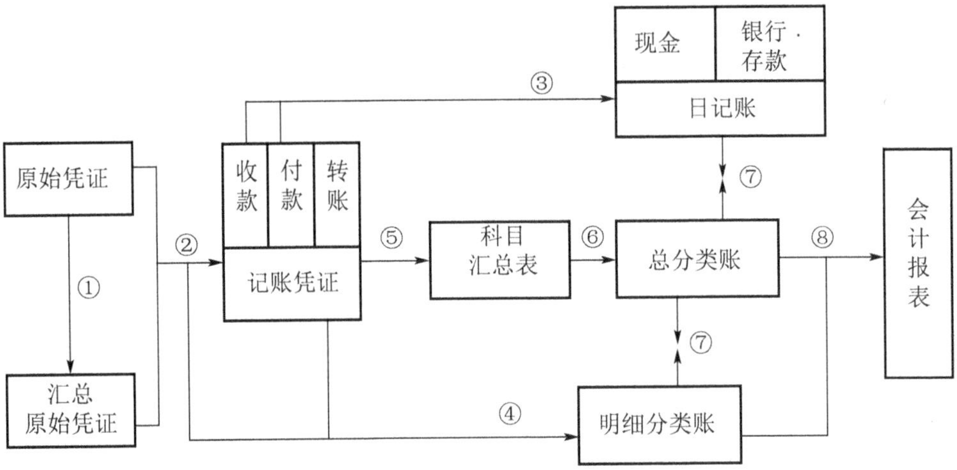

图2－16　科目汇总表会计核算处理程序

说明：①根据各种原始凭证填制汇总原始凭证。

②根据各种原始凭证或汇总原始凭证填制记账凭证。

③根据收、付款凭证登记现金日记账和银行存款日记账。

④根据原始凭证、汇总原始凭证或记账凭证登记明细分类账。

⑤根据各种记账凭证编制科目汇总表。

⑥根据科目汇总表登记总分类账。

⑦月终，将现金日记账、银行存款日记账的余额以及明细分类账户的余额合计数分别与总分类账有关账户的余额核对。

⑧月终，根据总分类账和各种明细分类账编制会计报表。

4. 科目汇总表会计核算处理程序的适用范围

在科目汇总表会计核算处理程序下，根据科目汇总表登记总分类账大大地减少了登记总分类账的工作量，而且科目汇总表的编制和使用也比较方便，因而能提高工作效率。此外，科目汇总表还起到发生额的试算平衡作用，便于定期检查账簿记录正误。但是，由于科目汇总表只按总账科目汇总，不能明确反映科目间的账户对应关系，又无摘要栏，因而不便于经济业务的分析检查和核对账目。因此，这种会计核算处理程序一般适用于经济业务较多的单位。

（五）多栏式日记账会计核算处理程序

1. 多栏式日记账会计核算处理程序的特点和核算要求

多栏式日记账会计核算处理程序是设置多栏式日记账，运用转账凭证和多栏式日记账的记录登记总分类账的会计核算处理程序。设置多栏式现金和银行存款日记账，连同转账凭证作为依据登记总分类账是这种会计核算处理程序的突出特点，也是它区别于其他会计核算处理程序的基本特征。

多栏式现金和银行存款日记账把对方科目及金额置于日记账内，具有科目汇总表的汇总特征，月末根据多栏式日记账中库存现金、银行存款的收付结算金额和各对应账户的发生额直接登记总分类账。除了以多栏式现金和银行存款日记账的记录为依据登记总分类账外，还应根据转账凭证登记总分类账。如果转账凭证的数量太多，也可以对转账凭证编制科目汇总表，并据以登记总分类账。多栏式日记账会计核算处理程序的流程如图 2－17 所示。

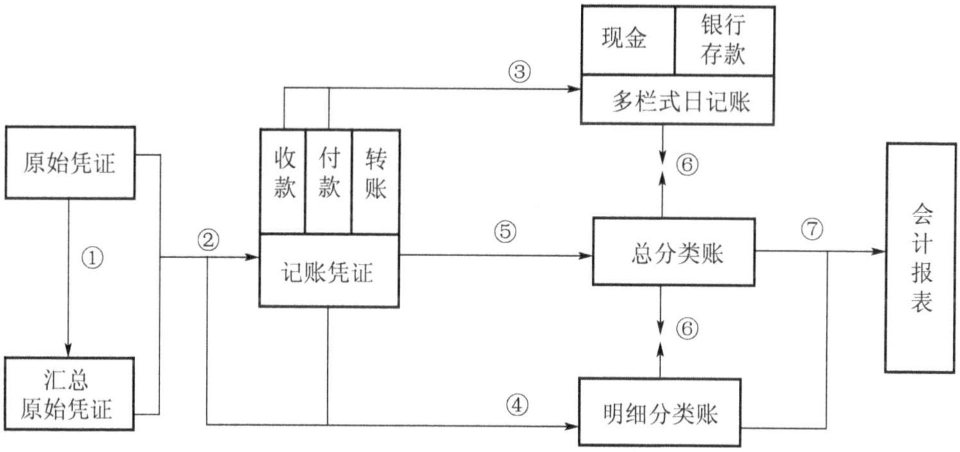

图 2－17　多栏式日记账会计核算处理程序

说明：①根据各种原始凭证填制汇总原始凭证；
②根据各种原始凭证或汇总原始凭证填制记账凭证；
③根据收款凭证、付款凭证登记多栏式现金和银行存款日记账；
④根据原始凭证、汇总原始凭证或记账凭证登记明细分类账；
⑤根据多栏式日记账和转账凭证（或转账科目汇总表）登记总分类账；
⑥月终，将各种明细分类账的余额合计数与总分类账有关账户的余额核对；
⑦月终，根据总分类账和明细分类账编制会计报表。

此外，多栏式日记账把对方科目置于账内的发生额栏，为避免账页过宽，多栏式日记账应按收入和付出业务分别设置账簿。

2. 多栏式日记账会计核算处理程序的适用范围

多栏式日记账会计核算处理程序登记总分类账的依据是：多栏式现金、银行存款日记账和转账凭证，而多栏式日记账对库存现金、银行存款及其对应账户起到汇总记账凭证的作用。因此，这种会计核算处理程序可以简化登记总分类账的工作量，但仍然需要根据转账凭证登记总分类账，当转账凭证的数量很大时，登记总分类账的工作量也会很大。虽然可以通过编制转账科目汇总表解决部分问题，但还受到其他一些限制，包括当企业规模很大，与收付有关的会计科目较多时，多栏式日记账的篇幅会很宽，不便于分工记账和保管；转账科目汇总表不能反映账户的对应关系，等等。因此，多栏式日记账会计核算处理程序适用于收付款业务多、而会计科目不多、转账凭证较少的单位。

（六）日记总账会计核算处理程序

1. 日记总账会计核算处理程序的特点和核算要求

日记总账会计核算处理程序是设置日记总账，依据全部记账凭证直接登记日记总账的会计核算处理程序。因此，这种账务处理程序的特点是以日记总账代替总分类账，并依据记账凭证直接登记日记总账。

日记总账是一种把日记账和总分类账结合在一起的联合账簿，它把总账所有的科目都集中在一张账页上，对所有的经济业务按业务发生的时间顺序进行序时记录，并根据业务的性质，对科目的对应关系进行总分类记录。其格式如表 2－15 所示。

表 2－15　日记总账

____年____月

年		凭证		摘要	发生额	库存现金		银行存款		应收账款		材料采购		…
月	日	字	号			借	贷	借	贷	借	贷	借	贷	…
				发生额合计										
				月末余额										

在日记总账会计核算处理程序下，记账凭证、日记账、明细分类账的设置与记账凭证会计核算处理程序下的设置基本相同，而总分类账则要用日记总账取代。

登记日记总账时，对于收、付款业务，在采用三栏式现金和银行存款日记账的情况下，可直接根据收款凭证和付款凭证逐日逐笔或逐日汇总登记日记总账；在采用多栏式登记现金和银行存款日记账的情况下，可以在月终时，根据多栏式现金和银行存款日记汇总登记日记总账。对于转账业务，一般应根据转账凭证逐日逐笔登记日记总账。登记日记总账时，将每笔经济业务的发生额分别登记在同一行的有关科目的借方栏和贷方栏内，并将其发生额登记在“发生额”栏内。月终，“发生额”栏所列本月发生额合计数，应与总账全部科目的本月借方发生额合计数、本月贷方发生额合计数分别相等。各科目借方余额合计数与贷方余额合计数相等。日记总账会计核算处理程序如图 2－18 所示。

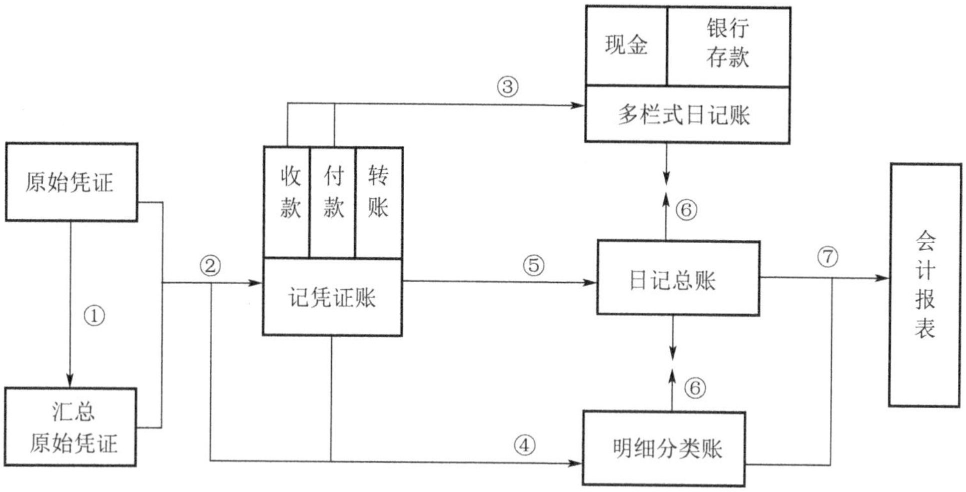

图2－18　多栏式日记账会计核算处理程序

说明：①根据各种原始凭证填制汇总原始凭证；
②根据原始凭证或汇总原始凭证填制记账凭证；
③根据收款凭证、付款凭证登记现金和银行存款日记账；
④根据原始凭证、汇总原始凭证或记账凭证登记明细分类账；
⑤根据各种记账凭证登记日记总账；
⑥月终，将现金日记账、银行存款日记账的余额以及各种明细分类账的余额合计数与日记总账有关账户的余额核对；
⑦月终，根据日记总账和明细分类账填制会计报表。

2. 日记总账会计核算处理程序的适用范围

日记总账会计核算处理程序，把日记账和分类账结合在一起，根据记账凭证直接登记总账，记账手续简便；日记总账会把总账全部会计科目都集中在一张账页上，可以清楚地反映每笔经济业务所记录的账户的对应关系，方便查阅账目及分析经济业务的内容。但是，日记总账在操作上不便于分工记账，而且当核算单位的业务量较大、运用科目较多时，日记总账的账页势必过宽过长，不便于记账，不便于保管和使用。因此，这种会计核算处理程序一般适用于规模小、经济业务简单、使用会计科目较少的单位。

从以上介绍的各种账务处理程序可以看出，各种会计核算处理程序的最大区别是登记总分类账的直接依据和方法不同，这就形成了各自不同的优缺点和适用范围，各单位在选用会计核算处理程序时，可根据本单位的实际情况和管理要求选择最适合自身状况的会计核算处理程序。

本章小结

会计要素是会计对象的具体化，按其性质分为静态会计要素（资产、负债和所有者权益）和动态会计要素（收入、费用和利润）。其中，静态会计要素侧重于反映企业的财务状况，我们也可以称之为资产负债表要素；动态会计要素侧重于反映企业的经营成果，我们也可以称之为利润表要素。

会计等式揭示了会计要素之间的内在联系，它包括反映三大静态会计要素之间平衡关系的静态等式，反映三大动态会计要素之间平衡关系的动态等式，以及反映六大会计要素之间平衡关系的综合等式。

会计科目是会计账户的名称，若按其反映的经济内容，可分为资产类、负债类、所有者权益类、成本类和损益类（损益类又包括收入类和费用类两类账户）；若按其提供信息的详细程度分类，可分为总账科目和明细科目。会计账户是根据会计科目开设的，结构通常有两种，一种是书面格式，即组成账簿的各个账页；另一种是简化格式，即“T”形账户。同学们在学习过程中应牢记不同种类账户的记账方向。

复式记账法以“有借必有贷，借贷必相等”为依据，将每一项交易事项在相对应的两个或两个以上相互联系的账户中进行登记，并且记入借方账户和贷方账户的总金额必然相等。复式记账法的运用主要有编制会计分录、过账以及编制试算平衡表。

会计循环是将企业发生的经济业务通过一定的程序和方法以财务报表的形式表现出来的过程。简单来说，就是将企业发生的经济业务转换为会计信息，反映企业的财务状况和经营成果。会计核算处理程序分为记账凭证会计核算处理程序、汇总记账凭证会计核算处理程序、科目汇总表会计核算处理程序、多栏式日记账会计核算处理程序、日记总账会计核算处理程序五种，它们之间的主要区别在于登记总分类账的依据不同。

知识拓展

一、备抵科目

除了固定资产外，许多资产类科目都有它们专属的备抵科目，这些备抵科目虽被列为资产类科目，但记账规则与一般资产类科目相反。如对固定资产而言，除了累计折旧，备抵科目还有固定资产减值准备；应收账款的备抵科目是坏账准备；无形资产的备抵科目是累计摊销、无形资产减值准备；存货的备抵科目是存货跌价准备，等等。这些内容今后将在财务会计学中进行更加详细的学习。

二、会计要素计量属性及其应用原则

会计要素计量是为了将符合确认条件的会计要素登记入账并列报于财务报表而确定其金额的过程。会计要素计量属性主要包括历史成本、重置成本、可变现净值、现值和公允价值等。

1. 历史成本

历史成本又称实际成本，是指取得或制造某项财产物资时所实际支付的现金或者现金等价物。

2. 重置成本

重置成本又称现行成本，是指按照当前市场条件，重新取得同样一项资产所需支付的现金或现金等价物金额。

3. 可变现净值

可变现净值，是指在生产经营过程中，以预计售价减去进一步加工成本和销售所必需的预计税金、费用后的净值。

4. 现值

现值，是指对未来现金流量以恰当的折现率进行折现后的价值，是考虑货币时间价值因素等的一种计量属性。

5. 公允价值

公允价值，是指市场参与者在计量日发生的有序交易中，出售一项资产所能收到或者转移一项负债所需支付的价格。

习 题

一、单项选择题

1. 下列各项属于企业资产的是（ ）。

A. 应付账款　　B. 融资租入的设备

C. 预收账款　　D. 即将购入的原材料

2. 下列说法不正确的是（ ）。

A. 所有者权益是指企业资产扣除负债后由所有者享有的剩余权益

B. 所有者权益的金额等于资产减去负债后的余额

C. 所有者权益也称为净资产

D. 所有者权益包括实收资本（或股本）、资本公积、盈余公积和留存收益等

3. 下列各项属于反映企业经营成果的会计要素是（ ）。

A. 资产　　B. 所有者权益

C. 负债　　D. 费用

4. 下列各项中，符合收入会计要素定义的是（ ）。

A. 出售材料收入　　B. 出售无形资产净收益

C. 出售固定资产净收益　　D. 向购货方收取的增值税销项税额

5. 费用（成本）类账户的结构与资产类账户的结构（ ）。

A. 一致　　B. 相反

C. 基本相同　　D. 无关

6. 下列应确认为资产的是（ ）。

A. 长期闲置且不再使用和转让的没有经济价值的厂房

B. 已超过保质期的食品

C. 自然使用寿命已满但仍在使用的设备

D. 已签订合同拟于下月购进的材料

7. 以下有关“资产 = 负债 + 所有者权益”等式表述不正确的是（ ）。

A. 是编制资产负债表的理论基础

B. 表明了企业一定时期的财务状况

C. 反映了资产、负债、所有者权益三要素之间的内在联系和数量关系

D. 上述等式也称为静态会计恒等式

8. 下列各项中，不属于反映企业财务状况的会计要素是（　　）。

A. 资产　　B. 负债

C. 所有者权益　　D. 利润

9. 下列经济业务会引起资产类科目和所有者权益类科目同时增加的是（　　）。

A. 赊购原材料

B. 接受投资者投入的现金资产

C. 向银行借入长期借款

D. 用银行存款归还企业的银行短期借款

10. 某公司资产总额为20万元，负债总额为5万元，以银行存款2万元偿还短期借款，并以银行存款2万元购买设备（不考虑增值税）。则上述业务入账后该公司的负债总额为（　　）万元。

A. 2　　B. 3　　C. 25　　D. 15

11. 根据资产与权益的恒等关系以及借贷记账法的记账规则，检查所有账户记录是否正确的方法称为（　　）。

A. 记账　　B. 试算平衡　　C. 对账　　D. 结账

12. 下列内容不属于期间费用的是（　　）。

A. 管理费用　　B. 制造费用　　C. 销售费用　　D. 财务费用

13. 采用复式记账的方法，主要为了（　　）。

A. 便于登记账簿

B. 全面地、相互联系地反映资金运动的来龙去脉

C. 提高会计工作效率

D. 便于会计人员的分工协作

二、多项选择题

1. 下列各项中，属于资产要素特点的有（　　）。

A. 必须是经济资源　　B. 必须是有形的

C. 必须预期能给企业带来经济利益　　D. 必须是企业拥有或控制的

2. 下列各项中，属于费用要素特点的有（　　）。

A. 企业在日常活动中发生的经济利益的总流入

B. 会导致所有者权益减少

C. 与向所有者分配利润无关

D. 会导致所有者权益增加

3. 下列各项中，影响利润金额计量的有（　　）。

A. 资产　　B. 收入

C. 费用　　D. 直接计入所有者权益的利得或损失

4. 收入按照性质不同分为（　　）。

A. 销售商品收入
B. 提供劳务收入
C. 让渡资产使用权收入
D. 主营业务收入

5. 企业的资金来源分为（　　）。
A. 所有者投入资金
B. 债权人投入资金
C. 销售产品收入
D. 提供劳务收入

6. 下列有关收入的说法中，不正确的有（　　）。
A. 收入在扣除相关成本费用后，必然会导致企业所有者权益增加
B. 企业销售商品采用预收货款形式的，应于收到货款时确认收入
C. 收入与所有者投入资本无关
D. 企业代收的款项不能作为收入确认

7. 企业的利润一般包括（　　）。
A. 营业利润
B. 利润总额
C. 净利润
D. 期间费用

8. 反映资产或者负债的现时成本或者现时价值的计量属性有（　　）。
A. 重置成本
B. 可变现净值
C. 公允价值
D. 现值

9. 下列会计要素中，称为动态会计要素的有（　　）。
A. 资产　B. 负债　C. 收入　D. 费用

10. 下列各项经济业务中，能引起资产和负债总额同时增加的有（　　）。
A. 从银行借款存入企业的存款账户
B. 用银行存款偿还所欠货款
C. 企业赊购材料一批
D. 收到投资人投入的资金存入银行

11. 下列关于会计等式的表述中，正确的有（　　）。
A. 财务状况等式是复式记账的理论基础
B. “资产 = 负债 + 所有者权益”这一会计等式，体现了企业在某一时点的财务状况
C. “收入 - 费用 = 利润”这一会计等式，是企业资金运动的动态表现
D. 经营成果等式是编制财务报表的依据

12. 下列各项经济业务中，能引起资产和所有者权益同时增加的有（　　）。
A. 盈余公积金转增资本
B. 提取盈余公积
C. 收到外单位现金投资存入银行
D. 收到国家投资存入银行

13. 下列各项经济业务中，会导致企业资产总额和负债总额同时减少的有（　　）。
A. 用现金支付职工薪酬
B. 购买材料一批，货款未付
C. 将资本公积转增资本
D. 用银行存款偿还所欠货款

14. 下列经济业务中，属于资产内部增减变动的有（　　）。
A. 购买一批材料，款项尚未支付
B. 购买一批材料，以银行存款支付货款（不考虑增值税）
C. 从银行提取现金备用

D. 接受现金捐赠，款项存入银行

三、判断题

1. 资产是指企业现时的交易或者事项形成的、由企业拥有或者控制的、预期会给企业带来经济利益的资源。（　　）

2. 利润是收入与费用配比相抵后的差额，是经营成果的最终要素。（　　）

3. 所有者权益是指企业投资人对企业资产的所有权。（　　）

4. 资产、负债和所有者权益三项会计要素是资金运动的动态表现，反映企业的财务状况，是资产负债表的基本要素。（　　）

5. 所有者权益主要取决于资产、负债、收入、费用等会计要素的确认和计量，尤其是资产和负债的确认，所有者权益金额的确定也主要取决于资产和负债的计量。（　　）

6. 所有者权益不需要偿还，除非发生减值、清算。（　　）

7. 企业在日常活动中形成的经济利益的总流入称为收入，包括与所有者投入资本有关的经济利益流入。（　　）

8. 利润总额是指主营业务利润加上营业外收入，减去营业外支出后的金额。（　　）

9. 所有者权益包括所有的利得和损失。（　　）

10. 当企业本期收入大于费用时，表示企业取得了盈利，最终导致企业所有者权益的增加。（　　）

四、计算与会计处理题

1. 朝阳公司202×年5月份有关账户的期初余额、本期发生额和期末余额情况如下表所示。

朝阳公司有关账户资料

单位：元

账户名称	期初余额	借方发生额	贷方发生额	期末余额
银行存款	300 000	（1）40 000 （2）10 000	（3）100 000 （4）80 000	（5）
原材料	40 000	（1）30 000 （2）	（3）3 000 （4）10 000	（5）100 000
短期借款	300 000	（1）200 000 （2）300 000	（3）800 000 （4）70 000	（5）
应付账款	170 000	（1）30 000 （2）	（3）50 000	（4）90 000
实收资本	280 000	（1）200 000 （2）120 000	（3）70 000 （4）	（5）400 000
主营业务收入	0	（1）5 000 （2）30 000	（3）	（4）
销售费用	0	（1）7 000 （2）	（3）80 000 （4）21 000	（5）

要求：根据所给的资料计算出各账户的相关金额。

2. 朝阳公司202×年8月发生如下经济业务：

（1）收回中海公司前欠货款8 000元，存入银行；

（2）向红星公司购入不需要安装设备一台，价值30 000元，货款未付；

（3）购入原材料一批，价款15 000元，材料入库并已办理入库手续，用银行存款支付；

（4）向中海公司销售产品一批，货款11 700元，其中10 000元收到现金，已存入银行；余款尚未收到；

（5）收到投资款50 000元，存入银行；

（6）购入库存商品一批5 000元，购入不需要安装的固定设备一台12 000元，用现金支付800元，银行存款支付8 000元，余款暂欠。

任务一：为朝阳公司编制上述经济业务的会计分录（不考虑相关税费）；

任务二：假定朝阳公司202×年8月各账户余额如下表所示：

朝阳公司202×年8月31日各账户余额表 单位：元

资产类账户		负债和所有者权益类账户	
库存现金	3 000	短期借款	17 000
银行存款	350 000	应付账款	16 000
应收账款	8 000	实收资本	275 000
原材料	45 000	资本公积	200 000
库存商品	12 000		
固定资产	90 000		
资产合计	508 000	负债和所有者权益合计	508 000

根据上面的资料画出各个账户的“T”形账，将“任务一”中的各项分录进行过账，结出各账户的期末余额；

任务三：根据任务二中编制完成的各账户资料，编制朝阳公司202×年8月31日的试算平衡表。

习题答案

一、单项选择题

1. B 2. D 3. D 4. A 5. C 6. C 7. B 8. D 9. B 10. B 11. B 12. B 13. B

二、多项选择题

1. ACD 2. BC 3. BC 4. ABC 5. AB 6. AB 7. ABC 8. ABCD 9. CD 10. AC 11. ABC 12. CD 13. AD 14. BC

三、判断题

1. × 2. √ 3. × 4. × 5. √ 6. √ 7. × 8. × 9. × 10. √

四、计算与会计处理题

1. 解析：
对于资产：期初余额 + 本期借方发生额 − 本期贷方发生额 = 期末余额
对于负债：期初余额 − 本期借方发生额 + 本期贷方发生额 = 期末余额
（1）银行存款是资产类账户，期末余额在借方：
300 000 + 40 000 + 10 000 − 100 000 − 80 000 = 170 000（元）
（2）原材料是资产类账户，期末余额在借方：
40 000 + 30 000 − 3 000 − 10 000 = 57 000（元）
100 000 − 57 000 = 43 000（元）
（3）短期借款是负债类账户，期末余额在贷方：
300 000 − 200 000 − 300 000 + 800 000 + 70 000 = 670 000（元）
（4）应付账款是负债类账户，期末余额在贷方：
170 000 − 30 000 + 50 000 = 190 000（元）
90 000 − 190 000 = −100 000（元）（负债减少应在借方）
（5）实收资本是所有者权益类账户，期末余额在贷方：
280 000 − 200 000 − 120 000 + 70 000 = 30 000（元）
400 000 − 30 000 = 370 000（元）
（6）收入类账户期末结转，余额为 0，借贷方发生额应相等：
30 000 + 5 000 = 35 000（元）
（7）费用类账户期末结转，余额为 0，借贷方发生额应相等：
80 000 + 21 000 − 7 000 = 94 000（元）

2. 解析：
任务一

（1）借：银行存款	8 000	
贷：应收账款		8 000
（2）借：固定资产	30 000	
贷：应付账款		30 000
（3）借：原材料	15 000	
贷：银行存款		15 000
（4）借：银行存款	10 000	
应收账款	1 700	
贷：主营业务收入		11 700
（5）借：银行存款	50 000	
贷：实收资本		50 000
（6）借：库存商品	5 000	

固定资产　　　　　　12 000

　贷：库存现金　　　　　　800

　　　银行存款　　　　　　8 000

　　　应付账款　　　　　　8 200

任务二　各账户登记如下：

借　　　库存现金　　　贷

期初余额	3 000		
		（6）	800
本期发生额	—	本期发生额	800
期末余额	2 200		

借　　　银行存款　　　贷

期初余额	350 000		
（1）	8 000	（3）	15 000
（4）	10 000	（6）	8 000
（5）	50 000		
本期发生额	68 000	本期发生额	23 000
期末余额	395 000		

借　　　应收账款　　　贷

期初余额	8 000		
（4）	1 700	（1）	8 000
本期发生额	1 700	本期发生额	8 000
期末余额	1700		

借　　　原材料　　　贷

期初余额	45 000		
（3）	15 000		
本期发生额	15 000	本期发生额	—
期末余额	60 000		

借　　　库存商品　　　贷

期初余额	12 000		
（6）	5 000		
本期发生额	5 000	本期发生额	—
期末余额	17 000		

借　　　固定资产　　　贷

期初余额	90 000		
（2）	30 000		
（6）	12 000		
本期发生额	42 000	本期发生额	—
期末余额	132 000		

借　　　短期借款　　　贷

		期初余额	17 000
本期发生额	—	本期发生额	—
		期末余额	17 000

借　　　应付账款　　　贷

		期初余额	16 000
		（2）	30 000
		（6）	8 200
本期发生额	—	本期发生额	38 200
		期末余额	54 200

借	实收资本		贷
		期初余额	275 000
		（5）	50 000
本期发生额	—	本期发生额	50 000
		期末余额	325 000

借	资本公积		贷
		期初余额	200 000
本期发生额	—	本期发生额	—
		期末余额	200 000

借	主营业务收入		贷
		期初余额	—
		（4）	11 700
本期发生额	—	本期发生额	11 700
		期末余额	11 700

任务三

朝阳公司试算平衡表

202×年8月31日　　　　单位：元

账户名称	期初余额		本期发生额		期末余额	
	借方	贷方	借方	贷方	借方	贷方
库存现金	3 000			800	2 200	
银行存款	350 000		68 000	23 000	395 000	
应收账款	8 000		1 700	8 000	1 700	
原材料	45 000		15 000		60 000	
库存商品	12 000		5 000		17 000	
固定资产	90 000		42 000		132 000	
短期借款		17 000				17 000
应付账款		16 000		38 200		54 200
实收资本		275 000		50 000		325 000
资本公积		200 000				200 000
主营业务收入				11 700		11 700
合计	508 000	508 000	131 700	131 700	607 900	607 900

第三章 筹资活动的会计核算

【学习目标及内容概述】

筹资活动是指导致企业资本及其债务规模和构成发生变化的活动，包括吸收投资、发行股票和借款等。这些活动的目的在于筹集资金，满足企业自身对资金的需求。保证生产经营活动顺利进行的前提是有充足的资金。

在实际生产经营当中，企业筹集资金的渠道有两个：向债权人借入资金或者接受投资人的投资。最常见的债权人是银行，向银行借入的款项包括长期借款和短期借款；接受投资者投入的资金，按照公司性质的不同，可以分别计入实收资本（股本）及资本溢价或股本溢价相关会计账户中。筹资活动的核算过程见图 3－1。

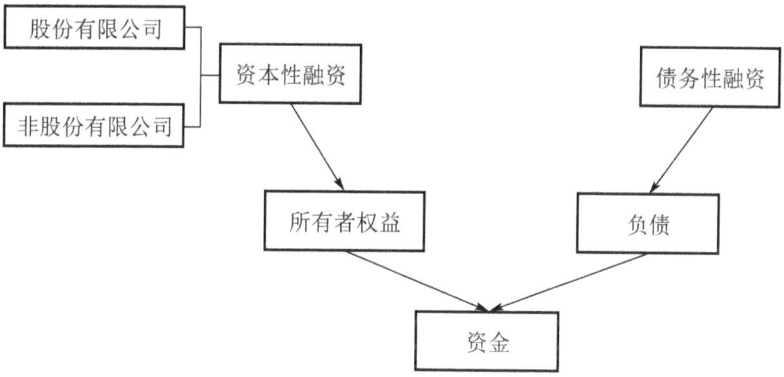

图 3－1 筹资活动的核算过程

【教学案例导入】

筹资业务决策

上海朝阳股份公司成立于 1988 年 1 月 28 日，是一家从事新能源汽车等产品的研发、设计、生产、安装、大修及培训于一体的综合性制造业企业。2020 年由于“新冠肺炎”疫情影响，公司业务拓展受到一定的负面影响，但并未影响公司的快速成长，2021 年公司产品依然备受欢迎，销售收入增长迅速，预计在广州、上海、深圳、北京等一线城市及周边地区的市场潜力较大，销售收入预计增长 50% ～100%。为此，公司董事会决议在山东济南郊区建立一座新厂，因此，公司需要筹集资金 10 亿元，其中：5.2 亿元公司可以用自有资金解决，剩余的 4.8 亿元资金缺口需要从外部筹措。2021 年 5 月 20 日，总经理王飞及财务总监李大海等召开办公会议研究资金筹集方案，并要求财务经理邵阳提出具体计划提交董事会讨论。

随后，邵阳根据总经理办公会议意见设计了两套筹资方案，具体如下：

方案一：以增发股票的方式筹资4.8亿元。

公司目前的普通股股价每股为10元，拟政法股票每股定价为8.3元，扣除发行费用后，净价为8元。为此，公司需要增发6 000万股股票筹资4.8亿元资金。为给公司股东稳定的回报及维护公司良好的市场形象，公司需要支付给股东固定股利每股0.6元。

方案二：向银行借款筹资4.8亿元。

考虑到银行贷款利息较低，公司拟向不同银行借3年期借款4.8亿元，借款年利率为5%，到期一次性支付借款本金及利息。

思考题：

（1）上述两种筹资方案的优缺点是怎样的？

（2）怎么进行增发股票筹资及银行借款筹资的业务处理？

第一节　筹资活动概述

企业经营需要一定的资金，而企业筹集资金的渠道主要有两个：第一，由企业所有者投入的资金，形成企业的永久性资金，是企业资金的主要构成部分，构成了所有者权益；第二，向债权人借入的资金，这部分资金有明确的还本付息的期限且受到法律的保护，构成了债权人权益，即负债。因此，所有者权益资金筹集业务和负债筹资业务的核算构成了本章的主要内容。

一、所有者投入资本

1. 所有者投入资本概述

所有者投入资本的含义，是指投资者实际投入企业的各种财产物资。《公司法》规定，股东可以用货币出资，也可用实物、知识产权、土地使用权等以货币估价，并且可以依法转让的非货币财产作价出资；但法律、行政法规规定的不得作为出资的财产除外。企业应当对作为出资的非货币财产评估作价，核实财产，不得高估或者低估作价。

2. 所有者投入资本的内容

所有者投入资本，按照性质不同可以分为实收资本（股本）和资本公积。

（1）实收资本。实收资本是指投资人按照企业章程或合同、协议的约定，实际投入到企业中的各种资产的价值。所有者向企业投入的资本，在一般情况下无需偿还，可以长期周转使用。我国实行的是注册资本制度，要求企业的实收资本与其注册资本相一致。我国企业法人登记管理条例规定，除国家另有规定外，企业的注册资金应当与实有资金相一致。企业实有资本比原注册资金数额增减超过20%时，应持资金使用证明或者验资证明，向原登记主管机关申请变更登记。如擅自改变注册资金或抽逃资金等，要受到工商行政管理部门的处罚。

此外，还有一点应注意，就是企业可以采用不同的方式筹集资本，既可以一次筹集，也可以分次筹集。分次筹集时，所有者最后一次投入企业的资本必须在营业执照签发之日起6个月以内缴足。因此，在某一特定的期间内，企业实收资本可能小于其注册资本的数额。

（2）资本公积。资本公积是指企业在经营过程中由于接受捐赠、股本溢价及法定财产重估增值等所形成的公积金。资本公积是与企业收益无关而与资本相关的贷项。资本公积指投资者或他人投到企业、所有权归属于投资者，且投入金额超过法定资本部分的资本。会计准则规定的可计入资本公积的有四个内容：资本（股本）溢价、其他资本公积、资产评估增值、资本折算差额。

资本溢价是公司发行权益债券价格超出所有者权益的部分，股本溢价是公司发行股价超出票面价格的部分，其他资本公积包括可供出售的金融资产公允价值变动、长期股权投资权益法下被投资单位净利润以外的变动。资产评估增值是按法定要求对企业资产进行重新估价时，重估价高于资产的账面净值的部分。资本折算差额是外币资本因汇率变动产生的差额。按国家财务制度规定，资本公积只能按法定程序转增资本。

3. 所有者投入资本核算账户

核算所有者投入资本的主要账户有“实收资本”、“资本公积”、“股本”等会计账户；其中，有限责任公司设置“实收资本”账户、股份有限公司设置“股本”账户。同时，按照复式记账原理，根据投入资本的不同分别设置“库存现金”、“银行存款”、“固定资产”、“无形资产”等会计账户。

（1）“实收资本”账户。“实收资本”是所有者权益类账户，核算投资者投入企业资本的增减变化情况及结果。该账户的借方登记投资人投入资本的减少额，贷方登记投入资本的增加额，账户的期末余额在贷方，表示期末投资者投入资本的实有数额。该账户一般按照投资主体设置明细账核算。“实收资本”的账户结构如图3－2所示。

借方（－）　　实收资本　　贷方（＋）

	期初余额
所有者减少的投入资本	企业实际收到的投入资本 期末余额：投资人投入资本的实际数额

图3－2　“实收资本”账户结构

（2）“股本”账户。“股本”是所有者权益类账户，用来核算股份有限公司所有者投入资本的增减变动及其结余情况。该账户的贷方登记股本增加额，借方登记股本的减少额，期末余额在账户的贷方，表示期末股本的实有数额。该账户一般按照投资者设置明细分类账户，进行明细分类核算。“股本”账户的结构如图3－3所示。

借方（－）　　股本　　贷方（＋）

	期初余额
减少的投入资本	收到的投入资本 期末余额：投入资本实有数额

图3－3　“股本”账户结构

(3) “资本公积”账户。“资本公积”账户属于所有者权益类账户，用来核算企业资本公积的取得和使用情况。“资本公积”账户的贷方登记取得的资本公积，借方登记资本公积的减少额，期末余额在账户的贷方，表示期末资本公积的实有数额。该账户一般按照资本公积的类别设置明细分类账户，进行明细分类核算，“资本公积”账户的结构如图 3-4 所示。

借方（-）	资本公积　　　　贷方（+）
	期初余额
减少的资本公积的数额	增加的资本公积的数额
	期末余额：资本公积的实有数额

图 3-4　“资本公积”账户结构

(4) “库存现金”账户。“库存现金”账户属于资产类账户，用来核算企业持有的库存现金。其借方登记增加的库存现金的数额，贷方登记减少的库存现金的数额，期末余额在账户的借方，表示企业期末持有的库存现金的数额。“库存现金”账户的结构如图 3-5 所示。

借方（+）	库存现金　　　　贷方（-）
期初余额	
本期增加的库存现金的数额	本期减少的库存现金的数额
期末余额：期末库存现金的数额	

图 3-5　“库存现金”账户结构

企业实务中还会根据自身需求设置“资本溢价”“股本溢价”“其他资本公积”等明细账户。

(5) “银行存款”账户。“银行存款”账户属于资产类账户，用来核算企业存入银行或其他金融机构的各种存款。“银行存款”账户的借方登记银行存款的增加额，贷方登记减少的银行存款的数额，期末余额在借方，表示企业期末银行存款的余额。该账户一般按照银行、账户类型等设置明细分类账户，进行明细分类核算。“银行存款”的账户结构如图 3-6 所示。

借方（+）	银行存款　　　　贷方（-）
期初余额	
本期增加的银行存款的数额	本期减少的银行存款的数额
期末余额：期末银行存款的数额	

图 3-6　“银行存款”账户结构

(6) “固定资产”账户。“固定资产”账户属于资产类账户，用来核算企业固定资产原价的增加变动及其结存情况。该账户借方登记增加的固定资产的原价，贷方登记减少的固定资产的原价，期末余额在借方，表示企业现有固定资产的原价。该账户一般按照固定资产的用途、类别和型号等设置明细分类账户，进行明细分类核算。“固定资产”账户的结构如图 3-7 所示。

借方（+）	固定资产　　　　贷方（-）
期初固定资产的原价	
本期增加的固定资产的原价	本期减少的固定资产的原价
期末余额：期末固定资产的原价	

图3-7　“固定资产”账户结构

（7）“无形资产”账户。“无形资产”账户属于资产类账户，用来核算企业无形资产的增加变动及其结存情况。该账户借方登记增加的无形资产，贷方登记减少的无形资产，期末余额在借方，表示企业现有无形资产。该账户一般按照无形资产类别设置明细分类账户，进行明细分类核算。“无形资产”账户的结构如图3-8所示。

借方（+）	固定资产　　　　贷方（-）
期初无形资产的余额	
本期增加的无形资产的数额	本期减少的无形资产的数额
期末余额：期末无形资产的余额	

图3-8　“无形资产”账户结构

二、负债筹资

除股东投入资本外，企业筹资还包括负债筹资的方式。企业负债筹资主要通过向银行借款等方式以补充经营资金的不足，这部分资金构成了企业的负债。向企业投入债务资金的人或组织称为债权人。负债到期要归还本金和利息。按照借期长短可以将企业的债务分为短期借款和长期借款。

（一）短期借款的核算

1. 短期借款的涵义

短期借款是企业向银行或其他金融机构等借入的期限在一年以内（含一年）的各种借款。一般情况下，企业取得短期借款是为了维持正常的生产经营活动所需要的资金，或是为了抵偿某项债务而借入的资金，包括生产经营周转借款、临时借款、结算借款、票据贴现借款、卖方信贷、预购定金借款和专项储备借款等。

2. 短期借款利息的确认与计量

短期借款的利息支出属于企业经营活动过程中为筹集资金而发生的资金成本，应该计入“财务费用”账户。短期借款利息的支付方式和时间不同，会计处理方法也存在一定的差异。

（1）如果短期借款的利息是按月支付，或者是在到期日和本金一起支付但利息数额不大时，企业可以在收到银行的计息通知或者实际支付时，将发生的利息费用计入当期损益（财务费用）。

（2）如果短期借款的利息是按照季度、半年度和年度等较长时间来支付，或者是在到期日和本金一起支付且利息数额较大时，企业通常用预提的方法按月计提借款利息，计入预提期间损益（财务费用）。

短期借款利息 = 借款本金 × 利率 × 时间

月利率 = 年利率 ÷ 12

日利率 = 月利率 ÷ 30

3. 短期借款核算账户

（1）“短期借款”账户。“短期借款”账户是负债类账户，用来核算企业向银行或其他金融机构等借入的期限在一年以内（含一年）的各种借款的增减变动及其余额情况。贷方登记企业借入的短期借款的实际金额，借方登记需要偿还的短期借款的数额，期末余额一般在账户的贷方，表示尚未归还的借款金额。该账户可按债权人和借款种类设置明细账户。“短期借款”账户的结构如图 3 – 9 所示。

借方（–）	短期借款　　　　贷方（+）
	期初余额
已经偿还的短期借款	借入的款项
	余额：期末还没有偿还的短期借款

图 3 – 9　“短期借款”账户结构

（2）“财务费用”账户。“财务费用”账户属于损益（费用）类账户，用来核算企业为了筹集生产经营所需资金而发生的各种筹资费用，包括利息净支出（利息支出减去利息收入）、佣金、汇兑损失（减汇兑收益）、企业发生的现金折扣以及相关的手续费等。借方登记发生的财务费用，贷方登记发生的应该冲减财务费用的利息收入以及期末转入“本年利润”账户的财务费用的净额（即财务费用支出大于收入的差额，如果收入大于支出则进行反方向结转）。结转滞后，“财务费用”账户期末无余额。该账户一般按照费用项目设置明细账，进行明细分类核算。“财务费用”账户的结构如图 3 – 10 所示。

借方（+）	财务费用　　　　贷方（–）
发生的各项财务费用	发生的应冲减财务费用的利息收入以及期末转入“本年利润”账户的财务费用净额
一般期末无余额	

图 3 – 10　“财务费用”账户结构

（3）“应付利息”账户。“应付利息”账户属于负债类账户，用来核算企业按照合同约定应支付的利息。贷方登记企业按照规定计算确定的应付利息，借方登记实际支付的利息，期末余额在贷方，反映企业实际应付未付的利息的数额。该账户一般按照债权人设置明细分类账户，进行明细分类核算。

“应付利息”账户的结构如图 3 – 11 所示。

借方（－）	应付利息　　　　贷方（＋）
	期初余额：期初应付未付的利息
本期实际支付的利息	企业按规定计算确定的应付利息的数额
	余额：期末尚未偿还的利息额

图 3－11　“应付利息”账户结构

（二）长期借款的核算

1. 长期借款的涵义

长期借款是指企业向银行或其他金融机构等借入的期限在一年以上的各种借款，一般用于固定资产的构建、扩建及改建工程、大修理工程、对外投资等多个方面的借款。也是项目投资的主要来源。

2. 长期借款利息的确认与计量

长期借款的利息费用，应当按照以下原则记入有关成本费用：如果长期借款用于构建固定资产等符合资本化条件的资产，根据有关制度符合资本化条件的利息支出应当资本化，记入在建工程等相关资产成本；不符合资本化条件的利息费用，应当记入当期损益，即记入财务费用。

3. 长期借款核算账户

企业应该设置“长期借款”账户，核算长期借款的借入及偿还等行为。“长期借款”账户为负债类账户，用于核算企业向银行或其他金融机构等借入的期限在一年以上的各种借款的增减变动及其结余情况。贷方登记企业借入的各种长期借款及各期计算出来的应付而未付的利息，借方登记归还的各种长期借款的本金及利息，期末余额在贷方，表示企业尚未偿还的长期借款本金及利息的数额。

该账户一般按照贷款单位和借款种类设置明细分类账户，进行明细分类核算，“长期借款”的账户结构如图 3－12 所示。

借方（－）	长期借款　　　　贷方（＋）
	期初余额
已经偿还的长期借款本金及利息	本期借入的长期借款本金及已计提的利息
	余额：期末未偿还的长期借款本金及利息

图 3－12　“长期借款”账户结构

第二节　筹资业务的会计核算

一、所有者投入资本的核算

一般来说，企业收到投资者投入的资本，应该按照其实际投入额入账。下面具体分为货币资金和非货币性资金投资进行说明。

（一）货币资金投资

【例3－1】 202×年，朝阳有限责任公司收到云山公司投入资金500 000元，已经存入银行。

【分析】 朝阳有限责任公司收到云山公司投入的货币资金，记入“银行存款”账户，货币资金投资的入账价值按照实际金额计价；由于该公司为有限责任公司，那么该投资者在企业所享有的所有者权益的份额记入“实收资本”账户。

应编制如下会计分录：

借：银行存款　　　　　　　　　　500 000

　贷：实收资本——云山公司　　　　　500 000

【例3－2】 朝阳有限责任公司接受某投资者的投资5 000 000元，其中4 000 000元作为实收资本，另1 000 000元作为资本公积，公司收到该投资者的投资后存入银行，其他手续已办妥。

【分析】 这是一项接受投资而又涉及超过法定份额资本的业务。其中属于法定份额部分应记入实收资本，超过部分作为资本公积。该项业务涉及“银行存款”、“实收资本”和“资本公积”三个账户。银行存款的增加是资产的增加，应记入“银行存款”账户的借方，实收资本和资本公积的增加是所有者权益的增加，应分别记入“实收资本”、“资本公积”账户的贷方。这项业务所编制的会计分录如下：

借：银行存款　　　　　　　　　　5 000 000

　贷：实收资本　　　　　　　　　　　4 000 000

　　　资本公积——资本溢价　　　　　1 000 000

（二）非货币资金投资

1. *以固定资产投资*

投资者投入的固定资产成本，应当按照投资合同或者协议约定的价值确定，但合同或者约定协议的价值不公允除外。企业收到的投资者以固定资产的投资，应按公司性质分别记录到“实收资本”及“股本”等账户。

【例3－3】 202×年，朝阳有限责任公司收到B公司的一台机器设备，这台机器的账面价值为1 000 000元，已经计提折旧300 000元，经过双方协商确定该机器以公允价值600 000元作为投入资本。

【分析】 企业接受投资者机器设备类别的投资，记入“固定资产”账户，入账价值，按照协议价值作价，而非按照投资者所在企业账面价值计价；同时，该投资者享有的所有者权益份额记入“实收资本”账户。

应编制如下会计分录：

借：固定资产　　　　　　　　　　600 000

　贷：实收资本——B公司　　　　　　600 000

【例 3-4】202×年，朝阳股份有限公司收到 B 公司投资折股的固定资产 100 000 元，认购股票（普通股）50 000 股，每股面值 1 元。

【分析】这项业务涉及“股本”、“资本公积”、“固定资产”三个会计账户。其中，固定资产的公允价值超过其股价的部分应记入“资本公积”账户，作为股本溢价。应编制如下会计分录：

借：固定资产　　100 000
　贷：股本　　50 000
　　资本公积——股本溢价　　50 000

2. 以无形资产投资

投资者投入的无形资产成本，应当按照投资合同或者协议约定的价值确定，但合同或者约定协议的价值不公允除外。企业收到的无形资产投资，应按公司性质分别记录到“实收资本”及“股本”等账户。

【例 3-5】朝阳有限责任公司收到 B 公司投资的一项专利技术 100 000 元

【分析】企业接受投资者的专利或者非专利的其他技术，应按投资各方确认的价值，借登记到“无形资产”账户，贷登记到“实收资本”账户。

应编制如下会计分录：

借：无形资产　　100 000
　贷：实收资本——B 公司　　100 000

3. 原材料投资

【例 3-6】202×年，朝阳有限责任公司收到 F 公司的原材料投资，该批原材料已经验收入库，经过双方协商确定，该批原材料的公允价值为 20 000 元。

【分析】朝阳公司接受投资者 F 公司原材料的投资，记入“原材料”账户，入账价值，按照协议价值作价，而非按照投资者所在企业原材料的账面价值计价；同时，F 公司在朝阳公司享有的所有者权益份额记入“实收资本”账户。

应编制如下会计分录：

借：原材料　　20 000
　贷：实收资本——F 公司　　20 000

二、债务筹资的核算

（一）短期借款筹资的核算

【例 3-7】朝阳有限责任公司向银行借入期限为 1 个月的生产周转借款 40 000 元，此款项已经存入银行。

【分析】公司向银行借入资金，使得银行存款增加，应该记入“银行存款”账户的借方，与此同时，短期借款增加，那么应该记入“短期借款”账户的贷方。

应编制如下会计分录：

借：银行存款　　40 000

贷：短期借款　　40 000

【例3-8】2020年10月1日，朝阳公司从银行借入一笔短期借款1 000 000元用于生产经营的临时性需要。根据和银行签署的借款协议等，借款期限为3个月，本金在2021年1月1日一次性付清，年利率为6%，利息在季末支付。

【分析】公司向银行借入资金1 000 000元，使得银行存款增加1 000 000元，应该记入"银行存款"账户借方的数额为1 000 000元，与此同时，短期借款增加该记入"短期借款"账户贷方的数额为1 000 000元。应编制的会计分录如下所示：

1. 借款本金的核算

借：银行存款　　1 000 000

贷：短期借款　　1 000 000

2. 借款利息的核算

（1）2020年10月末，计提应该由本月负担的短期借款利息：

本月应该计提的利息金额=1 000 000×6%÷12=5 000（元）

该笔业务的发横，使得本月财务费用增加了5 000元，应该记入"财务费用"账户的借方；由于借款利息尚未支付，同时企业负债应付利息增加5 000元，应该记入"应付利息"账户的贷方，据此，应编制如下会计分录：

借：财务费用　　5 000

贷：应付利息　　5 000

（2）2020年11月末，计提应该由本月负担的短期借款利息：

11月末计提的当月利息费用的账户处理与10月份相同。

借：财务费用　　5 000

贷：应付利息　　5 000

（3）20×8年12月末，支付该季度的银行借款利息时：

前两个月的利息已经计提，该笔业务的发生，使得企业的应付利息减少了10 000元以及本月财务费用增加了5 000元，应该分别计入"应付利息"账户的借方和"财务费用"账户的借方。应该编制会计分录如下：

借：财务费用　　5 000

应付利息　　10 000

贷：银行存款　　15 000

（4）2021年1月1日偿还银行本金时：

该笔业务的发生，使得企业的负债——短期借款减少了1 000 000元，应该记入"短期借款"账户的借方，同时企业的资产——"银行存款"账户的数额减少了15 000元，应该记入"银行存款"账户的贷方。据此分析，应该编制如下会计分录：

借：短期借款　　1 000 000

贷：银行存款　　1 000 000

（二）长期借款筹资的核算

【例3-9】朝阳公司向银行贷款，期限为三年期，贷款金额为500 000元，用于扩建厂房，此笔款项存入银行。

【分析】公司向银行借入资金，使得银行存款增加，应该记入“银行存款”账户的借方，与此同时，长期借款增加，那么应该记入“长期借款”账户的贷方。

应编制如下会计分录：

借：银行存款　　　　　　　　　　500 000

　贷：长期借款　　　　　　　　　　500 000

【例 3－10】2019 年 12 月 1 号，朝阳有限责任公司向银行借入 2 年期借款 300 000 元，款项存入开户行，年利率 10%，按年计息，到期一次性还本付息。

首先，取得长期借款时，应编制如下会计分录：

借：银行存款　　　　　　　　　　300 000

　贷：长期借款——本金　　　　　　300 000

【分析】长期借款超过一个会计年度，公司需要在年末计提本年长期借款产生的利息，利息会增加长期借款并且增加财务费用。

（1）计提 2019 年 12 月的利息：

300 000 × 10% ÷ 12 = 2500（元）

借：财务费用　　　　　　　　　　2 500

　贷：长期借款——应计利息　　　　2 500

（2）计提 2020 年 12 月的利息：300 000 × 10% = 30000（元）

借：财务费用　　　　　　　　　　30 000

　贷：长期借款——应计利息　　　　30 000

（3）2021 年 12 月 1 号需要归还的长期借款本息和：

300 000 + 300 000 × 10% × 2 = 360 000（元）

此时，长期借款的账面余额为：300 000 + 2500 + 30 000 = 332 500（元）

（4）2021 年的 11 个月中产生的利息为：300 000 × 10% ÷ 12 × 11 = 27 500（元）

应编制会计分录如下：

借：长期借款——应计利息　　　　32 500

　　　　　——本金　　　　　　300 000

　　财务费用　　　　　　　　　27 500

　贷：银行存款　　　　　　　　　　360 000

本章小结

本章内容主要讲述了企业资金筹集的方式及会计核算。企业的资金筹集主要有两个渠道：即所有者投入的资金和债务筹资资金。通过学习本章内容，要求理解并掌握资金筹集中相关会计科目的设置、处理流程；并结合后续第四章、第五章、第六章了解并掌握企业资金运作的整个循环过程的内容。

本章节的会计处理如下表所示：

筹资类别	类型	会计处理
债务筹资	短期银行借款筹资	（1）获取短期银行借款时： 借：银行存款 贷：短期借款 （2）利息的会计处理： 借：财务费用 贷：应付利息 （3）本金归还： 借：短期借款 贷：银行存款 （4）利息支付： 借：应付利息 贷：银行存款
	长期银行借款筹资	（1）获取长期借款时： 借：银行存款 贷：长期借款—本金 （2）借款利息的处理： 当利息可以资本化时： 借：在建工程等科目 贷：长期借款——应计利息 当利息费用化处理时： 借：财务费用 贷：长期借款——应计利息 （3）归还长期借款本息时： 借：长期借款——本金 ——应计利息 贷：银行存款
权益融资	有限责任公司	用固定资产、库存现金、无形资产、银行存款、原材料等投资时（假设不考虑增值税影响）： 借：固定资产/库存现金/无形资产/银行存款/原材料 贷：实收资本 资本公积——资本溢价（超过注册资本金所占份额部分）
	股份有限公司	在资本市场发行股票融资时： 借：银行存款 贷：股本 资本公积——股本溢价

习 题

一、单项选择题

1. 企业为满足生成经营所需资金而向金融机构临时借入的款项应该放入（ ）
A. 短期借款 B. 长期借款 C. 临时借款 D. 财务费用

2. 企业为筹集生产经营所需资金而发生的利息应该计入（ ）账户
A. 管理费用 B. 短期借款 C. 财务费用 D. 制造费用

3. 某公司实收资本200万元，由甲和乙两个股东各自出资100万元设立，经过5年的生产经营，该公司的留存收益是150万元，这时候丙投资者有意加入该公司，经过各方协商，丙出资200万元，占公司股份的1/3，则该公司在接收丙投资时计入资本公积的金额为（ ）万元。
A. 25 B. 50 C. 75 D. 100

4. 下列有关长期借款利息的处理可能正确的是（ ）
A. 借记“财务费用” B. 借记“管理费用”
C. 借记“销售费用” D. 借记“生成成本”

5. 到期还本付息的短期借款在各期末预提利息时，应计入的账户是（ ）
A. 短期借款 B. 长期借款 C. 管理费用 D. 应付利息

二、多项选择题

1. 企业在计提短期借款利息时可能用到的会计科目有（ ）
A. 应付利息 B. 财务费用 C. 短期借款 D. 长期借款
E. 管理费用

2. 对于长期借款利息的处理，下列可能正确的有（ ）
A. 借记“财务费用”账户 B. 借记“固定资产”账户
C. 借记“在建工程”账户 D. 借记“应付利息”账户
E. 借记“长期借款”账户

3. 当有投资者对企业追加投资时，下列账户的余额可能发生改变的有（ ）
A. 实收资本 B. 资本公积 C. 盈余公积 D. 本年利润
E. 利润分配

4. 下列属于所有者权益类的账户的有（ ）
A. 实收资本 B. 资本公积 C. 利润分配 D. 盈余公积
E. 本年利润

5. 下列属于“财务费用”账户核算的内容有（ ）
A. 财务人员的工资 B. 短期借款的利息
C. 汇款的手续费 D. 财务部门的办公费用
E. 汇兑损失

三、业务核算题

朝阳公司202×年6月发生如下业务，根据下列经济业务写出会计分录：

（1）收到云山公司投入的货币资金1 000 000元和一条生产线（假设不考虑增值税），生产线双方协议价值为300 000元，生产线不需要安装，根据双方协商，计入实收资本的金额为800 000元。

（2）从银行取得借款300 000元，期限为6个月，借款已经存入银行。

（3）向银行借入3年期的借款800 000元，年利率为10%，到期一次还本付息，所得款项已经存入银行。

（4）用银行存款归还到期的短期借款本金200 000元。

（5）用银行存款支付本季度的借款利息3 000元，其中应该计入本月财务费用的金额为1 000元，剩余的2 000元已于前期预提。

（6）经过批注，将资本公积100 000元转增资本。

请根据如下经济业务编制会计分录。

习题答案

一、单项选择题

1. A　2. C　3. D　4. A　5. D

二、多项选择题

1. AB　2. ACE　3. AB　4. ABCDE　5. BCE

三、业务核算题

（1）

借：银行存款　　1 000 000

　　固定资产　　300 000

　贷：实收资本　　800 000

　　　资本公积——资本溢价　　500 000

（2）

借：银行存款　　300 000

　贷：短期借款　　300 000

（3）

借：银行存款　　800 000

　贷：长期借款　　800 000

（4）

借：短期借款　　　　200 000
　贷：银行存款　　　　200 000

(5)

借：财务费用　　　　1 000
　　应付利息　　　　2 000
　贷：银行存款　　　　3 000

(6)

借：资本公积　　　　100 000
　贷：实收资本　　　　100 000

第四章　资金使用的会计核算

【学习目标及内容概述】

企业的资金运动过程如下：

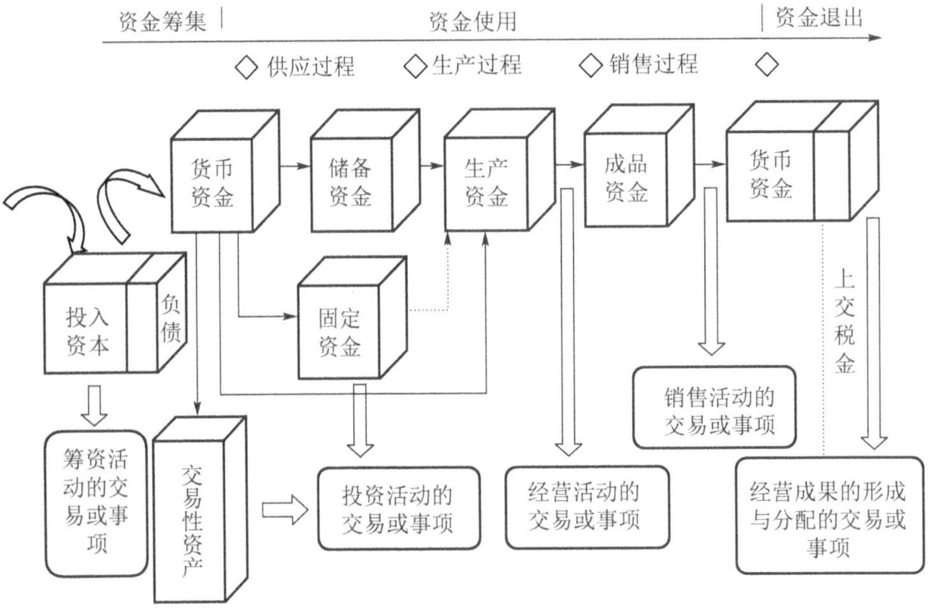

上一章学习了资金筹集业务，资金是企业经营过程中不可或缺的部分，企业通过筹资获得生产经营所需要的各项资金，然后利用筹集到的资金进行之后的一系列活动。接下来我们要学习的就是企业生产经营过程的生产活动，即资金的使用过程。企业的生产活动包括两个过程，一是准备过程即供应过程，二是生产过程。在本章我们重点学习资金在企业的生产经营过程中是如何运用的，要掌握材料的采购及固定资产的购买等供应过程中包括的业务，还要学习企业在取得原材料等物资后是如何生产的，以及学会产品的成本计算。

【教学案例导入】

WK 加工厂的业务范围不断扩大，企业越办越红火，202×年 5 月，公司又获得了加工一批办公桌的订单。为此，WK 加工厂采购了一批木材，单价是 300 元/kg，总共采购了 200kg。生产过程中，领用了部分木材，共计 50 000 元，车间一般消耗 4000 元；根据有关计算，本月应付生产工人工资 60 000 元，车间管理人员工资 8000 元。月末，该批办公桌全部完工，验收入库。

思考：1. 供应过程与生产过程核算的主要任务是什么？核算的主要内容是什么？

2. 供应过程和生产过程核算主要涉及的科目有哪些？

3. 如果你是该工厂的会计人员，你会做什么？

第一节　供应过程的会计处理

企业要进行正常的生产经营活动，就必须用筹集到的资金采购材料等生产物资，即进入供应过程。供应过程是生产经营活动的第一阶段，又称为采购过程，指的是从采购物资开始直到物资验收入库为止的全过程，主要任务是进行物资采购，储备生产需要的各项材料物资。

供应过程核算的主要内容是购入材料的核算、购进固定资产的核算、材料成本的确定。

一、材料采购业务的核算

（一）材料采购核算的内容

（1）支付材料的买价和进项税额并与供货单位结算货款。结算货款的方式有现购、赊购、预付款。

（2）支付材料的采购费用，主要有运杂费、运输途中的合理损耗、入库前的挑选整理费用、相关税费。

（3）计算并确定材料的采购成本并验收入库。材料的采购成本由买价和采购费用两部分组成。

（二）需要设置和运用的账户

企业通常需要通过设置以下账户来核算会计业务。

1. “原材料”账户

（1）账户的性质：“原材料”账户属于资产类账户。

（2）账户的用途：用来核算企业库存的各种材料，包括原料及主要材料、辅助材料、外购半成品、修理用备件、包装材料等的计划成本或实际成本。

（3）账户的设置：借方登记企业购入并验收入库的物资的成本，贷方登记发出材料的成本，期初、期末余额一般在借方，表示企业库存的材料成本。其结构如图 4－1 所示。

借　　　　　　　　原材料	贷
验收入库材料的成本	发出材料的成本
余额：库存材料的成本	

图 4－1　“原材料”账户结构

（4）明细账的设置：“原材料”账户应该按照材料的保管地点、品种、类别、规格等进行明细账核算。

2. “在途物资”账户

（1）账户的性质：“在途物资”账户属于资产类账户。

（2）账户的用途：用于核算企业采用外购材料，但该材料并未验收入库时，材料的买价和材料费用，据以计算采购材料的实际成本。

（3）账户的设置：借方登记采购材料的买价和材料费用（实际采购成本），贷方登记完成采购过程、验收入库材料的实际采购成本。期初、期末余额一般在借方，表示还没有运达至企业或者已到企业但尚未入库的在途材料的实际成本。其结构如图4－2所示。

借　　　　在途物资　　　　贷

购入材料的买价和材料费用	结转验收入库材料的实际采购成本
余额：在途材料的成本	

图4－2　“在途物资”账户结构

（4）明细账的设置：该账户可按供应单位和品种类别设置明细账。

3. “应付账款”账户

（1）账户的性质：“应付账款”账户属于负债类账户。

（2）账户的用途：用来核算企业因购买材料、商品和接受劳务等经营活动应支付的款项。

（3）账户的设置：借方登记该账户的减少额，贷方登记企业因购买材料、商品或接受劳务等经营活动应支付的款项。期初与期末余额一般在贷方，表示还未支付的款项。其结构如图4－3所示。

借　　　　应付账款　　　　贷

偿还应付给供货单位的款项（减少应付账款）	应付给供货单位款项的增加
	期末余额：尚未支付的应付款

图4－3　“应付账款”账户结构

（4）明细账的设置：按照供货单位（债权人）设置明细账户。

4. “应付票据”账户

（1）账户的性质：“应付票据”账户属于负债类账户。

（2）账户的用途：核算企业购买材料、商品和接受劳务供应等开出、承兑的商业汇票，包括银行承兑汇票和商业承兑汇票。

（3）账户的设置：借方登记到期商业汇票数额的减少，贷方登记企业开出的应承兑的商业汇票面值。期末余额一般在贷方，表示尚未承兑的商业汇票的金额。其结构如图4－4所示。

借　　应付票据	贷
到期应付票据的减少	商业汇票的增加
	期末余额：尚未承兑的商业汇票的本息

图 4－4　“应付票据”账户结构

（4）明细账的设置：按照债权人设置明细账。

5. “预付账款”账户

（1）账户的性质：“预付账款”账户属于资产类账户。

（2）账户的用途：用来反映和监督企业按照购货合同规定预付给供应单位的款项以及购货后款项抵扣情况。

（3）账户的设置：借方登记向供货单位预付的货款，表示企业债权的增加，贷方登记收到供货单位提供的货物而冲销的预付款。期初、期末余额一般在借方，表示尚未结算的预付款。其结构如图 4－5 所示。

借　　预付账款	贷
因购货而预付的款项	收到货物时结算核销的金额
余额：尚未核销的预付款	

图 4－5　“预付账款”账户结构

（4）明细账的设置：按照供应单位的名称设置明细账。

6. “应交税费”账户

（1）账户的性质：“应交税费”账户属于负债类账户。

（2）账户的用途：用来核算企业按照税法等规定计算应交纳的各种税费，包括增值税、消费税、所得税、资源税、土地增值税、城市维护建设税、房产税、土地使用税、车船税、教育费附加、矿产资源补偿费等，企业代扣代交的个人所得税等，也通过本账户核算。期初余额一般在贷方，期末余额可在借方也可在贷方，其结构如图 4－6 所示。

借　　应付税费	贷
实际缴纳的各种税费	应交未交的各种税费
余额：期末多交或者尚未抵扣的税费	期末余额：期末尚未缴纳的税费

图 4－6　“应交税费”账户结构

《中华人民共和国增值税暂行条例》将纳税人按其经营规模及会计核算健全与否分为一般纳税人和小规模纳税人。

一般纳税人使用增值税专用发票，实行税款抵扣制度，适用基本税率为 13%、低税率为 9%。一般纳税人的“应交税费——应交增值税”账户核算企业应交和实交增值税等结算情况。一般纳税人从销项税额中抵扣进项税额后向税务部门交纳增值税。一般纳税人的“应交税费——应交增值税”账户应设置“进项税额”“销项税额”等三级明细科目。期末余额可在借方也可在贷方，其结构如图 4－7 所示。

小规模纳税人一般只能使用普通发票，实行按征收率计算的简易征管办法，购进货物或应税劳务不得抵扣进项税额，适用 3% 的征收率，只设置“应交税费——应交增值税”

二级明细科目，不再设置三级科目。

（3）账户的结构：总账账户见图4－6，分类账账户见图4－7。

借　　　　应交税费——应交增值税	贷
增值税的进项税额或者上交本期增值税	增值税的销项税额
余额：期末多交的税费或者尚未抵扣的税费	余额：尚未缴纳的增值税

图4－7　“应交税费——应交增值税”账户结构

（4）明细账的设置：该账户按税种设置明细账。

（三）材料成本的计算

材料采购成本主要由材料的买价和采购费用两部分构成，其中购买材料的结算价款即买价。采购费用主要包括以下内容：

（1）运杂费。运杂费是指材料由采购地点或发货点到施工现场仓库或工地存放地点的运输过程中所发生的一切费用和过境过桥费，包括调车驳船费、装卸费、运输费、保险费、仓储费以及其他附加工作费等。

（2）运输途中的合理损耗。运输途中的合理损耗要计入入账价值，不从采购成本中扣除。

（3）入库前的整理费用。按挑选整理中发生的人工、费用和必要损耗，扣除回收的下脚料废料价值记入外购存货的成本中。

（4）税费。企业购入存货时，还应交纳各种税费，包括价内税和价外税两种，不同类型的税费处理方法各不相同。

①价内税的处理。企业购进的存货应负担消费税、资源税、城建税等价内税，由于已经包含在购货价格中，所以应当构成存货成本。

②价外税的处理。这里是指增值税，一般包括以下两种情况：

第一种情况：如果为一般纳税人的企业，凡取得增值税专用发票或完税证明的，其采购物资支付的增值税，不记入所购物资的采购成本（但是不可以抵扣的除外）。

第二种情况：如果为小规模纳税人企业，无论是否取得增值税专用发票或完税证明，其采购物资支付的增值税，一律计入所购物资的采购成本。

对采购多种材料共同发生的采购费用，应分配记入每种材料的采购成本。在分配共同负担的采购费用时，首先根据材料的特点确定分配的标准，一般来说可以选择分配标准有材料的重量、体积、买价等；其次计算材料采购费用分配率；最后计算各种材料的采购费用负担额。其计算公式如下：

材料采购分配率＝共同性采购费用/分配标准的合计数

某种材料负担的采购费用＝该材料的分配标准×材料采购分配率

（四）材料采购业务举例

【例4－1】202×年11月10日，朝阳公司从A公司购入甲材料2 400千克，单价50元，计120 000元，增值税15 600元。购入材料的运杂费5 000元，材料已到企业但尚未入库，货款 140 600 元用银行存款支付。

【分析】该业务一方面使企业的材料采购成本增加 125 000（120 000 +5 000）元，同时发生了增值税的进项税额 15 600（120 000 ×13%）元，另一方面也使企业的银行存款减少 140 600 元，涉及“在途物资”“应交税费——应交增值税（进项税额）”“银行存款”三个账户。材料采购成本的增加是资产的增加，记入“在途物资”账户的借方；抵减增值税销项税额的进项税额的增加是负债的减少，记入“应交税费——应交增值税（进项税额）”账户的借方；银行存款的减少记入“银行存款”账户的贷方。会计分录如下：

借：在途物资——甲材料　　125 000
　　应交税费——应交增值税（进项税额）　　15 600
　贷：银行存款　　140 600

【例 4 -2】202 ×年 11 月 15 日，朝阳公司购入乙材料 300 千克，单价 100 元，计 30 000 元，发生的增值税进项税额为 3 900 元，全部价款尚未支付。材料已运送至企业但尚未入库。

【分析】该业务一方面使企业的材料采购成本增加 30 000 元，同时发生了增值税的进项税额 3 900（30 000 ×13%）元，另一方面因材料款项未付而使得企业的应付款项增加了 33 900 元，涉及“在途物资”“应交税费——应交增值税（进项税额）”“应付账款”三个账户。材料采购成本的增加是资产的增加，记入“在途物资”账户的借方；抵减增值税销项税额的进项税额的增加是负债的减少，记入“应交税费——应交增值税（进项税额）”账户的借方；应付款项的增加记入“应付账款”账户的贷方。会计分录如下：

借：在途物资——乙材料　　30 000
　　应交税费——应交增值税（进项税额）　　3 900
　贷：应付账款　　33 900

【例 4 -3】202 ×年 11 月 20 日，朝阳公司以银行存款 10 000 元预付向 B 公司购买丙材料的货款。

【分析】该业务属于资产内部各项目之间转换的业务。一方面使企业的一项资产银行存款减少 10 000 元，另一方面使企业的另一项资产预付账款增加 10 000 元，涉及“银行存款”和“预付账款”两个账户。其中，预付账款的增加是企业资产的增加，应记入“预付账款”账户的借方。会计分录如下：

借：预付账款——B 公司　　10 000
　贷：银行存款　　10 000

【例 4 -4】202 ×年 11 月 20 日，朝阳公司从 H 公司购进丁材料 2 000 千克，单价 60 元，计 120 000 元，增值税 15 600 元，货款采用商业承兑汇票结算，但材料尚未验收入库。

【分析】该业务属于资产项目和负债项目之间转换的业务。一方面使企业的材料采购成本增加 120 000 元，能抵减增值税销项税额的进项税额增加 15 600（120 000 ×13%）元；另一方面也使企业的负债项目应付票据增加 139 200 元，涉及“在途物资”“应交税费—应交增值税（进项税额）”“应付票据”三个账户，其中，应付票据款项的增加是负债的增加，应记入“应付票据”账户的贷方。会计分录如下：

借：在途物资——丁材料　　　　　　　　　120 000
　　应交税费——应交增值税（进项税额）　　15 600
　贷：应付票据——H 公司　　　　　　　　　135 600

【例4－5】202×年11月25日，朝阳公司收到B公司发来的丙材料1 200千克，单价100元，计价款120 000元，增值税15 600元，除冲销原预付货款10 000元外，其余款项用银行存款支付。

【分析】该业务属于资产内部各项目之间转换的业务。一方面使企业的材料采购成本增加120 000元，能抵减增值税销项税额的进项税额增加15 600（120 000×13%）元；另一方面应冲销原预付款10 000元，剩余部分125 600元以银行存款支付。涉及“在途物资”“应交税费——应交增值税（进项税额）”“预付账款”“银行存款”四个账户，其中，预付账款的减少是资产的减少，应记入“预付账款”账户的贷方。会计分录如下：

借：在途物资——丙材料　　　　　　　　　120 000
　　应交税费——应交增值税（进项税额）　　15 600
　贷：预付账款——B 公司　　　　　　　　　10 000
　　　银行存款　　　　　　　　　　　　　　125 600

【例4－6】202×年11月28日，朝阳公司所购材料经检验合格入库，计算并结转本月已验收入库材料的实际成本。

【分析】本月进行了四次材料采购，根据资料计算甲乙丙丁四种材料的实际成本，如表4－1所示。

表4－1　材料采购成本计算　　　　单位：元

材料品种	重量（千克）	买价	运杂费	采购成本	单位成本
甲材料	2 400	120 000	5 000	125 000	52
乙材料	300	30 000		30 000	100
丙材料	1 200	120 000		120 000	100
丁材料	2 000	120 000		120 000	60
合计	5 900	390 000	5 000	395 000	

根据“材料采购成本计算表”编制材料采购成本结转的会计分录：材料的采购成本计算出来之后，表明采购过程结束，“在途物资”账户所担负的任务完成，应将其从该账户的贷方转出，记入“在途物资”账户的贷方和“原材料”账户的借方。会计分录如下：

借：原材料——甲材料　　　　　　　　　　125 000
　　　　　——乙材料　　　　　　　　　　　30 000
　　　　　——丙材料　　　　　　　　　　120 000
　　　　　——丁材料　　　　　　　　　　120 000

贷：在途物资——甲材料　　125 000
　　　　　　——乙材料　　30 000
　　　　　　——丙材料　　120 000
　　　　　　——丁材料　　120 000

二、固定资产购进的核算

固定资产是指企业为生产产品、提供劳务、出租或者经营管理而持有的、使用时间超过12个月的、价值达到一定标准的非货币性资产，包括房屋、建筑物、机器、机械、运输工具以及其他与生产经营活动有关的设备、器具、工具等。

固定资产是企业的劳动手段，也是企业赖以生产经营的主要资产。从会计的角度划分，固定资产一般被分为生产用固定资产、非生产用固定资产、租出固定资产、未使用固定资产、不需用固定资产、融资租赁固定资产、接受捐赠固定资产等。

（一）固定资产的确认条件

1. 与该固定资产有关的经济利益很可能流入企业

企业在确认固定资产时，需要判断与该项固定资产有关的经济利益是否很可能流入企业。实务中，主要是通过判断与该固定资产所有权相关的风险和报酬是否转移到了企业来确定。

通常情况下，取得固定资产所有权是判断与固定资产所有权有关的风险和报酬是否转移到企业的一个重要标志。凡是所有权已属于企业，无论企业是否拥有或控制该固定资产，均可作为企业的固定资产；反之，如果没有取得所有权，即使存放在企业，也不能作为企业的固定资产。但是所有权是否转移不是判断的唯一标准。在有些情况下，某项固定资产的所有权虽然不属于企业，但是，企业能够控制与该项固定资产有关的经济利益流入企业，在这种情况下，企业应将该固定资产予以确认。例如，融资租赁方式下租入的固定资产，企业（承租人）虽然不拥有该项固定资产的所有权，但企业能够控制与该固定资产有关的经济利益流入企业，与该固定资产所有权相关的风险和报酬实质上已转移到了企业，因此，符合固定资产确认的第一个条件。

2. 该固定资产的成本能够可靠地计量

成本能够可靠地计量是资产确认的一项基本条件。要确认固定资产，企业取得该固定资产所发生的支出必须能够可靠地计量。企业在确定固定资产成本时，有时需要根据所获得的最新资料，对固定资产的成本进行合理的估计。如果企业能够合理地估计出固定资产的成本，则视同固定资产的成本能够可靠地计量。

固定资产的各组成部分具有不同使用寿命或者以不同方式为企业提供经济利益，适用不同折旧率或折旧方法的，应当分别将各组成部分确认为单项固定资产。

（二）固定资产购进业务涉及的主要账户

1. “在建工程”账户

（1）账户的性质：“在建工程”账户属于资产类账户。

（2）账户的用途：用以核算企业进行建筑工程、安装工程、技术改造工程等发生的实际支出。

（3）账户的设置：借方登记建造、安装过程中所发生的全部支出，贷方登记结转完工工程实际成本，期初余额、期末余额一般在借方，表示尚未完工的在建工程发生的各项实际支出。其结构如 4－8 所示。

借　　　　在建工程	贷
工程发生的支出	转入“固定资产”账户的成本
期末余额：尚未完工的工程成本	

图 4－8　“在建工程”账户结构

（4）明细账的设置：该账户应按建筑工程、安装工程等设置明细账户，进行明细分类核算。

2. “固定资产”账户

（1）账户的性质：“固定资产”账户属于资产类账户。

（2）账户的用途：核算企业持有的固定资产的原价。

（3）账户的设置：借方登记企业因购买、建造、融资租赁等而增加的固定资产的原价，贷方登记因报废、毁损等原因退出企业的固定资产的原价。期初、期末余额一般在借方，表示企业固定资产的原价。账户结构如图 4－9 所示。

借　　　　固定资产	贷
固定资产的取得成本	固定资产的减少
期末余额：固定资产的原价结余	

图 4－9　“固定资产”账户结构

（4）明细账的设置：按照固定资产项目进行明细分类。

（三）固定资产的核算

外购固定资产的成本，包括购买价款、相关税费、使固定资产达到预定可使用状态前所发生的，可归属于该项资产成本的运输费、装卸费、安装费和专业人员服务费等费用。

1. 购入不需安装的固定资产

企业购入不需安装的固定资产，原始价值和净值均应根据实际支付的买价和包装运杂费计算，借记“固定资产”科目，贷记“银行存款”“其他应付款”“应付票据”等科目。

【例 4－7】朝阳公司为增值税一般纳税人。202×年 12 月 3 日，该公司购入不需安装的设备一台，买价 200 000 元，增值税 26 000 元，运杂费 15 000 元，全部款项均以银行存款支付，设备已运到企业并投入使用。

【分析】该项业务的发生使得企业固定资产增加了 215 000（200 000＋15 000）元，预先垫支并能抵减增值税销项税额的进项税额增加 26 000（200 000×13%）元；另使得企业银行存款减少了 241 000 元。涉及“固定资产”“应交税费——应交增值税（进项税额）”“银行存款”三个账户。会计分录如下：

借：固定资产　　　　　　　　　　　　　　215 000
　　应交税费——应交增值税（进项税额）　　26 000
　贷：银行存款　　　　　　　　　　　　　　241 000

2. 购入需要安装的固定资产

企业购入需要安装的固定资产，在安装过程中发生的实际安装费，应记入固定资产原值。固定资产安装工程可以采用自营安装方式，也可以采用出包安装方式。采用自营安装方式，安装费包括安装工程耗用的材料、人工以及其他支出；采用出包安装方式，安装费为向承租单位支付的安装价款。不论采用何种安装方式，固定资产的全部安装工程成本（包括固定资产买价以及包装运杂费和安装费）均应通过“在建工程”科目进行核算。

企业购入需要安装的固定资产，应根据实际支付的买价、包装运杂费和安装费，借记“在建工程”科目，贷记“银行存款”等科目；安装工程完工后，根据其全部安装工程成本，借记“固定资产”科目，贷记“在建工程”科目。

【例4－8】 承接例4－7，假定购入的设备需要安装，以现金支付安装费8000元。

（1）设备交付安装时

借：在建工程　　　　　　　　　　　　　　215 000
　　应交税费——应交增值税（进项税额）　　26 000
　贷：银行存款　　　　　　　　　　　　　　241 000

（2）支付安装费

借：在建工程　　　　　　　　　　　　　　8 000
　贷：库存现金　　　　　　　　　　　　　　8 000

（3）安装完成

借：固定资产　　　　　　　　　　　　　　223 000
　贷：在建工程　　　　　　　　　　　　　　223 000

第二节　生产过程的会计处理

在生产过程中，企业将原材料等劳动对象投入生产，经过工人的劳动加工，生产出社会需要的产品。生产过程一方面从实物形态看，把材料通过加工变成产品，是产品的制造过程；另一方面从价值形态看，发生了各种各样的耗费，形成生产费用，具体来说，发生了材料费用、劳动者的工资和福利费用、固定资产折旧费等。所以这一过程的主要经济业务是进行材料、工资、其他费用等生产费用的归集和分配，计算产品成本。

生产过程的生产成本，是由直接材料、直接人工和制造费用等构成的。企业在一定时期内发生的、用货币表现的生产耗费，称为生产费用。这些生产费用最终都要归集、分配到一定种类的产品上，形成各种产品的成本。有些费用在发生时，就能直接确认是为生产某种产品而发生的，称为直接费用，可以直接记入某种产品的成本，如直接材料、直接人工费；有些费用在发生时，不能直接确认是为生产哪种产品而发生的，称为间接费用。间接费用需要采用一定的分配方法，分配计入某种产品的成本中，如车间制造费用。因此，在产品生产过程中费用的发生、归集和分配以及产品成本的形成，就构成了产品生产过程核算的主要内容。

企业在生产经营过程中，由于管理和组织生产的需要而发生的期间费用，如管理费用、财务费用、营业费用，因其不能归属于某个特定产品成本，其费用额容易确定，但所归属的产品难以判断，所以，应作为当期损益处理，而不作为产品的生产成本。

（一）生产业务主要设置的账户

1.“生产成本”账户

（1）账户的性质：“生产成本”账户属于成本类账户。

（2）账户的用途：主要用来核算和监督企业在产品生产过程中所发生的各项生产费用，包括生产各种产成品、自制半成品、提供劳务、自制材料、自制工具及自制设备等所发生的各项费用。

（3）账户的结构：该账户借方登记增加数，表示当期实际发生的各项生产费用，贷方登记减少数，表示完工产品已转出的实际成本数额。期初余额、期末余额一般在借方，表示尚未完工的在产品生产费用。其结构如图 4－10 所示。

借　　　　生产成本	贷
①生产产品直接耗用的材料和人工 ②月末转入的制造费用	月末转出的完工入库产品的成本
期末余额：尚未完工的在产品成本	

图 4－10　“生产成本”账户结构

（4）明细账的设置：该账户需按产品种类、规格分别设置明细账户，进行明细核算。

2.“制造费用”账户

（1）账户的性质：“制造费用”账户属于成本类账户。

（2）账户的用途：主要用来核算和监督企业为生产产品和提供劳务而发生的各项间接费用，在产品生产或提供劳务过程中不能直接记入“生产成本”的各种间接费用，即企业制造部门（车间、分厂）为管理和组织生产而发生的各项费用。

（3）账户的结构：账户借方登记增加数，表示本期发生的全部制造费用，如车间管理人员的工资、车间房屋折旧、工具修理费、照明费，以及其他不能直接记入产品成本的费用，如机器设备折旧费等；贷方登记减少数，表示企业按一定标准分配记入“生产成本”账户借方并由各种产品负担的制造费用数额。该账户期末结转后一般无余额，也没有期初余额。其结构如图 4－11 所示。

借　　　　制造费用	贷
车间发生的各项间接费用	月末分配转入“生产成本”账户的费用

图 4－11　“制造费用”账户结构

（4）明细账的设置：该账户应按不同部门和成本项目设置明细账户，进行明细分类核算。

3.“管理费用”账户

（1）账户的性质：“管理费用”账户属于损益类账户。

（2）账户的用途：主要用于核算和监督企业行政管理部门为组织和管理生产经营活动而发生的各项费用，包括行政管理部门人员的工资及福利费、办公费、折旧费、工会经费、职工教育经费、业务招待费、坏账损失、房产税、土地使用税、印花税、劳动保险费等。

（3）账户的结构：账户借方登记增加数，表示本期发生的各项管理费用；贷方登记减少数，表示期末转入“本年利润”账户的管理费用，期初、期末一般无余额。其结构如图 4－12 所示。

借　　　　管理费用	贷
企业为组织和管理生产经营活动而发生的各项费用	月末转入“本年利润”账户的费用

图 4－12　“管理费用”账户结构

（4）明细账的设置：该账户需按费用项目进行明细分类核算。

4.“应付职工薪酬”账户

（1）账户的性质：“应付职工薪酬”账户属于负债类账户。

（2）账户的用途：用来核算企业根据有关规定应该支付给职工的各种薪酬，包括工资、福利费、工会经费、职工教育经费、社会保险费、住房公积金等所有为职工支付的费用。

（3）账户的结构：该账户借方登记本月实际支付给职工的工资数，贷方登记企业于月末计算出的本月应付给职工的工资，期初、期末一般没有余额。其结构如图 4－13 所示。

借　　　　应付职工薪酬	贷
本月实际支付给职工的工资	本月应付给职工的工资

图 4－13　“应付职工薪酬”账户结构

（4）明细账的设置：该账户按照工资、职工福利、社会保险费、住房公积金、工会经费、职工教育经费等设置明细账户，进行明细分类核算。

5.“累计折旧”账户

（1）账户的性质：“累计折旧”账户属于资产类账户，是固定资产的备抵账户。

（2）账户的用途：用来核算固定资产因损耗而减少的价值。

（3）账户的结构：借方登记固定资产因出售、报废等原因减少时转销的金额，贷方登记计提的固定资产折旧额。期初、期末余额一般在贷方，表示企业现有固定资产已提取的累计折旧额。其结构如图 4－14 所示。

借	累计折旧 贷
出售、报废、毁损固定资产的折旧额	按月计提的固定资产折旧增加数额
	期末余额：企业现有固定资产提取的累计折旧数额

图4－14 “累计折旧”账户结构

需要指出的是，计提表示固定资产价值的减少，本应记入“固定资产”账户的贷方，但是由于固定资产在使用的过程中始终保持其原有的实物形态，有必要保持其原始价值的完整性。这样，核算固定资产就要用“固定资产”和“累计折旧”两个账户，“固定资产”账户反映固定资产的原始价值，“累计折旧”账户反映固定资产已损耗的价值，“固定资产”账户的余额减去“累计折旧”账户的余额即为现有固定资产的净值。由此可见，“固定资产”账户与“累计折旧”账户所反映的经济内容是相同的，把固定资产的损耗价值记入“累计折旧”账户的贷方与记入“固定资产”账户的贷方并无本质上的区别，只是为了满足经营管理上的需要。

（二）主要经济业务的核算

1. 材料费用的核算

生产过程中，各个生产部门需用材料时，应填制领料凭证，一般称为领料单，向仓库办理领料手续。仓库根据领料凭证发出材料后，应将领料单传递给财会部门。财会部门根据领料的车间及领料用途的不同编制发料凭证汇总表，并以此编制会计分录。材料是指直接用于产品的生产，构成产品实体的材料，包括主要材料、外购半成品及有助于产品形成的辅助材料等。

材料消耗的账务处理分三类：一是生产产品直接耗用的材料，即直接构成产品的材料消耗，通过“生产成本”账户核算；二是车间一般耗用的材料，并非直接构成产品的材料消耗，通过“制造费用”账户核算；三是行政管理部门消耗的材料，通过“管理费用”账户核算。

2. 劳动消耗

劳动消耗是指支付给一线生产工人和管理人员的薪酬。

劳动消耗的账务处理分三类：一是支付生产一线操作工人的薪酬，通过“生产成本”账户核算；二是支付车间主任、技术员等车间管理人员的薪酬，通过“制造费用”账户核算；三是支付行政管理人员的薪酬，通过“管理费用”账户核算。

3. 水电费的支付

支付水电费的账务处理有三类：一是直接开动机器设备或直接用于生产产品发生的水电费，通过“生产成本”账户核算；二是车间一般消耗的水电费，如车间照明用的电费，通过“制造费用”账户核算；三是行政管理部门消耗的水电费，通过“管理费用”账户核算。

4. 其他费用的支付

其他费用如折旧费、办公费、修理费、劳动保护用品费等，支付这些费用的账务处理分为两类：一是车间消耗或使用的，通过“制造费用”账户核算；二是车间以外的管理部门消耗或使用的，通过“管理费用”账户核算。

以上的阐述可以通过表4－2进行有效的区别和归类。

表4－2 生产成本、制造费用和管理费用的异同

	生产成本	制造费用	管理费用
材料、工资、费用	√	√	√
折旧费、办公费、修理费、劳动保护用品费等	×	√	√

通过这个表，我们可以清晰地了解产品生产过程中费用的分配，具体如下：

(1) 材料、工资、费用

材料、工资、费用是指原材料的消耗、员工的薪酬支付、其他直接费用的分摊。表4－2第一行第一个“√”表示凡是与车间一线有关的消耗通过“生产成本”账户核算，如直接材料的消耗、直接人工的支付及直接为生产产品而发生的燃料、动力费用（电费）等；第二个“√”表示凡是与车间有关但是不直接构成产品的实际成本的消耗通过“制造费用”账户核算，如车间取暖所有原材料（煤）的消耗、车间技术员以上职务的管理人员薪酬及车间一般耗用的水电费等；第三个“√”表示凡是与行政管理部门有关的消耗通过“管理费用”账户核算，如行政管理部门耗用的材料、行政管理人员的薪酬、行政管理部门耗用的水电费等。

会计分录如下：

借：生产成本
　　制造费用
　　管理费用
　贷：原材料/应付职工薪酬/银行存款

借记的“生产成本”账户根据生产产品的种类设置明细账户，贷记“原材料”“应付职工薪酬”“银行存款”等账户，是指料、工、费的消耗或支付。此处贷记的“银行存款”表示发生的直接费用通过银行转账支付，同时也可用“库存现金”代替。

【例4－9】（材料费用归集和分配的核算）朝阳公司202×年1月材料耗用情况如表4－3所示。

表4－3 发料凭证汇总表

编制单位：朝阳公司　　　　202×年1月

用途及领料部门		A材料			B材料			合计
		数量（千克）	单价（元）	金额（元）	数量（千克）	单价（元）	金额（元）	
生产领用	甲产品	2 000	5	10 000	3 000	10	30 000	40 000
	乙产品	3 000	5	15 000	2 500	10	25 000	40 000
生产车间管理部门领用					1 000	10	10 000	10 000
厂部行政管理部门领用		1 500	5	7 500				7 500
合计		6 500		32 500	6 500		65 000	97 500

【分析】材料的领用和消耗，一方面减少了原材料，应记入“原材料”账户的贷方；另一方面，生产产品耗用材料和生产车间及厂部管理部门耗用材料，使企业的生产成本、制造费用、管理费用增加，应该分别记入“生产成本”“制造费用”和“管理费用”的借方，其中，直接用于甲产品生产的材料40 000元，应作为其生产成本直接记入“生产成本——甲产品”账户的借方；直接用于乙产品生产的材料40 000元，应该作为生产成本直接记入“生产成本——乙产品”账户的借方。会计分录如下：

借：生产成本——甲产品　　40 000
　　　　　　——乙产品　　40 000
　　制造费用　　10 000
　　管理费用　　7 500
　贷：原材料——A材料　　32 500
　　　　　　——B材料　　65 000

【例4-10】（人工费用归集和分配的核算）202×年1月31日，朝阳公司分配本月职工工资及福利费、工会经费、职工教育经费，本月工资及“三费”分配如表4-4所示。

表4-4　职工薪酬分配表

编制单位：A公司　　202×年1月31日　　单位：元

用途		工资费用	福利费（工资的14%）	工会经费（工资的2%）	职工教育经费（工资的2.5%）	合计
生产工人	甲产品	50 000	7 000	1 000	1 250	59 250
	乙产品	30 000	4 200	600	750	35 550
车间管理人员		5 000	700	100	125	5 925
行政管理人员		8000	1 120	160	200	9 480
合计		93 000	13 020	1 860	2 325	110 205

【分析】企业分配职工工资，一方面引起了应付职工薪酬的增加，应在“应付职工薪酬”的贷方登记；另一方面，生产工人的薪酬费用属于直接费用，记入“生产成本”账户的借方。其中，生产甲产品工人的薪酬59 250元，直接记入“生产成本——甲产品”账户的借方；生产乙产品工人的薪酬费用是35 550元，直接记入“生产成本——乙产品”账户的借方；车间管理人员的薪酬属于间接费用，记入“制造费用”账户的借方；行政管理人员的薪酬属于期间费用，记入“管理费用”账户的借方。因此，会计分录如下：

借：生产成本——甲产品　　59 250
　　　　　　——乙产品　　35 550
　　制造费用　　5 925
　　管理费用　　9 480
　贷：应付职工薪酬——工资　　93 000
　　　　　　　　　——福利费　　13 020
　　　　　　　　　——工会经费　　1 860
　　　　　　　　　——职工教育经费　　2 325

（2）折旧费、办公费、修理费、劳动保护用品费等

折旧费、办公费、修理费、劳动保护用品费是指固定资产的累计折旧和修理费用、车间和管理部门发生的办公费用和劳动保护用品费用。表4－2第二行第一个“×”表示这些费用不通过“生产成本”账户核算；第二行第一个“√”表示凡是与车间有关的费用通过“制造费用”账户核算，如生产用的机器设备折旧、修理费用，以及车间管理人员的劳动保护用品费用和办公费用等；第二个“√”表示凡是与行政管理部门有关的费用通过“管理费用”核算，如行政管理人员的办公费、劳动保护费以及这些管理人员使用的固定资产的折旧和修理费用等。会计分录如下：

借：制造费用

管理费用

贷：累计折旧/银行存款

其中：贷记“累计折旧”指计提的固定资产折旧，贷记“银行存款”指银行转账支付。

【例4－11】（固定资产计提折旧的核算）月末，朝阳公司计提固定资产折旧，其中，生产车间使用的厂房、机器设备等固定资产折旧额为5 500元，公司行政管理部门使用的房屋等固定资产折旧额为3 000元。

【分析】企业计提固定资产折旧，一方面使得累计折旧增加，应该计入“累计折旧”账户的贷方；另一方面，使得企业的制造费用和管理费用增加，应该分别计入“制造费用”和“管理费用”账户的借方。会计分录如下：

借：制造费用	5 500	
管理费用	3 000	
贷：累计折旧		8 500

【例4－12】（其他费用支付的核算）202×年1月31日，朝阳公司生产车间发生机器设备修理费3 500元，用银行存款支付。

【分析】支付生产车间的设备维修费，一方面使得企业的银行存款减少3 500元，记入“银行存款”账户的贷方；另一方面生产车间发生的费用应该记入“制造费用”账户的借方。会计分录如下：

借：制造费用	3 500	
贷：银行存款		3 500

下面具体学习制造费用的归集和分配。

（1）制造费用的归集。制造费用的内容，包括物料消耗、车间管理人员的薪酬，车间管理用房屋和设备的折旧费、租赁费和保险费，车间管理用具摊销，车间管理用的照明费、水费、取暖费、劳动保护费、设计制图费、试验检验费、办公费以及季节性及修理期间停工损失等。制造费用属于应记入产品成本但不专设成本项目的各项成本。制造费用应通过“制造费用”账户进行归集，月末按照一定的方法从贷方分配转入有关成本计算对象。

（2）制造费用的分配和账务处理。

①制造费用的分配。通常采用生产工人工时比例法（或生产工时比例法）、生产工人工资比例法（或生产工资比例法）、机器工时比例法和按年度计划分配率分配法等。其计算公式概括如下：

制造费用分配率＝制造费用总额/各产品分配标准之和

（分母包括：产品生产工时总数或生产工人定额工时总数、生产工人工资总和、机器工时总数、产品计划产量的定额工时总数）

某种产品应分配的制造费用 = 该种产品分配标准 × 制造费用分配率

其中，由于生产工时是分配间接费用的常用标准之一，因此，生产工人工时比例法较为常见。

生产工人工资比例分配法适用于各种产品生产机械化程度相差不多的企业，如果生产工人工资是按生产工时比例分配，该方法实际上等同于生产工人工时比例法。

机器工时比例法是按照各产品生产所用机器设备运转时间的比例分配制造费用的方法，适用于产品生产的机械化程度较高的车间。

按年度计划分配率的分配法是按照年度开始前确定的全年度适用的计划分配率分配费用的方法，分配率的计算公式的分母按定额工时计算，年度内如果发生全年的制造费用实际数与计划数差别较大，应及时调整计划分配率。该方法特别适用于季节性生产企业。

②制造费用的账务处理。制造费用的分配方法一经确定，不应任意变更。无论采用哪种分配方法，都应根据分配计算结果，编制制造费用分配表，根据制造费用分配表进行制造费用分配的总分类核算和明细核算。相关会计分录：

借：生产成本

　贷：制造费用

【例 4 - 13】月末，朝阳公司按照生产工人工时比例法在甲、乙两种产品间分配本月发生的制造费用。其中，甲产品生产工人工时为 3 000 小时，乙产品生产工人工时为 2 000 小时。

朝阳公司可以根据“制造费用”明细账编制“制造费用分配表”。

【分析】朝阳公司本月发生的制造费用总额为 24 925（10 000 + 5 925 + 5 500 + 3 500），这些制造费用的发生是企业为生产甲、乙两种产品所共同发生的，属于间接费用，应该按照一定的分配标准，分配记入应该承担该项费用的产品成本中。分配时，制造费用减少，应记入“制造费用”账户的贷方，同时产品的生产成本增加，记入“生产成本”账户的借方。

制造费用应该按照以下步骤和方法进行计算分摊。

第一步，归集本月制造费用，如表 4 - 5 所示。

表 4 - 5　制造费用明细账

编制单位：朝阳公司　　　　× 年 × 月 × 日　　　　单位：元

202×年		凭证号	摘要	借方（费用项目）					贷方	余额
月	日			材料费用	工资费用	折旧费用	修理费用	合计		
1	31		领用材料	10 000				10 000		10 000
	31		职工薪酬		5 925			5 925		15 925
	31		计提折旧			5 500		5 500		21 425
	31		支付维修费				3 500	3 500		24 925
	31		分配转出						24 925	0
			本月发生额及余额	10 000	5 925	5 500	3 500	24 925	24 925	0

第二步，分配本月制造费用，如表4－6所示。

表4－6 制造费用分配表

编制单位：朝阳公司　　　　×年×月×日

产品名称	分配标准（生产工时）	制造费用	
		分配率	分配金额（元）
甲产品	3 000		14 955
乙产品	2 000		9 970
合计	5 000	4.985	24 925

分配率＝制造费用总额/生产工时总额＝24925/（3000＋2000）＝4.985

某种产品应负担的制造费用＝生产该产品耗用的生产工时数×分配率

甲产品应负担的制造费用＝3000×4.985＝14955

乙产品应负担的制造费用＝2000×4.985＝9970

月末将朝阳公司本月发生的制造费用24 925元分配计入甲、乙两种产品的生产成本中。其中，甲产品负担14 955元，乙产品负担9 970元。对于这一经济业务，朝阳公司应编制如下会计分录：

借：生产成本——甲产品　　　　14 955
　　　　　　——乙产品　　　　9 970
　贷：制造费用　　　　　　　　　24 925

产品生产成本的计算：就是把企业在生产过程中所发生的各种生产费用，按照所生产的各种产品进行归集和分配，并按成本项目计算各种产品的总成本和单位成本。产品的成本主要包括直接材料、直接人工和制造费用这三项，也就是前面提到的料、工、费。

直接材料指直接用于产品生产、构成产品实体的原料及主要材料，如棉纺织厂生产棉纱耗用的原棉、生产布匹耗用的棉纱等。至于生产耗用其他不构成产品实体的材料，如润滑油、清洁用品等，都不应该包括在直接材料费用之中。

直接人工指直接参与产品生产的工人工资以及按规定比例计提的福利费。至于其他生产人员如技术人员、管理人员以及服务人员的工资及福利费，则因为与生产没有直接的联系，不包括在直接人工费用内。

制造费用指生产费用中除了上述两项以外的其他各种费用。这些费用的发生或者是为了对生产活动进行管理，或者是有助于生产活动的进行，或者是为生产活动提供共同需要的服务。一般情况下，这部分费用不能直接按产品分别进行归集，而需要将它们先通过“制造费用”账户进行汇总，然后采用一定的方法在各种产品之间进行分配，分配到有关产品名下，计算产品的制造成本。

产品生产成本计算如下：

（1）企业应设置产品生产成本明细账，用来归集记入各种产品的生产费用。

（2）通过对材料费用、职工薪酬和制造费用的归集和分配，将企业各月生产产品所发生的生产费用记入“生产成本”科目中。

（3）计算各种产品的总成本和单位成本。

①如果月末某种产品全部完工，该种产品生产成本明细账所归集的费用总额，就是该种完工产品的总成本，用完工产品总成本除以该种产品的完工总产量即可计算出该种产品的单位成本。

②如果月末某种产品全部未完工，该种产品生产成本明细账所归集的费用总额就是该种产品在产品的总成本。

③如果月末某种产品一部分完工，一部分未完工，这时归集在产品成本明细账中的费用总额还要采取适当的分配方法在完工产品和在产品之间进行分配，然后才能计算出完工产品的总成本和单位成本。

计算公式如下：

完工产品生产成本 = 期初在产品成本 + 本期发生的生产费用 - 期末在产品成本

产品生产完成并经检验入库后，就成为企业可供销售的产成品。月终，应计算确定本月完工产品的制造成本，并将其从“生产成本”账户转入“库存商品”账户，会计分录如下：

借：库存商品

　贷：生产成本

【例 4 - 14】假设朝阳公司 1 月份的甲产品全部未完工，乙产品全部完工，完工产品已验收入库。其成本计算如表 4 - 7、表 4 - 8 所示。

表 4 - 7　甲产品生产成本明细账

产品名称：甲产品　　　　单位：元

202×年		凭证号数	摘要	借方（成本项目）				贷方	余额
月	日			直接材料	直接人工	制造费用	合计		
1	31		领用材料	40 000			40 000		40 000
	31		职工薪酬		59 250		59 250		59 250
	31		分配的制造费用			14 955	14 955		14 955
			本月发生额及余额	40 000	59 250	14 955	114 205		1142 05

表 4 - 8　乙产品生产成本明细账

产品名称：乙产品　　　　单位：元

202×年		凭证号数	摘要	借方（成本项目）				贷方	余额
月	日			直接材料	直接人工	制造费用	合计		
1	31		领用材料	40 000			40 000		40 000
	31		职工薪酬		35 550		35 550		35 550
	31		分配的制造费用			9 970	9 970		9 970
			结转完工产品成本	40 000	35 550	9 970	85 520	85 520	85 520
			本月发生额及余额	40 000	35 550	9 970	85 520	85 520	85 520

在企业的日常会计核算中，已将产品生产过程中发生的各项直接材料、直接人工、制造费用分配计入甲、乙两种产品生产明细分类账户，通过生产费用的归集和分配，甲产品本月的生产成本为114 205元，乙产品本月的生产成本为85 520元。月末，A公司将全部完工的乙产品生产成本结转到“库存商品”账户，甲产品未全部完工，下月继续生产。编制会计分录如下：

借：库存商品——乙产品　　85 520
　贷：生产成本——乙产品　　85 520

本章小结

一、供应过程

相关业务			会计处理
（一）固定资产	1. 外购	1. 不安装	借：固定资产 应交税费——应交增值税（进项税额） 贷：银行存款
		2. 安装	（1）需要安装的固定资产初始购置时 借：在建工程 应交税费——应交增值税（进项税额） 贷：银行存款/应付账款/应付票据 （2）安装过程中消耗的人工费、安装费等 借：在建工程 贷：原材料/ 应付职工薪酬/ 库存现金/银行存款 （2）交付使用时 借：固定资产 贷：在建工程
	2. 自行建造	—	与需要安装的固定资产处理方式类似
（二）购买材料	1. 预付款项		借：预付账款 贷：银行存款
	2. 采购业务	原材料尚未验收入库时	借：在途物资—×材料 应交税费－应交增值税（进项税额） 贷：银行存款/应付账款 /应付票据
		原材料验收入库	借：原材料——×材料 贷：在途物资—×材料

二、生产过程

<table>
<tr><th>相关业务</th><th></th><th>会计处理</th></tr>
<tr><td rowspan="3">（一）产品成本的归集</td><td>1. 直接材料的成本归集与分配</td><td>借：生产成本—×产品
制造费用
管理费用
贷：原材料—M 材料</td></tr>
<tr><td>2. 直接人工的归集和分配</td><td>①计算、分配职工工资
借：生产成本
制造费用
管理费用
贷：应付职工薪酬
②发放职工工资
借：应付职工薪酬
贷：银行存款/库存现金</td></tr>
<tr><td>3. 制造费用的归集和分配</td><td>①固定资产折旧
借：管理费用
制造费用
贷：累计折旧
②预付费用及费用的摊销
借：预付账款
贷：银行存款
借：管理费用
制造费用
贷：预付账款
③预提和应付费用
借：制造费用
财务费用
管理费用
贷：其他应付款/应付利息
④分配制造费用，计算产品成本
借：生产成本—x 产品
贷：制造费用</td></tr>
<tr><td>（二）产品完工</td><td>产品完工入库</td><td>借：库存商品
贷：生产成本</td></tr>
</table>

习 题

一、选择题

1. 下列各项中，应通过“其他应付款”科目核算的是（　　）。
A. 应付现金股利　　B. 应交教育费附加
C. 应付租入包装物租金　　D. 应付管理人员工资

2. 朝阳企业为一般纳税人，采用托收承付结算方式从其他企业购入原材料一批，货款为200 000元，增值税为26 000元，对方代垫的运杂费4 000元，该原材料已经验收入库。该购买业务所发生的应付账款入账价值为（　　）元。
A. 226 000　B. 200 000　C. 230 000　D. 204 000

3. 企业如果发生无法支付的应付账款时，应记入（　　）。
A. 营业外收入 B. 管理费用　C. 营业外支出　D. 资本公积

4. 企业发现现金短款属于无法查明的其他原因，按照管理权限经批准处理时，应在（　　）科目核算。
A. 其他应收款 B. 其他应付款　C. 管理费用　D. 财务费用

5. 不通过其他货币资金核算的是（　　）。
A. 商业汇票　B. 银行本票存款　C. 银行汇票存款　D. 信用卡存款

6. 费用按记录（　　）的不同，可以分为直接费用、间接费用、期间费用。
A. 程序　B. 方式　C. 多少　D. 内容

7. “生产成本”期末借方余额表示的是（　　）。
A. 完工产品成本　　B. 期末在产品成本
C. 本月生产费用合计　　D. 已入库产品成本

8. 对于产品生产过程之中所发生的间接耗费，先归入（　　），然后记入有关产品成本中去。
A. 间接费用　B. 直接费用　C. 制造费用　D. 期间费用

9. 在收付实现制下，预付的下季度报纸杂志订阅费应作为（　　）处理。
A. 管理费用　B. 应付账款　C. 制造费用　D. 预付账款

10. 企业生产的产品完工，应将其成本转入（　　）中去。
A. “主营业务成本”　　B. “生产成本”
C. “库存商品”　　D. “本年利润”

二、业务题

1. 朝阳公司是一般纳税人（增值税税率为13%），某日该企业购入甲材料一批，取得增值税专用发票上注明的材料价款为10万元，增值税为13 000元，发票等结算凭证已到，货款通过银行转账支付。材料尚未验收入库。

2. 朝阳公司是一般纳税人（税率为13%），购入原材料一批，取得增值税专用发票上注明的金额为113 000元，发票等结算凭证已到，货款通过银行转账支付。材料已验收入库。

3. 202×年1月，朝阳公司发生以下业务：

（1）生产A产品领用甲材料1 945公斤，每公斤单价20元，领用乙材料1 000公斤，每公斤15元，共计53 900元。

（2）生产B产品领用甲材料800公斤，每公斤单价20元，共计16 000元。

（3）以银行存款80 000元，支付本月职工工资，将工资款分别打入职工工资卡。

（4）分配结转应由产品成本负担的工资费用。其中，生产A产品工人工资35 000元，生产B产品工人工资25 000元，生产车间技术、管理人员工资13 000元，企业行政管理部门人员工资7 000元。

习题答案

一、选择题

1. C　2. C　3. A　4. C　5. A　6. B　7. B　8. C　9. A　10. C

二、业务题

1. 借：在途物资——甲材料　100 000
　　应交税费——应交增值税（进项税额）　13 000
　贷：银行存款　113 000

2. 借：原材料　100 000
　　应交税费——应交增值税（进项税额）　13 000
　贷：银行存款　113 000

3.（1）借：生产成本——A产品　53 900
　　贷：原材料——甲材料　38 900
　　　　　　——乙材料　15 000
（2）借：生产成本——B产品　16 000
　　贷：原材料——甲材料　16 000
（3）借：应付职工薪酬　80 000
　　贷：银行存款　80 000
（4）借：生产成本——A产品　35 000
　　　　　　——B产品　25 000
　　　制造费用　13 000
　　　管理费用　7 000
　　贷：应付职工薪酬　80 000

第五章 销售活动的会计核算

【学习目标及内容概述】

企业通过筹资活动获取资金，利用资金来进行生产活动，而生产出来的产品则是要进入销售环节，销售商品获取利润从而进行新一轮的资金运作。本章主要学习企业销售活动的会计业务核算。

在生产活动结束后，企业的资金循环便进入到第三环节——销售活动。企业的销售活动包括出售企业生产的完工产品，收取货款，结转商品的销售成本，扣除销售费用，缴纳各种税金等。

【教学案例导入】

小王3年前创办了一家小工厂，生产门窗销往S市，由于物美价廉，小王工厂的生意一直红红火火。隔壁的邻居小李看着很是羡慕，想着自己也来创业开工厂，便找小王取经。但当聊到小王工厂每个月销售收入多少、货款是现金支付还是赊销方式，产品成本怎么结转时，小王却答不出来。原来由于工厂规模小，小王并未聘请会计人员，老板小王对会计一窍不通，所以，工厂没有记账的习惯。这次聊天后，小王意识到会计的重要性，决定自己学习会计知识。小王整理了一些问题，想带着问题有目的地学习。

1. 何时确认销售商品收入？是签合同时？发出商品时？还是收到货款时？

2. 货款的收款方式不同，是不是记账科目也不同？直接收款怎么记账？赊销怎么记账？

3. 如果想销售生产门窗过程中剩下的一些原材料，记在哪个科目？主营业务收入还是其他业务收入？

4. 每个月月末，怎么结算收入与成本？

思考：学习完本章内容后，大家能否帮小王解答一下？

第一节 企业收入确认概述

一、企业销售商品收入确认条件

收入是指企业在日常活动中形成的、会导致所有者权益增加的、与所有者投入资本无关的经济利益的总流入。在本章中主要涉及的是销售商品收入。

这里的商品包括工业企业为销售而生产的产品以及商业企业为转售而购进的商品等。企业销售上述商品，属于企业的主营业务。企业销售其他存货，如原材料、包装物等，则属于其他业务。

根据我国《企业会计准则第14号——收入》，销售商品收入必须同时满足以下条件，才能予以确认。

（1）企业已将商品所有权上的主要风险和报酬转移给购货方；

（2）企业既没有保留通常与所有权相联系的继续管理权，也没有对已经出售的商品实施有效控制；

（3）收入的金额能够可靠地计量；

（4）相关的经济利益很可能流入企业；

（5）相关的已经发生或将发生的成本能够可靠地计量。

与商品所有权有关的风险，是指商品可能发生减值或毁损等形成的损失；与商品所有权有关的报酬，是指商品价值增加或通过使用商品等方式而产生的经济利益。

判断企业是否已将商品所有权上的主要风险和报酬转移给购货方，应当关注交易的实质，并结合所有权凭证的转移进行判断。通常情况下，转移商品所有权凭证并交付实物后，商品所有权上的主要风险和报酬随之转移，如大多数零售商品。在某些情况下，转移商品所有权凭证但未交付实物，商品所有权上的主要风险和报酬也会随之转移，卖方企业只保留了次要风险和报酬，如交款提货方式销售商品。有时，已交付实物但未转移商品所有权凭证，商品所有权上的主要风险和报酬并未随商品转移，如采用支付手续费方式委托代销商品。

二、企业收入核算的账户设置

（一）主营业务收入核算

1. 相关会计科目的设置

（1）“主营业务收入”账户。“主营业务收入”账户是损益类的收入账户，是用来核算企业销售库存商品取得售价收入的账户。增加，记贷方，登记企业实现的销售商品售价收入；减少，记借方，登记销货退回和销售折让时冲减的本期主营业务收入以及期末转入“本年利润”账户的数额；结转后该账户期末没有余额。该账户应按主营业务的种类设置明细账户，进行明细核算。“主营业务收入”账户结构如图5-1所示。

借方（-） 主营业务收入	贷方（+）
销货退回、销货折让 结转到“本年利润”	实现主营业务收入
	期末无余额

图5-1 “主营业务收入”账户结构

（2）“应收账款”账户。“应收账款”账户是资产类账户，是用来核算企业发生销售业务后，应向购货单位收取款项的账户。增加，记借方，登记销售过程中发生的应收账款；减少，记贷方，登记已收回的应收账款；期末借方余额表示尚未收回的应收账款；期末贷方余额表示预收的账款。该账户应按不同的购货单位设置明细账户，进行明细核算。“应收账款”账户结构如图5－2所示。

借方（+） 应收账款	贷方（－）
期初余额 应收销售货款	收回的货款
期末余额：尚未收回的货款	期末余额：预收账款

图5－2 “应收账款”账户结构

（3）“预收账款”账户。“预收账款”账户是负债类账户，是用来核算企业以买卖合同为依据，向购货方预收的购货订金或部分货款的账户。增加，记贷方，登记企业预收和补收的货款；减少，记借方，登记企业实现销售时冲减的预收账款和多收货款的退回；期末借方余额表示购货单位应补付给企业的款项，即企业的应收账款；期末贷方余额表示企业已经预收而尚未发货的货款。该账户应按不同的购货单位设置明细账户，进行明细核算。对于预收账款业务不常发生的企业，可以不单独设立“预收账款”账户，而将预收的款项直接记入“应收账款”账户。“预收账款”账户结构如图5－3所示。

借方（－） 预收账款	贷方（+）
实现销售冲减预收款 退回多收的货款	期初余额 预收的货款 补收的货款
期末余额：应收账款	期末余额：预收而尚未发货的款项

图5－3 “预收账款”账户结构

（4）“应收票据”账户。“应收票据”账户是资产类账户，是用来核算企业因销售商品而应收的商业汇票款的账户。增加，记借方，登记企业销售商品应收的商业汇票的票面金额；减少，记贷方，登记到期收回或未到期向银行贴现的商业汇票的票面金额；期末借方余额表示尚未收回的商业汇票的票面金额。该账户应按商业汇票的种类设置明细账户，进行明细核算，并在“应收票据备查簿”逐笔登记。“应收票据”账户结构如图5－4所示。

借方（+） 应收票据	贷方（－）
期初余额 应收的商业汇票的票面金额	到期收回的款项 未到期商业汇票贴现
期末余额：尚未收回的商业汇票的票面金额	

图5－4 “应收票据”账户结构

（5）“应交税费”账户。“应交税费”账户是负债类账户，是用来核算企业应交的增值税、消费税、所得税、城市维护建设税、房产税、土地使用税、车船税与教育费附加等的账户。增加，记贷方，登记应交的税费；减少，记借方，登记实际缴纳的税费；期末借方余额表示企业多交或尚未抵扣的税费；期末贷方余额表示企业尚未交纳的税费。该账户应按不同税种及费用设置明细账户，进行明细核算。“应交税费”账户结构如图5－5所示。

借方（－）	应交税费　　　贷方（＋）
实际已缴纳的税费	期初余额 应交的税费
期末余额：多交或尚未抵扣的税费	期末余额：尚未交纳的税费

图5－5　“应交税费”账户结构

“应交税费——应交增值税”明细账户，用来核算企业应交的增值税。借方登记企业购进货物时向供货单位支付的进项税额；贷方登记企业销售商品时向购货单位收取的销项税额；期末借方余额表示尚未抵扣的增值税额；期末贷方余额表示企业应缴纳的增值税。“应交税费——应交增值税”还应分别设置“进项税额”“销项税额”“出口退税”“进项税额转出”“已交税金”等明细账户。

“应交税费——应交消费税”明细账户，用来核算企业应交的消费税。借方登记实际缴纳的消费税，贷方登记应缴纳的消费税；期末借方余额表示多交或待扣的消费税，期末贷方余额表示尚未交纳的消费税。其他税种的明细账户结构与消费税相似。

（二）主营业务成本结转

1．相关会计科目的设置

企业要设置“主营业务成本”账户。“主营业务成本”账户是损益类的费用账户，用来核算企业销售环节确认主营业务收入时应结转的成本。增加，记借方，登记主营业务实际发生的成本；减少，记贷方，登记发生销货退回时商品入库冲减的成本以及期末转入“本年利润”账户的数额；结转后该账户期末没有余额。该账户应按主营业务的种类设置明细账户，进行明细核算。“主营业务成本”账户结构如图5－6所示。

借方（＋）	主营业务成本　　　贷方（－）
已销产品实际成本	销货退回 结转到“本年利润”
期末无余额	

图5－6　“主营业务成本”账户结构

2．会计业务处理

企业月末应根据库存商品明细账的记录计算已销产品的生产成本，编制会计分录。主营业务成本计算公式：

本期应结转的主营业务成本＝本期销售商品的数量×单位商品的生产成本

编制会计分录：

借：主营业务成本

　　贷：库存商品

（三）其他业务收入核算

企业除了发生主营业务之外，还会发生一些非经常性的业务，称之为其他业务，包括材料物资及包装物销售、无形资产及固定资产出租、包装物出租等。主营业务与其他业务没有绝对的界限，主要看企业自身的性质及业务，一个企业的其他业务可能是另一个企业的主营业务。

企业需设置“其他业务收入”账户。“其他业务收入”账户是损益类的收入账户，用来核算企业除主营业务以外其他业务收入情况。增加，记贷方，登记已实现的其他业务收入；减少，记借方，登记期末转入“本年利润”账户的数额；结转后期末没有余额。该账户应按其他业务的种类设置明细账户，进行明细核算。“其他业务收入”账户结构如图5－7所示。

借方（－）　　　　其他业务收入　　　　贷方（＋）

结转到“本年利润”	已实现的其他业务收入
	期末无余额

图5－7　“其他业务收入”账户结构

“其他业务收入”的会计业务处理，应该编制如下会计分录：

借：银行存款

　贷：其他业务收入

　　　应交税费——应交增值税（销项税额）

（四）其他业务成本结转

企业需设置“其他业务成本”账户。“其他业务成本”账户是损益类的费用账户，是用来核算企业除主营业务以外的其他业务的成本结转情况的账户。增加，记借方，登记实际发生的其他业务成本；减少，记贷方，登记期末结转到“本年利润”账户的数额；结转后，期末该账户没有余额。该账户应按其他业务的种类设置不同的明细账户，进行明细核算。“其他业务成本”账户结构如图5－8所示。

借方（＋）　　　　其他业务成本　　　　贷方（－）

实际发生的其他业务成本	结转到“本年利润”
期末无余额	

图5－8　“其他业务成本”账户结构

出售原材料，按原材料的成本结转到其他业务成本。应编制如下会计分录：

借：其他业务成本

　贷：原材料

（五）税金及附加的核算

企业在销售环节，除了确认收入、结转成本，还应该向国家征税机关缴纳销售税金及附加，包括消费税、城市维护建设税、教育费附加、资源税、房产税、土地增值税、车船税等等。这类税金一般是根据当月销售额或者税额按照规定的税率计算并于下月初缴纳。

消费税是以特定消费品为课税对象的一种流转税，是价内税。实行从价定率、从量定率或者复合计税的办法计算应纳税额。

企业应设置“税金及附加”账户。“税金及附加”账户是损益类的费用账户，是用来核算企业主营业务和其他业务负担的各种税金及附加的账户。增加，记借方，登记计提税金及附加；减少，记贷方，登记期末转入“本年利润”账户的数额；结转后，该账户期末没有余额。“税金及附加”账户结构如图5－9所示。

借方（+）　　　　税金及附加　　　　贷方（－）

计算出应交纳的税金及附加	结转到“本年利润”
期末无余额	

图5－9　“税金及附加”账户结构

“税金及附加”的会计业务处理，应编制如下会计分录：

借：税金及附加

　贷：应交税费——应交消费税

第二节　企业销售环节的业务处理

一、企业销售收入的核算

（一）以银行账款结算

发出货物，收到货款，确认收入。应该编制如下会计分录：

借：银行存款

　贷：主营业务收入

　　应交税费——应交增值税（销项税额）

【例5－1】朝阳公司于202×年10月，销售给B公司甲产品1000件，甲产品每件不含税售价为500元，增值税率为13%；甲产品单位成本为200元。产品已发出，收到的价税合计款已存入银行。

【分析】货款为1 000×500＝500 000（元），增值税款为500 000×13%＝65 000（元），价税合计款为500 000＋65 000＝565 000（元）。

编制会计分录：

借：银行存款　　　　565 000

　贷：主营业务收入——甲产品　　　　500 000

　　应交税费——应交增值税（销项税额）　　　　65 000

（二）赊销，未收到货款

发出货物，尚未收到货款，代垫运费应记作“应收账款”，确认收入。

编制会计分录：

借：应收账款
　　贷：主营业务收入
　　　　应交税费——应交增值税（销项税额）
　　　　银行存款

【例5－2】朝阳公司于202×年10月，销售给C公司甲产品800件，甲产品每件不含税售价为500元，增值税率为13%；甲产品单位成本为200元。产品已发出，由A公司代垫运费1 000元，以银行存款支付。货款尚未收到。

【分析】货款为800×500＝400 000（元），增值税款为400 000×13%＝52 000（元），代垫运费为1 000元，应收账款为400 000＋52 000＋1 000＝453 000（元）。

编制会计分录：

借：应收账款——C公司	453 000	
贷：主营业务收入——甲产品		400 000
应交税费——应交增值税（销项税额）		52 000
银行存款		1 000

（三）以商业汇票结算

发出货物，收到商业汇票，确认收入。应该编制如下会计分录：

借：应收票据
　　贷：主营业务收入
　　　　应交税费——应交增值税（销项税额）

【例5－3】朝阳公司于202×年10月，销售给D公司甲产品1200件，甲产品每件不含税售价为500元，增值税率为13%；甲产品单位成本为200元。产品已发出，全部款项收到一张商业汇票。

【分析】

货款为1 200×500＝600 000（元），增值税款为600 000×13%＝78 000（元），应收票据为：600 000＋78 000＝678 000（元）。

编制会计分录：

借：应收票据——D公司	678 000	
贷：主营业务收入——甲产品		600 000
应交税费——应交增值税（销项税额）		78 000

二、主营业务成本结转

【例5－4】依照例5－1、例5－2、例5－3的题目，计算朝阳公司202×年10月的主营业务成本。

【分析】朝阳公司202×年10月甲产品销售数量为1 000＋800＋1 200＝3 000（件），当前主营业务成本为3 000×200＝600 000（元）

编制会计分录：

借：主营业务成本——甲产品　　　　　　　　600 000
　贷：库存商品——甲产品　　　　　　　　　　600 000

三、其他业务收入核算

【例 5－5】202×年 10 月，朝阳公司销售一批原材料——乙材料给 B 公司，该项业务并非朝阳公司的主营业务。该批原材料价款为 4 300 元，成本为 3 000 元，增值税率为 13%，款项已收到并存入银行。

【分析】原材料价款为 4 300 元，增值税款为 4 300×13%＝559（元），价税合计为 4 300＋559＝4 859（元）。

编制会计分录：

借：银行存款　　　　　　　　　　　　　　4 859
　贷：其他业务收入——乙材料　　　　　　　　4 300
　　　应交税费——应交增值税（销项税额）　　559

【例 5－6】202×年 10 月，朝阳公司将一闲置的固定资产出租给 C 公司，收取租金 5 600 元，增值税率为 13%，款项已收到且存入银行。该固定资产是一台闲置的机器设备，原值为 100 000 元，月折旧额为 750 元。

【分析】租金为 5 600 元，增值税款为 5 600×13%＝728（元），合计 5 600＋728＝6 328（元）

编制会计分录：

借：银行存款　　　　　　　　　　　　　　6 328
　贷：其他业务收入——出租固定资产　　　　　5 600
　　　应交税费——应交增值税（销项税额）　　728

四、其他业务成本结转

【例 5－7】依照例 5－5，结转销售原材料的成本。应编制如下会计分录：

借：其他业务成本——乙材料　　　　　　　3 000
　贷：原材料——乙材料　　　　　　　　　　　3 000

出租固定资产、无形资产等，按折旧或摊销费用结转其他业务成本，应编制如下会计分录：

借：其他业务成本
　贷：累计折旧/累计摊销

【例 5－8】依照例 5－6，结转出租固定资产的成本，应编制如下会计分录：

借：其他业务成本——出租固定资产　　　　750
　贷：累计折旧　　　　　　　　　　　　　　750

五、税金及附加的核算

【例5－9】朝阳公司202×年10月应缴纳消费税为5 600元，应编制如下会计分录：

借：税金及附加　　5 600

　贷：应交税费——应交消费税　　5 600

本章小结

在销售环节，企业需要进行销售收入确认，结转成本，扣除税金等各种核算。要求同学们理解并掌握与销售环节相关的会计科目的设置，以及确认收入、结转成本、核算税金等会计分录的核算。结合第三章筹资环节和第四章生产环节的内容，了解企业资金运作循环。

习　题

一、单选题

1. 朝阳公司202×年末应交增值税32万元，应交消费税18万元，应交城市维护建设税3.5万元，应交教育费附加1.5万元，期末“税金及附加”账户未结转前，该账户的余额为（　　）万元。

A. 40　　B. 23　　C. 55　　D. 37

2. 朝阳公司为增值税一般纳税人（税率13%），销售产品一批，含税价格为56 500元，款项尚未收到，另外用银行存款替对方垫付了3 000元的运杂费，则该企业应该计入应收账款的金额为（　　）元。

A. 50 000　　B. 59 500　　C. 61 500　　D. 53 000

3. 朝阳公司本期已经销售产品的制造成本为60 000元，销售费用为2 000元，税金及附加为6 000元，则产品的销售成本为（　　）元。

A. 60 000　　B. 62 000　　C. 66 000　　D. 68 000

4. 朝阳公司期初“生产成本——甲产品”账户余额为30 000元，本期借方发生额为70 000元，期末余额为20 000元，则本期完工甲产品的成本为（　　）元。

A. 90 000　　B. 120 000　　C. 80 000　　D. 70 000

5. 朝阳公司202x年1月销售A产品一批，货款未收，应该计入（　　）账户的贷方。

A. 应收账款　　B. 主营业务收入　　C. 主营业务成本　　D. 库存商品

6. 企业“应付账款”借方余额反映的是（　　）

A. 应付给供货单位的款项　　B. 预收购货单位的款项

C. 预付给供货单位的款项　　D. 应收购货单位的款项

7. 朝阳公司期初资产总额为800 000元，负债总额为350 000元，发生如下经济业务：以银行存款100 000元偿还短期借款；以银行存款300 000元购入设备一台（不考虑增值税）；接受投资者投入的货币资金50 000元，则期末所有者权益的总额为（　　）元。

A. 450 000　　B. 500 000　　C. 200 000　　D. 350 000

二、多选题

1. 对于制造业企业来说，可以确认为其他业务收入的有（　　）

A. 出售原材料　　B. 出售固定资产

C. 出售无形资产　　D. 出租包装物

2. 在“税金及附加”账户借方登记的内容有（　　）

A. 教育费附加　　B. 增值税

C. 城市维护建设税　　D. 消费税

3. 下列账户中，与“主营业务收入”账户产生对应关系的账户有（　　）

A. 银行存款　　B. 本年利润

C. 应收账款　　D. 预收账款

4. 朝阳公司为增值税一般纳税人企业，在销售产品时，会计误将增值税的销项税额计入到了“主营业务收入”账户，则会导致（　　）

A. 本期收入增加　　B. 本期负债增加

C. 本期负债减少　　D. 应交税费减少

5. 下列属于期间费用的有（　　）

A. 管理费用　　B. 财务费用

C. 销售费用　　D. 制造费用

三、业务题

练习销售业务的核算：

朝阳公司为增值税一般纳税人，本月发生了如下经济业务，请写出相应的会计分录：

（1）销售A产品给东方工厂，共500件，单价为300元/件，增值税税率为13%，款项已经收入到银行。

（2）销售给新华公司一批B产品，共800件，价款为160 000元，增值税为20 800元，收到对方开出的三个月期的商业汇票。

（3）收到福瑞公司通过银行汇来的购买A产品的定金200 000元。

（4）向福瑞公司发出A产品1 000件，增值税发票注明的买价为300 000元，增值税为39 000元，另外用银行存款为对方垫付了运杂费2 000元。

（5）收到福瑞公司汇来的剩余款项。

（6）用银行存款支付本月的广告费3 000元。

（7）收回长兴公司所欠货款30 000元存入银行。

（8）结转本月的销售成本，其中A产品单位成本是200元/件；B产品单位成本为120元/件。

（9）本月应交城市维护建设税为1 400元，应交的教育费附加为600元。

习题答案

一、选择题

1－5 B、B、A、C、B 6－7 C、B

二、多选题

1－5 AD、ACD 、ABCD、ACD、ABC

三、业务题

(1)

借：银行存款 169 500
　贷：主营业务收入 150 000
　　应交税费——应交增值税（销项税额） 19 500

其中：主营业务收入账户的金额为 $300 \times 500 = 150\ 000$ 元。

(2)

借：应收票据 180 800
　贷：主营业务收入 160 000
　　应交税费－应交增值税（销项税额）20 800

(3)

借：银行存款 200 000
　贷：预收账款——福瑞公司 200 000

(4)

借：应收账款——福瑞公司 141 000
　　预收账款——福瑞公司 200 000
　贷：主营业务收入 300 000
　　应交税费——应交增值税（销项税额） 39 000
　　银行存款 2 000

(5)

借：银行存款 141 000
　贷：应收账款——福瑞公司 141 000

(6)

借：销售费用 3 000
　贷：银行存款 3 000

(7)

借：银行存款 30 000
　贷：应收账款——长兴公司 30 000

（8）

借：主营业务成本　　　　　　　　　　396 000

　贷：库存商品——A 产品　　　　　　　300 000

　　　　　　——B 产品　　　　　　　　96 000

其中：前边的例题中，销售出去 A 产品的数量为：500 + 1000 = 1500（件）。

（1）500

（4）1000

销售出去 B 产品的数量为：800 件

（2）800

A 产品的成本：1500 × 200 = 300 000 元；

B 产品的成本：= 800 × 120 = 96 000 元。

（9）

借：税金及附加　　　　　　　　　　　2000

　贷：应交税费——应交城市维护建设税　　1400

　　　　　　——应交教育费附加　　　　　600

第六章　利润形成及分配业务的会计核算

【学习目标及内容概述】

本章主要介绍了利润、所得税费用及净利润的计算，介绍了利润分配的顺序及相关账户处理。

通过本章内容的学习，掌握了“本年利润”账户的使用；掌握了利润形成时成本费用类账户及收入类账户的结转；掌握所得税费用的相关核算；掌握计算利润。

【教学案例导入】

海天公司是一家产品制造企业，202×年末公司的主营业务收入为269 600元，其他业务收入为5 400元，营业外收入为40 000元，主营业务成本为180 000元，其他业务成本为5 100元，税金及附加为2 000元，销售费用为3000元，管理费用为38 540元，财务费用为1 800元，营业外支出为5 000元，所得税税率为25%，无纳税调整因素。

思考：

1. 假如你是会计人员，海天公司202×年实现的净利润如何计算？

2. 如何进行相关的账务处理？

第一节　利润形成概述

一、利润的构成

利润是企业在一定会计期间的经营成果，包括企业在一定会计期间内实现的收入减去费用后的净额、直接记入当期利润的利得和损失等。

直接记入当期的利得和损失，是指应当记入当期损益、会导致所有者权益发生增减变动的、与所有者投入资本或者向所有者分配利润无关的利得或损失。

利润由营业利润、利润总额和净利润三个层次构成，相关计算公式如下：

1. 营业利润

营业利润＝主营业务收入＋其他业务收入－主营业务成本－其他业务成本－税金及附加－销售费用－管理费用－研发费用－财务费用－资产减值损失＋其他收益＋投资收益（－投资损失）＋公允价值变动损益＋资产处置收益

2. 利润总额

利润总额＝营业利润＋营业外收入－营业外支出

3. 净利润

净利润 = 利润总额 - 所得税费用

二、利润形成核算应设置的账户

企业应设置“主营业务收入”“其他业务收入”“主营业务成本”“其他业务成本”“财务费用”“管理费用”“销售费用”“研发费用”“营业外收入”“营业外支出”“投资收益”“公允价值变动损益”“资产减值损失”“所得税费用”等损益类账户对利润进行核算。

(一)“营业外收入”账户

“营业外收入”账户属于收入类账户，用来核算与企业生产经营无直接关系的各项利得。主要包括固定资产与无形资产等非流动资产处置利得、非货币性资产交换利得、债务重组利得、政府补助、捐赠利得、罚款收入等。该账户贷方登记增加额，登记取得的营业外收入；借方登记减少额，登记期末转入“本年利润”账户贷方的数额，期末结转无余额。该账户按营业外收入项目设置明细账，进行明细分类核算。

“营业外收入”账户的结构如图 6 - 1 所示。

借方（-） 营业外收入	贷方（+）
期末结转到“本年利润”账户	捐赠利得 罚款利得 盘盈利得 无法支付的应付款等
	无余额

图 6 - 1 “营业外收入”账户结构

(二)“营业外支出”账户

“营业外支出”账户属于费用类账户，用来核算企业发生的营业利润以外的支出，主要包括债务重组损失、非常损失、罚款支出、盘亏损失、公益性捐赠支出、非流动资产毁损报废损失。该账户借方记增加，登记发生的营业外支出；贷方记减少，登记期末转入“本年利润”账户借方的数额，期末结转后无余额。该账户按营业外支出项目设置明细账，进行明细分类核算。

“营业外支出”账户的结构如图 6 - 2 所示。

借方（+）	营业外支出 贷方（-）
公益性捐赠支出 罚款支出 非流动资产毁损报废损失 非常损失等	期末结转到“本年利润”账户
无余额	

图 6 - 2 “营业外支出”账户结构

（三）“投资收益”账户

该账户属于收入类账户，用来核算企业投资收益或投资损失。该账户借方记企业发生的投资损失及期末转入“本年利润”账户的投资净收益；贷方登记企业取得的投资收益及期末转入“本年利润”账户的投资净损失。结转后该账户无余额。该账户按投资项目设置明细账，进行明细分类核算。

“投资收益”账户的结构如图 6－3 所示。

借方（－） 投资收益	贷方（＋）
企业发生的投资损失 期末转入“本年利润”账户的投资净收益	企业取得的投资收益 期末转入“本年利润”账户的投资净损失
无余额	

图 6－3 “投资收益”账户结构

（四）“所得税费用”账户

“所得税费用”属于费用类账户，用来核算企业确认的应从当期利润总额中扣除的所得税费用。该账户借方记增加，登记企业应记入当期损益的所得税；贷方记减少，登记期末转入“本年利润”账户的所得税，期末结转后，该账户无余额。该账户不设明细账。

“所得税费用”账户的结构如图 6－4 所示。

借方（＋） 所得税费用	贷方（－）
计算出的所得税费用金额	期末转入“本年利润”账户
无余额	

图 6－4 “所得税费用”账户结构

（五）“本年利润”账户

“本年利润”账户属于所有者权益类账户，用来核算企业当期实现的净利润或发生的净亏损。该账户贷方记增加，登记期末转入的各项收入；借方记减少，登记期末转入的各项费用。收入和费用相抵后，期末余额在贷方，表示企业实现的净利润；期末余额在借方，表示企业发生的净亏损。年末，该账户不论是借方余额还是贷方余额，均应全部转入“利润分配”账户，结转后的“本年利润”账户年末无余额。一般不设明细账。

“本年利润”账户的结构如图 6－5 所示。

借方（-）	本年利润 贷方（+）
期末转入的各项费用： 主营业务成本 其他业务成本 税金及附加 管理费用 财务费用 销售费用 营业外支出 所得税费用 投资净损失 资产处置净损失	期末转入的各项收入： 主营业务收入 其他业务收入 营业外收入 投资净收益 其他收益 资产处置净收益
年内余额：表示本年累计亏损 期末无余额	年内余额：表示本年累计净利润

图6-5 “本年利润”账户结构

三、利润形成的会计处理

【例6-1】朝阳公司收到B公司的违约罚款收入8 000元，存入银行。

【分析】罚款收入属于企业的营业外收入。该项经济业务的发生，一方面使公司的银行存款增加8 000元，另一方面使公司的营业外收入增加8 000元，涉及“银行存款”和“营业外收入”两个账户。银行存款的增加应记入“银行存款”账户的借方，营业外收入的增加应记入“营业外收入”账户的贷方。

应编制的会计分录如下：

借：银行存款　　　　8 000

　贷：营业外收入　　　　8 000

【例题6-2】朝阳公司支付5 000元税收滞纳金，以银行存款支付。

【分析】企业的税收滞纳金属于营业外支出。该项经济业务的发生，一方面使公司的银行存款减少5 000元，另一方面使公司的营业外支出增加5 000元，涉及“银行存款”和“营业外支出”两个账户。营业外支出的增加是费用的增加，记入“营业外支出”账户的借方；银行存款账户的减少应记入“银行存款”账户的贷方。

应编制的会计分录如下：

借：营业外支出　　　　5 000

　贷：银行存款　　　　5 000

【例6-3】朝阳公司收到从其他单位分得的投资利润18 800元，存入银行。

【分析】从其他单位分得的投资利润属于投资收益。该项经济业务的发生，一方面使公司的银行存款增加18 800元，另一方面使公司的投资收益增加18 800元，涉及“银行存款”和“投资收益”两个账户。投资收益的增加是企业对外投资所得的收入的增加，记入“投资收益”的贷方；银行存款的增加应记入“银行存款”的借方。

应编制的会计分录如下：

借：银行存款　　18 800

　贷：投资收益　　18 800

【例6－4】202×年12月末朝阳公司各损益类账户余额如表6－1所示。

表6－1　年末结转前各损益类账户余额

编制单位：朝阳公司　　202×年12月31日　　单位：元

项　目	借方余额	贷方余额
主营业务收入		1 708 000
主营业务成本	987 000	
税金及附加	11 000	
其他业务收入		10 000
其他业务成本	4 000	
投资收益		18 800
营业外收入		8 000
营业外支出	5 000	
管理费用	85 000	
销售费用	37 600	
财务费用	8 000	
合计	1 137 600	1 744 800

根据表6－1的数据资料，结转各损益类账户余额至本年利润账户。

（1）结转本年收入。将收入结转至本年利润导致利润增加，应记入“本年利润”账户的贷方；同时结平各收入账户，应记入各收入账户的借方。

朝阳公司结转收入应编制的会计分录如下（单位：元）：

借：主营业务收入　　1 708 000

　　其他业务收入　　10 000

　　投资收益　　18 800

　　营业外收入　　8 000

　贷：本年利润　　1 744 800

（2）结转本年费用。将费用结转至本年利润导致利润减少，应记入“本年利润”账户的借方；同时结平各费用账户，应记入各费用账户的贷方。

朝阳公司结转费用应编制的会计分录如下（单位：元）：

借：本年利润　　1 137 600

　贷：主营业务成本　　987 000

　　　税金及附加　　11 000

　　　其他业务成本　　4 000

　　　营业外支出　　5 000

销售费用　　　　37 600
管理费用　　　　85 000
财务费用　　　　8 000

根据上例，企业在计算结转本年应交所得税之前，本年利润贷方有利润总额607 200元（1 744 800－1 137 600），表明企业实现税前利润607 200元。

【例6－5】根据上述利润总额，假设无所得税纳税调整项目，朝阳公司适用的所得税税率为25%。

本期应交所得税＝应纳税所得额×所得税税率
＝607 200×25%＝151 800（元）

应编制的会计分录如下：

借：所得税费用　　　　151 800
　　贷：应交税费——应交所得税　　　　151 800

【例6－6】承例6－5资料，朝阳公司结转企业所得税费用151 800元。

应编制的会计分录如下：

借：本年利润　　　　151 800
　　贷：所得税费用　　　　151 800

【例6－7】承前例资料，朝阳公司结转企业本年净利润455 400元。

【分析】企业本期所得税费用金额为151 800元，本年利润账户有利润余额607 200元，即有净利润455 400（607 200－151 800）元，将净利润结转至“利润分配——未分配利润”账户使得待分配利润增加，应记入“利润分配——未分配利润”账户的贷方，同时结平本年利润账户，应记入“本年利润”账户的借方。

朝阳公司结转企业本年净利润的会计分录如下：

借：本年利润　　　　455 400
　　贷：利润分配——未分配利润　　　　455 400

经过以上结转后，企业“本年利润”账户年末余额为0，本年企业实现的净利润全数转入“利润分配——未分配利润账户”。

第二节　利润分配的业务处理

一、利润分配的顺序及内容

企业本年实现的净利润（或亏损），加上年初未分配利润（或减去年初未弥补亏损）以及其他转入的金额（如盈余公积弥补的亏损），为可供分配的利润。计算公式如下：

可供分配的利润＝净利润（或净亏损）＋年初未分配利润－弥补以前年度亏损＋其他转入的金额

如果可供分配的利润为负数（即累计亏损），则不能进行后续分配；如果可供分配的利润为正数（即累计盈利），即可进行后续分配。

按照我国企业所得税法的相关规定，如果企业以前年度存在未弥补亏损，可用下年税前利润补亏，时间为5年。5年后，企业实现的利润应按国家规定交纳所得税，税后净利润按下列顺序进行分配：

（1）弥补以前年度亏损。这是指以税后利润补亏部分。

（2）提取法定盈余公积金。法定盈余公积金按照当年实现税后利润的10%提取，如果以前年度有亏损，以补亏后剩余部分提取。法定盈余公积金累计提取额达到注册资本的50%时可以不再提取。

（3）提取任意盈余公积金。公司在提取法定盈余公积金后，经股东大会决议，可以提取任意盈余公积金。法定盈余公积金和任意盈余公积金的区别在于各自计提的依据不同。前者以国家的法律或行政规章为依据提取；后者则由企业自行决定提取。

（4）向投资者分配利润或股利。股利的支付方式有现金股利和股票股利两种。有限责任公司股东按照实缴的出资比例分取红利；股份有限公司一般按照股东持有的股份比例分配。

二、利润分配业务核算应设置的账户

（一）“利润分配”账户

“利润分配”账户为所有者权益类账户，用来核算企业利润分配和历年分配（或弥补）后的余额。借方登记实际分配的利润额，包括提取的盈余公积金和分配给投资人的利润以及年末从“本年利润”账户转入的全年发生的净亏损；贷方登记用盈余公积弥补的亏损额等其他转入数以及年末从“本年利润”账户转入的全年实现的净利润。年末各期期末借方余额，表示已分配的利润额。年末余额如果在借方，表示累计未弥补的亏损额；年末余额如果在贷方，表示累计未分配利润。为完整反映企业的利润分配情况，“利润分配”账户一般应设置以下明细账户：

（1）“提取法定盈余公积”；

（2）“提取任意盈余公积”；

（3）“应付现金股利或利润”；

（4）“转作股本的股利”；

（5）“盈余公积补亏”；

（6）“未分配利润”。

“利润分配”账户的结构如图6－6所示。

借方（－）　　　　利润分配　　　　贷方（＋）

本年度内发生的净亏损转入 实际分配的利润（提取盈余公积金、向投资者分配利润）	本年度内实现的净利润转入 盈余公积补亏
期末余额：累计未弥补亏损	期末余额：累计未分配利润

图6－6　“利润分配”账户结构

（二）“盈余公积”账户

“盈余公积”账户为所有者权益类账户，用来核算企业从税后净利润中提取的盈余公积。贷方记增加，登记提取的盈余公积；借方记减少，登记盈余公积的使用，如弥补亏损、转增资本等；期末余额在贷方，表示盈余公积结余数。设置“法定盈余公积”“任意盈余公积”等明细账户。

“盈余公积”账户的结构如图6－7所示。

借方（－）	盈余公积　　　　贷方（＋）
盈余公积弥补亏损、转增资本等	从净利润中提取的盈余公积
	期末余额：表示结余的盈余公积金

图6－7　“盈余公积”账户结构

（三）“应付股利”账户

“应付股利”账户为负债类账户，用来核算企业分配的现金股利或利润。贷方记增加，登记企业应付给投资者的现金股利或利润；借方记减少，登记实际支付给投资者的现金股利或利润。期末余额在贷方，表示应付未付的现金股利或利润。该账户按投资者进行明细核算。“应付股利”账户的结构如图6－8所示。

借方（－）	应付股利　　　　贷方（＋）
实际支付给投资者的现金股利或利润	应付给投资者的现金股利或利润
	期末余额：应付未付的现金股利或利润

图6－8　“应付股利”账户结构

三、利润分配的会计处理

【例6－8】假设朝阳公司年初“利润分配——未分配利润”账户的贷方余额为100 000元，朝阳公司决定按全年净利润455 400元的10%提取法定盈余公积金，经股东大会批准，按全年净利润的5%提取任意盈余公积金。

应提取的法定盈余公积金＝455 400×10%＝45 540（元）

应提取的任意盈余公积金＝455 400×5%＝22 770（元）

应编制的会计分录如下：

借：利润分配——提取法定盈余公积　　45 540
　　　　　　——提取任意盈余公积　　　22 770
　贷：盈余公积——法定盈余公积　　　45 540
　　　　　　　——任意盈余公积　　　　22 770

【例6－9】经股东大会批准，朝阳公司按投资合同规定向投资者分配现金股利60 000元。

【分析】该项经济业务涉及“利润分配”和“应付股利”两个账户。已分配利润的增加是所有者权益的减少，应记入“利润分配”账户的借方；应付股利的增加是负债的增加，应记入“应付股利”账户的贷方。

应编制的会计分录如下：

借：利润分配——应付现金股利　　60 000
　贷：应付股利　　60 000

实际支付利润时，应编制的会计分录如下：

借：应付股利　　60 000
　贷：银行存款　　60 000

【例6-10】朝阳公司在会计期末将“利润分配”账户所属的其他明细账户的余额转入“未分配利润”明细账户。

【分析】该项经济业务的发生，引起所有者权益要素“利润分配”账户明细账户有增有减，增减金额相等，“利润分配”总分类账户金额不变。应编制的会计分录如下：

借：利润分配——未分配利润　　128 310
　贷：利润分配——提取法定盈余公积　　45 540
　　　　　　——提取任意盈余公积　　22 770
　　　　　　——应付现金股利　　60 000

进行利润分配与决算后，朝阳公司“利润分配——未分配利润”账户余额如图6-9所示。

借方（-）　　利润分配——未分配利润　　贷方（+）

本年利润分配	128 310	年初余额	100 000
		本年实现净利润转入	455 400
		年末余额：	427 090

图6-9　“利润分配——未分配利润”账户结构

表明朝阳公司202×年末未分配利润金额为427 090元。

本章小结

本章内容主要讲述了利润形成、利润分配的顺序及内容，需要设置的账户以及相应的会计处理等。

通过本章内容的学习，应该熟悉掌握利润的内容，掌握利润的形成过程，了解企业利润分配的过程，掌握利润总额的形成和核算、所得税费用的计算和核算、净利润分配的计算和核算。

本章节内容的业务处理如下表所示：

业务类别	结转类别	会计处理
（一）利润形成	1. 结转收入类账户	借：主营业务收入 　　其他业务收入 　　营业外收入 　　投资净收益 　　其他收益等科目 　贷：本年利润
	2. 结转成本费用类账户	借：本年利润 　贷：主营业务成本 　　　其他业务成本 　　　税金及附加 　　　管理费用 　　　财务费用 　　　销售费用 　　　营业外支出 　　　投资净损失 　　　资产处置净损失
	3. 计算所得税费用并结转	（1）计算所得税费用（假设不考虑应纳税调整额影响） 借：所得税费用 　贷：应交税费——应交所得税 （2）结转所得税费用到“本年利润”账户： 借：本年利润 　贷：所得税费用
	4. 计算并结转净利润	（1）计算净利润： 净利润 = 利润总额 - 所得税费用 （2）结转净利润： 借：利润分配——未分配利润 　贷：本年利润

续上表

业务类别	结转类别	会计处理
（二）利润分配	1. 弥补亏损	不必做会计处理
	2. 提取法定盈余公积	借：利润分配——提取法定盈余公积 　贷：盈余公积——法定盈余公积
	3. 提取任意盈余公积	借：利润分配——提取任意盈余公积 　贷：盈余公积——任意盈余公积
	4. 给投资者分配现金股利	（1）宣告发放股利时： 借：利润分配——应付现金股利 　贷：应付股利 （2）实际支付股利时： 借：应付股利 　贷：银行存款
	5. 发放股票股利	借：利润分配—转作股本的股利 　贷：股本
（三）结转“利润分配”明细账户余额	期末将“利润分配”明细账户余额转入“未分配利润”	借：利润分配——未分配利润 　贷：利润分配——提取法定盈余公积 　　——提取任意盈余公积 　　——应付现金股利

习　题

一、单项选择题

1. 年末结转后，“利润分配”账户的贷方余额表示（　　）。
   A. 实现的利润总额　　B. 净利润额
   C. 利润分配总额　　D. 未分配利润额
2. 下列不应计入营业利润的是（　　）。
   A. 管理费用　　B. 财务费用
   C. 原始价值　　D. 营业外收支净额
3. 企业计算应交所得税时，应借记的科目是（　　）。
   A. “利润分配”　　B. “税金及附加”
   C. “应交税费”　　D. “所得税费用”
4. 某企业“本年利润”账户 4 月末账面余额为 46 万元，表示（　　）。
   A. 4 月份实现的利润总额　　B. 1 ～ 4 月份累计实现的营业利润
   C. 1 ～ 4 月份累计实现的利润总额　　D. 1 ～ 4 月份累计实现的产品销售利润
5. 下列项目中属于营业外收入的有（　　）。

A. 产品销售的收入　　B. 出售废料收入
C. 固定资产盘盈　　D. 出租固定资产的收入

二、业务题

1. 朝阳公司202×年12月末有关损益类账户结账前的资料如下表：

表1　有关损益类账户资料

编制单位：朝阳公司　　202×年12月31日　　单位：元

账户名称	本期发生额		账户名称	本期发生额	
	借方	贷方		借方	贷方
主营业务收入		5 371 033	主营业务成本	3 415 158	
其他业务收入		64 260	销售费用	65 574	
营业外收入		16 614	税金及附加	57 807	
投资收益		69 346	其他业务成本	37 206	
			营业外支出	25 727	
			管理费用	57 204	
			财务费用	37 777	

该企业所得税税率为25%。

要求：

（1）将各损益类账户余额转入“本年利润”账户，编制会计分录；

（2）计算朝阳公司本期实现的营业利润、利润总额，并结转12月份应交所得税（假设12月份没有纳税调整项目）；

（3）结转公司本年净利润；

（4）朝阳公司按全年净利润的10%提取法定盈余公积，按全年净利润的5%提取任意盈余公积；

（5）经股东大会批准，朝阳公司按投资合同规定向投资者分配现金股利50 000元。

（6）年末结转企业的未分配利润。

习题答案

一、单项选择题

1. D　2. D　3. D　4. C　5. C

二、业务题

（1）编制会计分录

①结转本年收入，朝阳公司应编制会计分录如下：

借：主营业务收入　　5 371 033

　　其他业务收入　　　　　　　　　　64 260
　　投资收益　　　　　　　　　　　　69 346
　　营业外收入　　　　　　　　　　　16 614
　贷：本年利润　　　　　　　　　　　5 521 253

②结转本年费用，朝阳公司应编制会计分录如下：

借：本年利润　　　　　　　　　　3 696 453
　贷：主营业务成本　　　　　　　　3 415 158
　　其他业务成本　　　　　　　　　　37 206
　　税金及附加　　　　　　　　　　　57 807
　　销售费用　　　　　　　　　　　　65 574
　　管理费用　　　　　　　　　　　　57 204
　　财务费用　　　　　　　　　　　　37 777
　　营业外支出　　　　　　　　　　　25 727

（2）编制会计分录

①营业利润 = 主营业务收入 + 其他业务收入 - 主营业务成本 - 其他业务成本 - 税金及附加 - 销售费用 - 管理费用 - 研发费用 - 财务费用 - 资产减值损失 + 其他收益 + 投资收益（ - 投资损失） + 公允价值变动损益 + 资产处置收益 = 1 833 913

②利润总额 = 营业利润 + 营业外收入 - 营业外支出 = 1 833 913 + 16 614 - 25 727 = 1 824 800

③本期应交所得税 = 应纳税所得额 × 所得税税率 = 1 824 800 × 25% = 456 200（元）

计提所得税费用：

借：所得税费用　　　　　　　　　456 200
　贷：应交税费——应交所得税　　　　456 200

结转：

借：本年利润　　　　　　　　　　456 200
　贷：所得税费用　　　　　　　　　　456 200

（3）编制会计分录

净利润 = 1 824 800 - 456 200 = 1 368 600（元）

朝阳公司结转企业本年净利润的会计分录如下：

借：本年利润　　　　　　　　　1 368 600
　贷：利润分配——未分配利润　　　1 368 600

（4）编制会计分录

应提取的法定盈余公积金 = 1 366 800 × 10% = 136 860（元）

应提取的任意盈余公积金 = 1 366 800 × 5% = 68 430（元）

应编制的会计分录如下：

借：利润分配——提取法定盈余公积　　136 860
　　　　　——提取任意盈余公积　　　68 430
　贷：盈余公积——法定盈余公积　　　　136 860
　　　　　——任意盈余公积　　　　　　68 430

（5）编制会计分录

决定分配利润时，应编制的会计分录如下：

借：利润分配——应付现金股利　　50 000

　贷：应付股利　　50 000

实际支付股利时，应编制的会计分录如下：

借：应付股利　　50 000

　贷：银行存款　　50 000

（6）编制会计分录

借：利润分配——未分配利润　　255 290

　贷：利润分配——提取法定盈余公积　　136 860

　　　　　　　——提取任意盈余公积　　68 430

　　　　　　　——应付现金股利　　50 000

第七章　会计凭证与会计账簿

【学习目标及内容概述】

通过本章内容的学习，应该了解掌握原始凭证、记账凭证的种类和填制要求，学会填制收款凭证、付款凭证、转账凭证等记账凭证。还要熟练掌握会计账簿的种类、适用范围、登记规则以及掌握对账内容和结账方法，学会运用正确的方法更正账簿中的错误。

本章内容主要讲述会计凭证的作用和种类；原始凭证、记账凭证的填制和审核；会计凭证的传递和保管；会计账簿的设置、登记和使用规则；对账和结账。

【教学案例导入】

如何处理金额有误的发票

小赵是企业财务部门刚来的一名会计，202×年11月在审查原始凭证时，发现销售部门的业务员王某报销时提供的住宿发票和购货发票存在一些问题：住宿发票大小写金额不一致；购货发票的金额栏数字有更改迹象，且更改处加盖了出具发票单位的公章。购买的货物已验收入库，小赵要求王某与住宿发票出具单位联系，将金额处大小写更改为一致，并加盖单位公章；对于金额有更改迹象的购货发票，小赵将其与购货合同和入库单等资料核对，确认是笔误造成的金额更改，并据此登记入账。第二天，会计主管复核时告诉小赵，他的做法是错误的，王某提供的购货发票不能报销。

思考：此案例中王某的住宿发票、购货发票属于什么类别的会计凭证？

第一节　会计凭证的作用及种类

一、会计凭证的概念

会计凭证，简称凭证，是记录经济业务并据以登记账簿的书面说明。会计主体发生交易事项后，应该由经办该事项的人员取得和填制相关的会计凭证，记录该业务发生的日期、具体内容以及数量和金额。同时由经办人员在凭证上签名或盖章，证明其对该项业务的合法性、真实性、准确性负责。所有凭证经过审核无误后作为登记账簿的依据。

会计核算是对已发生的经济业务进行反映，也就是发生了经济业务才能进行核算，而凭证就是经济业务发生以后产生的书面说明。核算必须遵守真实性原则，企业提供的会计信息应具有真实性、可靠性和可稽查性。为了如实反映各项经济业务，必须依据真实的凭证进行核算。因此，在经济业务发生时，都要取得或填制相应的凭证。例如采购材料时，购买方应取得销货方开具的销货发票；材料验收入库时应根据验收情况填制收料单；采购方付款时应从银行取得付款单据等。同时，为了明确经济责任，填制凭证的单位和个人应在会计凭证上签名或盖章。所有会计凭证还应由会计部门进行审核，只有经过审核无误的凭证才能作为记账的依据。

二、会计凭证的作用

凭证的填制和审核是会计核算的关键环节，对于最终提供会计信息具有十分重要的作用。同时，会计凭证的编制和审核也是企业管理中监督和控制的方式之一，对企业的经营管理也具有重要意义。会计凭证的作用主要体现在以下四个方面。

（一）传递信息

会计信息是经济信息的重要组成部分，它一般通过数据，以凭证、账簿、报表等形式反映。随着经济的发展，及时准确的会计信息在企业管理中的作用越来越重要。会计凭证是记录经济活动的最原始资料，是经济信息的载体。会计主体发生交易事项后，会以凭证方式传递至财务部门，财务部门通过编制和审核后的会计凭证作为登记账簿的依据。因此，会计凭证是传递信息的关键载体。如无凭证，信息无法在会计主体各个部门之间进行传输，也就不能产生最终的会计信息。

（二）登记账簿的依据

经济业务发生以后，都必须填制会计凭证来记录经济业务的内容、数量和金额，经审核无误后，才能登记账簿。如果没有符合要求的凭证作为依据，任何经济业务都不能登记到账簿中去。因此，填制和审核会计凭证是保障账簿记录真实性和准确性的重要条件。

（三）明确经济责任

在填制和审核会计凭证的过程中，有关部门和经办人员都需要在凭证上签字或盖章，以示其对经济业务活动的真实性、正确性和合法性负责。通过这种方式，可以增强有关部门和经办人员的责任感，促使他们严格按照政策法规和公司内部控制制度的要求办理经济业务。如有违反政策法规、发生经济纠纷或弄虚作假的情形，也可以借助会计凭证确定各经办部门和人员所负的经济责任，并据以进行裁决和处理，追究各相关人员的责任。

（四）监督经济活动

通过填制和审核会计凭证，会计部门可以对会计主体的经济业务事项进行监督，检查经济业务是否真实、合法、合规，从而发挥会计的监督作用。在填制和审核过程中发现的问题应该及时纠正，保护企业资产的安全完整，维护投资者、债权人等利益相关者的权益。

三、会计凭证的种类

会计凭证按照填制程序和用途不同，可以分为原始凭证和记账凭证两类。

原始凭证是在经济业务发生时取得或填制，载明经济业务具体内容和完成情况的书面说明，是进行会计核算、编制记账凭证的依据。

记账凭证是依据记账规则和方法，根据原始凭证编制的会计分录凭证。记账凭证是登记账簿的依据。

原始凭证和记账凭证根据不同分类标准又可分为如图7－1所示的类型。

- 会计凭证
  - 原始凭证
    - 按来源分
      - 外来原始凭证
      - 自制原始凭证
    - 按填制方式和反映业务不同分
      - 一次原始凭证
      - 累计原始凭证
      - 汇总原始凭证
    - 按格式不同分
      - 通用凭证
      - 专用凭证
  - 记账凭证
    - 按经济业务内容分
      - 收款凭证
      - 付款凭证
      - 转账凭证
    - 按填制方法分
      - 单式记账凭证
      - 复式记账凭证
    - 按是否汇总分
      - 单项记账凭证
      - 汇总记账凭证

图7－1　会计凭证分类

第二节　原始凭证

一、原始凭证的作用和种类

（一）原始凭证的作用

原始凭证是进行会计核算的重要依据，是经济业务发生以后，由经办部门或人员取得或填制能够证明该项经济业务发生和完成情况的书面证明。这些书面凭证能够证明该项经济业务发生或完成情况，并明确经济责任，如发票、收据、银行结算单据、收料单、领料单、产品出入库单等。

根据《中华人民共和国会计法》和《会计基础工作规范》的要求，会计主体在发生经济业务事项时，必须取得或填制原始凭证。这些事项包括：①款项和有价证券的收付；②财物的收发、增减和使用；③债权债务的发生和结算；④资本、基金的增减；⑤收入、支出、费用、成本的计算；⑥财务成果的计算和处理；⑦其他需要办理会计手续、进行会计核算的事项。

（二）原始凭证的种类

1. 原始凭证按其来源不同，可分为自制原始凭证和外来原始凭证

“外来”和“自制”是以会计主体来识别的，凡是从本单位（会计主体）以外取得的凭证叫“外来”原始凭证，凡是本单位内部自行填制的凭证叫“自制”原始凭证。

外来原始凭证是在经济业务发生或完成时由外单位填制并提供给本单位的原始凭证，如采购材料、商品等取得的增值税专用发票、普通发票、银行结算凭证，出差购买的车票等都是外来原始凭证。增值税专用发票的格式如表7－1所示，普通发票的格式如表7－2所示。

表 7－1　增值税专用发票　　No：03364852

<table>
<tr><td colspan="9">此联是发票联　　开票日期：　年　月　日</td></tr>
<tr><td rowspan="4">购货单位</td><td>名称：</td><td colspan="3" rowspan="4"></td><td rowspan="4">密码区</td><td></td><td></td><td></td></tr>
<tr><td>纳税人识别号：</td><td></td><td></td><td></td></tr>
<tr><td>地址、电话：</td><td></td><td></td><td></td></tr>
<tr><td>开户银行及账户：</td><td></td><td></td><td></td></tr>
<tr><td colspan="2">货物或应税劳务名称</td><td>规格型号</td><td>单位</td><td>数量</td><td>单价</td><td>金额</td><td>税率</td><td>税额</td></tr>
<tr><td colspan="2"></td><td></td><td></td><td></td><td></td><td></td><td></td><td></td></tr>
<tr><td colspan="2">价税合计（大写）</td><td colspan="7">（小写）</td></tr>
<tr><td rowspan="4">销货单位</td><td>名称：</td><td colspan="3" rowspan="4"></td><td rowspan="4">备注</td><td colspan="3" rowspan="4"></td></tr>
<tr><td>纳税人识别号：</td></tr>
<tr><td>地址、电话：</td></tr>
<tr><td>开户银行及账户：</td></tr>
</table>

收款人：　　　复核：　　　开票人：　　　销货单位：（章）

注：增值税专用发票规定为一式四联，第一联为存根联，第二联为发票联，第三联为税款抵扣联，第四联为记账联。填开增值税专用发票必须用税控机打印，手写无效。

表 7－2　商品销售发票

发　票　联

No：10347422

顾客：　　　　年　月　日

<table>
<tr><td rowspan="2">品名</td><td rowspan="2">规格</td><td rowspan="2">单位</td><td rowspan="2">数量</td><td rowspan="2">单价</td><td colspan="7">金额</td></tr>
<tr><td>万</td><td>千</td><td>百</td><td>十</td><td>元</td><td>角</td><td>分</td></tr>
<tr><td></td><td></td><td></td><td></td><td></td><td></td><td></td><td></td><td></td><td></td><td></td><td></td></tr>
<tr><td></td><td></td><td></td><td></td><td></td><td></td><td></td><td></td><td></td><td></td><td></td><td></td></tr>
<tr><td></td><td></td><td></td><td></td><td></td><td></td><td></td><td></td><td></td><td></td><td></td><td></td></tr>
<tr><td colspan="5">合计人民币（大写）</td><td></td><td></td><td></td><td></td><td></td><td></td><td></td></tr>
</table>

企业盖章：　　　财务：　　　复核：　　　填票：

自制原始凭证是由本单位（会计主体）经办业务的部门和人员，在执行或完成某项经济业务时所填制的原始凭证。如收料单（表 7－3）、领料单（表 7－4）、收据（表 7－

5）等都属于自制原始凭证。格式分别如下：

表 7－3　收 料 单

供货单位：　　　　　　　　　　　　　　　　凭证编号：
发票号码：　　　　　年　月　日　　　　　　收料仓库：

材料编号	材料规格及名称	计量单位	数量		价格	
			应收	实收	单价	金额
备注					合计	

仓库负责人：　　仓库保管：　　收料人：　　交料人：　　填表人：

表 7－4　领 料 单

供货单位：　　　　　　　　　　　　　　　　凭证编号：
用　途：　　　　　年　月　日　　　　　　领料仓库：

材料编号	材料规格及名称	计量单位	数量		价格	
			应收	实收	单价	金额
备注					合计	

领料负责人：　　仓库保管：　　收料人：　　领料人：　　填表人：

表 7－5　收　据

年　月　日　　　　　No：653288

交款单位	收款方式
人民币（大写）	¥
收款事由	

收款单位：　　审核：　　记账：　　经手：　　出纳：

2. 原始凭证按其填制方式和反映业务的方法不同，可分为一次原始凭证、累计原始凭证和汇总原始凭证

一次原始凭证简称一次凭证，是指只反映一项或同时反映若干同类性质的经济业务，填制手续是一次完成的凭证。一次原始凭证是一次有效的凭证，以填列的凭证不能重复使用。如普通发票、车票、收料单、药费报销单、差旅费报销单等都是一次性原始凭证。通常外来的原始凭证均为一次性原始凭证。表 7－6 所示为差旅费报销单的格式。

表 7－6　差旅费报销单

单位名称：　　　　　　　　　　　　　　　　　报销日期：　　年　月　日

<table>
<tr><td>部门</td><td></td><td colspan="2">出差人员</td><td></td><td>职务</td><td></td><td colspan="2">出差事由</td><td></td><td>出差地点</td><td></td></tr>
<tr><td>出差时间</td><td colspan="11">自 20　年　月　日至 20　年　月　日止共　天</td></tr>
<tr><td>起止地点</td><td>时间</td><td>飞机</td><td>火车</td><td>汽车</td><td>轮船</td><td>票差奖励</td><td>宿费</td><td>食费</td><td>市内车票</td><td>误餐</td><td>出差补助</td></tr>
<tr><td>自　至</td><td></td><td></td><td></td><td></td><td></td><td></td><td></td><td></td><td></td><td></td><td></td></tr>
<tr><td>自　至</td><td></td><td></td><td></td><td></td><td></td><td></td><td></td><td></td><td></td><td></td><td></td></tr>
<tr><td>自　至</td><td></td><td></td><td></td><td></td><td></td><td></td><td></td><td></td><td></td><td></td><td></td></tr>
<tr><td>自　至</td><td></td><td></td><td></td><td></td><td></td><td></td><td></td><td></td><td></td><td></td><td></td></tr>
<tr><td>报销合计金额（大写）</td><td colspan="11">万　仟　佰　拾　元　角　分　¥</td></tr>
<tr><td>财务核实金额（大写）</td><td colspan="11">万　仟　佰　拾　元　角　分　¥</td></tr>
<tr><td colspan="12">备注：</td></tr>
</table>

财务审核人：　　　　　　单位负责人：　　　　　　报销人：

累计原始凭证简称累计凭证，是指一定时期内连续记载若干项同类经济业务的原始凭证。这种凭证的填制手续不是一次完成的，而是随着经济业务的连续发生分次填制的，其特点是在一张凭证上反映了重复发生的多笔经济业务。因此，这种凭证可以随时计算发生额累计数，所以称为累计原始凭证。使用累计凭证，一方面可以简化核算手续，减少凭证数量，同时还便于和定额、计划、预算数比较，起到控制有关费用定额、计划或预算范围内的开支，节约支出的作用。累计原始凭证通常是自制原始凭证，如限额领料单、企业管理费用开支手册等。限额领料单的格式如表 7－7 所示。

表 7－7 限额领料单

领用部门：　　　　　　　　　　　　　　　　　　　　　　　　凭证编号：

用　　途：　　　　　　　　　　　　　年　　月　　　　　　　发料仓库：

<table>
<tr><td rowspan="3">材料类别</td><td rowspan="3">材料编号</td><td rowspan="3">材料名称</td><td rowspan="3">计量单位</td><td rowspan="3">单价</td><td rowspan="3">全月领用限额</td><td colspan="10">全月实领</td></tr>
<tr><td rowspan="2">数量</td><td colspan="9">金额</td></tr>
<tr><td>百</td><td>十</td><td>万</td><td>千</td><td>百</td><td>十</td><td>元</td><td>角</td><td>分</td></tr>
<tr><td></td><td></td><td></td><td></td><td></td><td></td><td></td><td></td><td></td><td></td><td></td><td></td><td></td><td></td><td></td><td></td></tr>
<tr><td></td><td></td><td></td><td></td><td></td><td></td><td></td><td></td><td></td><td></td><td></td><td></td><td></td><td></td><td></td><td></td></tr>
<tr><td colspan="6">供应部门负责人（签章）</td><td colspan="10">生产计划部门负责人（签章）</td></tr>
<tr><td>日期</td><td>请领数量</td><td>实发数量</td><td>累计实发数量</td><td colspan="2">限额结余</td><td colspan="5">发料人（签名盖章）</td><td colspan="5">收料人（签名盖章）</td></tr>
<tr><td></td><td></td><td></td><td></td><td colspan="2"></td><td colspan="5"></td><td colspan="5"></td></tr>
<tr><td></td><td></td><td></td><td></td><td colspan="2"></td><td colspan="5"></td><td colspan="5"></td></tr>
<tr><td></td><td></td><td></td><td></td><td colspan="2"></td><td colspan="5"></td><td colspan="5"></td></tr>
<tr><td></td><td></td><td></td><td></td><td colspan="2"></td><td colspan="5"></td><td colspan="5"></td></tr>
<tr><td></td><td></td><td></td><td></td><td colspan="2"></td><td colspan="5"></td><td colspan="5"></td></tr>
<tr><td colspan="16">备注：</td></tr>
</table>

仓库负责人：

汇总原始凭证，也叫原始凭证汇总表，是为了集中反映某类经济业务，并简化编制记账凭证的工作，根据一定时期内许多相同原始凭证或会计核算资料汇总起来而编制的凭证，如发出材料汇总表（表 7－8）、工资计算汇总表等都属于汇总原始凭证。

汇总原始凭证在大中型企业中使用得非常广泛，因为它不仅可以简化核算手续，提高核算工作效率；还能够使核算资料更为系统化，核算过程更为条理化；并且能够直接为管理提供某些综合指标。

3. 原始凭证按其格式不同，可分为通用凭证和专用凭证

通用凭证是指在约定的使用范围内具有统一格式和使用方法的原始凭证。这里的约定范围是指行政管理区域，大可到全国范围，小可到一个省、市、县或某行政管理系统。如全国统一使用的银行承兑汇票、某省的通用定额发票，某市的服务业发票等。图 7－2 为广东省地方税收通用定额发票。

表 7－8 发出材料汇总表

单位名称： 年 月 日

项目	甲材料		乙材料		…	金额合计
	数量	金额	数量	金额		
第一生产车间						
第二生产车间						
车间一般耗用						
管理部门领用						
…						
合计						

记账： 复核： 制单：

广 东 省 地 方 税 收 通 用 定 额 发 票
发 票 联

发票代码 244000700471
CODE 100
发票号码 11818499 壹佰圆
NO
开票日期：20 年 月 日 收款单位（盖章）
DATE Y M D

图 7－2 广东省地方税收通用定额发票

专用凭证发票是指有特定内容和格式，具有专门用途的原始凭证。专用凭证通常是本单位专门设计、委托印刷，专门用于某类经济业务。如产品成本计算单、产品入库单和差旅费报销单等。表 7－9 为专用凭证产品入库单的格式。

表 7－9 产品入库单

编 号
交库单位 年 月 产品仓库

产品编号	产品名称	规格	单位	交付数量	检验结果		单价	金额
					不合格	合格		
备注								

二、原始凭证的基本内容

企业的经济业务多种多样，产生的原始凭证也是各不相同。但为了客观真实地记录所发生的经济业务，明确经办单位及人员的经济责任，方便进行核算与记录，原始凭证必须具备以下七个方面的内容：

（1）凭证的名称；

（2）填制凭证的日期；

（3）填制凭证单位名称或者填制人姓名；

（4）经办人员的签名或者盖章；

（5）接受凭证单位名称；

（6）经济业务内容；

（7）数量、单价和金额。

有些原始凭证除了包括上述基本内容以外，为了满足计划、统计等其他业务工作的要求，还要列入一些补充内容。例如，在有些原始凭证上要注明与该经济业务有关的计划指标、预算目标和经济合同等。

经济业务发生后填制的原始凭证，一部分出于国家进行宏观管理和监督的需要，有统一印制的格式，比如由国家税务部门监制的发票以及由中国人民银行统一设计的银行支票、本票和汇票等，对此类原始凭证，按照统一格式进行填制即可满足上述要求。对没有统一格式要求的原始凭证，除了满足上述要求外，企业可根据管理或控制的需要增补所需的项目。

三、原始凭证的填制

原始凭证是在经济业务发生或完成时填制或取得的，是具有法律效力的证明文件，是进行会计核算的依据，因此，必须认真填制。填制原始凭证是会计工作的起点，而原始凭证又是会计信息的源头，所以在填制原始凭证时应严格遵守下列要求。

（一）真实可靠

原始凭证应如实记录经济业务内容，不弄虚作假，不涂改、挖补，发现原始凭证有错误的，应当由出具单位重开或者更正，更正处应当加盖出具单位印章。原始凭证金额有错误的，应当由出具单位重开，不得在原始凭证上更正。

（二）内容完整

原始凭证中内容应填写完整，不可缺漏。从外单位取得的原始凭证，必须盖有填制单位的公章，从个人取得的原始凭证，必须有填制人的签名或印章；对外开出的原始凭证，必须加盖本单位的公章。

（三）填写及时

每项经济业务发生后，应立即填制原始凭证，尽量不补制。原始凭证应当书写或打印清楚，字迹端正、易于辨认，文字不串格、不串行、不模糊。

（四）数字正确无误

首先，原始凭证数字书写要规范，如阿拉伯数字书写时不能连笔，金额大写汉字要规范，阿拉伯数字前应书写人民币符号“￥”；其次，数字计算正确，大小写金额应相符，金额栏空白处应划覆盖线“/”。

（五）责任明确

经办业务的单位和个人应认真填写和审查原始凭证，确认无误后在原始凭证上盖章签名，明确经济责任。

（六）按顺序使用

原始凭证都必须按顺序编号，按顺序使用。填制原始凭证因出错而导致作废时，在作废的凭证上加盖“作废”戳记，连同存根一同保存，不得随意撕毁。

四、原始凭证的审核

会计所具有的监督职能，主要体现在对原始凭证的审核上。为了保证会计记录真实、准确、合理、合法，保证财务会计报告所提供信息的质量，应充分发挥会计的监督作用。一切原始凭证在正式编制记账凭证、记入账簿之前，都应该经过以下两个方面的审核：

（一）形式上的审核

形式上的审核是审核原始凭证的填制是否符合要求，凭证中应具备的要素项目是否齐全。尤其是要审核原始凭证的内容是否真实可靠，数字计算是否正确，有关人员有没有盖章。对于形式上不符合要求的凭证，应该退还经办人，禁止进入下一个步骤。

（二）实质上的审核

在原始凭证形式审核的基础上，还要进一步审核原始凭证所反映经济业务的真实性、合理性、合规性、合法性。审核时会计人员应对照国家法律、法规、会计制度或会计准则，对照已经批准执行的企业计划、预算、制度、合同等，坚持原则，秉公办事，敢于与违法乱纪的行为做斗争。

原始凭证的审核是会计机构、会计人员日常工作的一部分，任务琐碎而繁重，会计人员在履行职责的同时，要向经办人员说明原始凭证不符合要求的原因；对于计算有错误、手续不齐全的原始凭证，要做好沟通工作，及时补办手续或进行更正；对不真实、不完整、不合法的原始凭证拒绝接受，严重的要向单位负责人报告。

第三节 记账凭证

一、记账凭证的作用和种类

（一）记账凭证的作用

记账凭证是依据记账规则和方法，根据原始凭证编制的会计分录凭证。记账凭证是登记账簿的依据。企业的经济业务各式各样，原始凭证来自各个不同的方向，数量庞大，种类繁多，格式不一，会计部门获得原始凭证只是说明收集了经济业务的原始数据，而这些数据是否或者如何输入会计信息系统，则必须通过编制记账凭证来完成。编制记账凭证是将经济业务信息转换成会计信息的过程，即会计循环的一个基本步骤。

原始凭证是记账凭证的基础，记账凭证是根据原始凭证编制的；原始凭证附在记账凭证后面作为记账凭证的附件，这样有利于原始凭证的保管，便于账簿的登记和对账等工作的进行。

（二）记账凭证的种类

1. 记账凭证按其反映经济业务内容分类

记账凭证按其反映经济业务内容分类，可以分为收款凭证、付款凭证和转账凭证。

收款凭证，是用来反映现金和银行存款收入业务的记账凭证，它是根据有关现金和银行存款收入业务的原始凭证编制的。收款凭证的格式如表 7－10 所示。收款凭证又可分为现金收款凭证和银行存款收款凭证两种。根据现金收入业务的原始凭证编制的收款凭证称为现金收款凭证；根据银行存款收入业务的原始凭证编制的收款凭证称为银行存款收款凭证。

付款凭证是用来反映现金和银行存款付出业务的记账凭证，它是根据有关现金和银行存款付出业务的原始凭证编制的。付款凭证的格式如表 7－11 所示。付款凭证又可以分为现金付款凭证和银行存款付款凭证两种。根据现金付出业务的原始凭证编制的付款凭证称为现金付款凭证；根据银行存款付出业务的原始凭证编制的付款凭证称为银行存款付款凭证。

表 7－10 收款凭证

借方科目： 年 月 日 字第 号

摘要	贷方科目		金额								记账
	总账科目	明细科目	十	万	千	百	十	元	角	分	
附件共 张	合计										

会计主管： 记账： 复核： 出纳： 制单：

表 7－11　付款凭证

贷方科目：　　　　　　　　　　　年　　月　　日　　　　　　　　　　　字第　　号

摘要	借方科目		金额								记账
	总账科目	明细科目	十	万	千	百	十	元	角	分	
附件共　张	合计										

会计主管：　　　　　记账：　　　　　复核：　　　　　出纳：　　　　　制单：

收款凭证和付款凭证，既是登记现金日记账、银行存款日记账以及有关明细分类账和总分类账的依据，也是出纳员收、付款项的依据。

转账凭证是用来反映货币资金收付业务以外的转账业务的记账凭证。它是根据转账业务的原始凭证填制的，是登记有关账簿的依据。所谓转账凭证是指不涉及货币资金的经济业务。转账凭证的格式与记账通用凭证格式基本一致，见表 7－12。

收款凭证、付款凭证和转账凭证分别用于收款业务、付款业务和转账业务，故也叫记账专用凭证或专用记账凭证，适用于业务量大、凭证多的企业。业务量少的小型企业，为简化凭证，常常使用通用记账凭证记录发生的各种经济业务。

表 7－12　转账凭证

年　　月　　日　　　　　　　　　　　转字第　　号

摘要	总账科目	明细科目	借方金额								√	贷方金额								√
			十	万	千	百	十	元	角	分		十	万	千	百	十	元	角	分	
附件共　张	合计																			

会计主管：　　　　　记账：　　　　　复核：　　　　　制单：

2. 记账凭证按其填制方法的不同，可分为单式记账凭证和复式记账凭证

单式记账凭证，简称“单式凭证”，是在一张凭证上只填制一个会计科目的记账凭证。单式记账凭证分“借项记账凭证”和“贷项记账凭证”，商业银行等金融企业常采用单式记账凭证，表 7－13、表 7－14 分别为“借项记账凭证”和“贷项记账凭证”的格式。

表 7－13　借项记账凭证

对方科目：　　　　　　　　　　年　　月　　日　　　　　　　　　　编号

摘要	总账科目	明细科目	金额								√
			十	万	千	百	十	元	角	分	
附件共　张	合计										

会计主管：　　　　记账：　　　　复核：　　　　出纳：　　　　制单：

表 7－14　贷项记账凭证

对方科目：　　　　　　　　　　年　　月　　日　　　　　　　　　　编号

摘要	总账科目	明细科目	金额								√
			十	万	千	百	十	元	角	分	
附件共　张	合计										

会计主管：　　　　记账：　　　　复核：　　　　出纳：　　　　制单：

单式记账凭证的特点是：一张凭证上只记录一个科目，一个会计分录需填两张或两张以上的凭证。单式记账凭证的优点：有利于汇总计算每一个会计科目的发生额，便于记账分工，可以减少登记账的工作量。缺点是：凭证张数多，不便理，凭证上没有反映会计分录，不能完整表达业务的全貌，不便于会计检查。

复式记账凭证，简称“复式凭证”，就是在一张凭证上登记一个完整的会计分录的凭证。由于复式记账把一项经济业务所涉及的对应科目都集中填列在一张凭证上，这样具有反映经济业务全貌的优点，便于查账，减少了凭证张数，但它不便于分工记账和汇总计算每一会计科目的发生额。上述收、付、转凭证及记账通用凭证，均属于复式记账凭证。在实际工作中，一般都采用复式记账凭证。

3. 记账凭证按其是否汇总，可分为单项记账凭证和汇总记账凭证

单项记账凭证是根据原始凭证或汇总原始凭证填制的反映一个会计分录的凭证。上面介绍的收、付、转凭证以及通用记账凭证都是单项记账凭证。根据单项记账凭证逐笔登记总分类账，工作量很大。

为了减少总账的记账工作，可以根据记账凭证先编汇总表，然后再根据汇总表的汇总额登记总账。由此可见，汇总记账凭证是对单项记账凭证加以汇总编制，据以登记分类账的凭证。汇总记账凭证按汇总方法不同，可分为分类汇总和全部汇总两种。分类汇总是定期根据收款凭证、付款凭证、转账凭证，分别汇总编制汇总收款凭证（格式如表 7－15 所示）、汇总付款凭证（格式如表 7－16 所示）、汇总转账凭证。全部汇总是将企业、行

政事业单位一定时期内编制的记账凭证，全部汇总在一张凭证总表上，如科目汇总表、记账凭证汇总表（格式如表 7－17 所示）。

表 7－15　汇总收款凭证

借方科目：　　　　　　　　　　年　　月　　日　　　　　　　　　　汇收第　　号

<table>
<tr><td rowspan="2">贷方科目</td><td colspan="27">金　额</td><td colspan="2">总账页</td></tr>
<tr><td colspan="9">(1)</td><td colspan="9">(2)</td><td colspan="9">合计</td><td>借</td><td>贷</td></tr>
<tr><td></td><td>百</td><td>十</td><td>万</td><td>千</td><td>百</td><td>十</td><td>元</td><td>角</td><td>分</td><td>百</td><td>十</td><td>万</td><td>千</td><td>百</td><td>十</td><td>元</td><td>角</td><td>分</td><td>百</td><td>十</td><td>万</td><td>千</td><td>百</td><td>十</td><td>元</td><td>角</td><td>分</td><td></td><td></td></tr>
<tr><td></td><td></td><td></td><td></td><td></td><td></td><td></td><td></td><td></td><td></td><td></td><td></td><td></td><td></td><td></td><td></td><td></td><td></td><td></td><td></td><td></td><td></td><td></td><td></td><td></td><td></td><td></td><td></td><td></td><td></td></tr>
<tr><td></td><td></td><td></td><td></td><td></td><td></td><td></td><td></td><td></td><td></td><td></td><td></td><td></td><td></td><td></td><td></td><td></td><td></td><td></td><td></td><td></td><td></td><td></td><td></td><td></td><td></td><td></td><td></td><td></td><td></td></tr>
<tr><td></td><td></td><td></td><td></td><td></td><td></td><td></td><td></td><td></td><td></td><td></td><td></td><td></td><td></td><td></td><td></td><td></td><td></td><td></td><td></td><td></td><td></td><td></td><td></td><td></td><td></td><td></td><td></td><td></td><td></td></tr>
<tr><td>合计</td><td></td><td></td><td></td><td></td><td></td><td></td><td></td><td></td><td></td><td></td><td></td><td></td><td></td><td></td><td></td><td></td><td></td><td></td><td></td><td></td><td></td><td></td><td></td><td></td><td></td><td></td><td></td><td></td><td></td></tr>
<tr><td colspan="30">附注：(1) 自　　日　　日　　凭证共　　张，　　凭证共　　张
(2) 自　　日　　日　　凭证共　　张，　　凭证共　　张</td></tr>
</table>

会计主管：　　　　记账：　　　　复核：　　　　制单：

表 7－16　汇总付款凭证

贷方科目：　　　　　　　　　　年　　月　　日　　　　　　　　　　汇付第　　号

<table>
<tr><td rowspan="2">借方科目</td><td colspan="27">金　额</td><td colspan="2">总账页</td></tr>
<tr><td colspan="9">(1)</td><td colspan="9">(2)</td><td colspan="9">合计</td><td>借</td><td>贷</td></tr>
<tr><td></td><td>百</td><td>十</td><td>万</td><td>千</td><td>百</td><td>十</td><td>元</td><td>角</td><td>分</td><td>百</td><td>十</td><td>万</td><td>千</td><td>百</td><td>十</td><td>元</td><td>角</td><td>分</td><td>百</td><td>十</td><td>万</td><td>千</td><td>百</td><td>十</td><td>元</td><td>角</td><td>分</td><td></td><td></td></tr>
<tr><td></td><td></td><td></td><td></td><td></td><td></td><td></td><td></td><td></td><td></td><td></td><td></td><td></td><td></td><td></td><td></td><td></td><td></td><td></td><td></td><td></td><td></td><td></td><td></td><td></td><td></td><td></td><td></td><td></td><td></td></tr>
<tr><td></td><td></td><td></td><td></td><td></td><td></td><td></td><td></td><td></td><td></td><td></td><td></td><td></td><td></td><td></td><td></td><td></td><td></td><td></td><td></td><td></td><td></td><td></td><td></td><td></td><td></td><td></td><td></td><td></td><td></td></tr>
<tr><td></td><td></td><td></td><td></td><td></td><td></td><td></td><td></td><td></td><td></td><td></td><td></td><td></td><td></td><td></td><td></td><td></td><td></td><td></td><td></td><td></td><td></td><td></td><td></td><td></td><td></td><td></td><td></td><td></td><td></td></tr>
<tr><td>合计</td><td></td><td></td><td></td><td></td><td></td><td></td><td></td><td></td><td></td><td></td><td></td><td></td><td></td><td></td><td></td><td></td><td></td><td></td><td></td><td></td><td></td><td></td><td></td><td></td><td></td><td></td><td></td><td></td><td></td></tr>
<tr><td colspan="30">附注：(1) 自　　日　　日　　凭证共　　张，　　凭证共　　张
(2) 自　　日　　日　　凭证共　　张，　　凭证共　　张</td></tr>
</table>

会计主管：　　　　记账：　　　　复核：　　　　制单：

表 7－17　记账凭证汇总表

年　　月　　日　　　　　　　　　　总字第　　号

<table>
<tr><td rowspan="2">会计科目</td><td colspan="9">借方</td><td rowspan="2">总账页数</td><td colspan="9">贷方</td><td rowspan="2">总账页数</td></tr>
<tr><td>百</td><td>万</td><td>百</td><td>十</td><td>元</td><td>角</td><td>分</td><td></td><td></td><td>百</td><td>万</td><td>百</td><td>十</td><td>元</td><td>角</td><td>分</td><td></td><td></td></tr>
<tr><td></td><td></td><td></td><td></td><td></td><td></td><td></td><td></td><td></td><td></td><td></td><td></td><td></td><td></td><td></td><td></td><td></td><td></td><td></td><td></td><td></td></tr>
<tr><td></td><td></td><td></td><td></td><td></td><td></td><td></td><td></td><td></td><td></td><td></td><td></td><td></td><td></td><td></td><td></td><td></td><td></td><td></td><td></td><td></td></tr>
<tr><td></td><td></td><td></td><td></td><td></td><td></td><td></td><td></td><td></td><td></td><td></td><td></td><td></td><td></td><td></td><td></td><td></td><td></td><td></td><td></td><td></td></tr>
<tr><td></td><td></td><td></td><td></td><td></td><td></td><td></td><td></td><td></td><td></td><td></td><td></td><td></td><td></td><td></td><td></td><td></td><td></td><td></td><td></td><td></td></tr>
<tr><td colspan="21">附注：(1) 自　　日　　日　　凭证共　　张，　　凭证共　　张
(2) 自　　日　　日　　凭证共　　张，　　凭证共　　张
(3) 自　　日　　日　　凭证共　　张，　　凭证共　　张</td></tr>
</table>

会计主管：　　　　记账：　　　　复核：　　　　制单：

二、记账凭证的基本内容

记账凭证是根据种类繁多的原始凭证编制的，有不同的种类，但记账凭证的编制都运用了账户和复式记账方法编制会计分录，将各种各样的经济业务信息转换成会计信息，为登记账簿提供依据。因此，为了满足登记账簿的需要，记账凭证必须具备以下内容：

（1）记账凭证的名称；

（2）填制凭证的日期；

（3）凭证编号；

（4）经济业务摘要；

（5）记账符号、会计科目和金额；

（6）所附原始凭证张数；

（7）填制凭证人员、稽核人员、记账人员、会计机构负责人（会计主管人员）签名或者盖章。收款、付款的记账凭证还应当由出纳人员签名或盖章。

三、记账凭证的填制

（一）记账凭证的填制要求

填制记账凭证，是会计核算工作的重要环节，是对原始凭证的整理和分类，并按照复式记账的要求，运用会计科目，编制会计分录，作为登记账簿的依据。这不仅能使记账更为条理化，保证记账工作的质量，又能简化记账工作，提高工作效率。

记账凭证的填制工作，关系到记账工作的真实性和准确性。填制时，除了必须符合上述填制原始凭证的要求外，还必须做到以下几点：

（1）填制记账凭证的依据必须是经过审核无误的原始凭证或汇总原始凭证。

（2）正确填写会计分录。一级科目、二级科目或明细科目以及记账方向、金额都应准确无误，账户对应关系清晰。

（3）正确填写摘要。摘要的作用是简要说明业务内容，方便理解。因此，要抓住经济业务的要点，简练确切地概括经济业务的内容和特征。

（4）正确填写记账凭证的日期。收款、付款业务的记账凭证的日期应是现金和银行存款收付的实际日期，与原始凭证所记的日期不一定相同。转账凭证以收到原始凭证的日期为日期，但在摘要栏要注明经济业务发生的实际日期。

（5）记账凭证编号要连续，以便查考。

（6）记账凭证应附有原始凭证，并注明张数，以便于复核。除期末结转账户和更正错误的记账凭证可以没有原始凭证外，其他记账凭证必须附有原始凭证做依据。若根据同一原始凭证填制多张记账凭证时，必须在未附原始凭证的记账凭证上注明：“原始凭证×张，附在第×号记账凭证上”；或者在“附件共×张”处注明：“见×号×记账凭证”。

（7）记账凭证上必须有相关责任人签章，如制单、复核、出纳、记账等行为人签章。对收款凭证和付款凭证，必须先审核后办理收付款业务。对已办妥收款或付款的凭证及所附的原始凭证，出纳人员要立即加盖“收讫”或“付讫”戳记，以免重收、重付。

（8）记账凭证填制完毕，应反复检查，减少差错。如加计合计数，检查借贷双方及总账科目与二级或明细科目的金额是否平衡等。

对于采用电算化会计的企业，财会人员在凭证录入过程中要对凭证进行正确性检查，包括凭证号检查、凭证日期检查、科目代码检查、金额检查等。

（二）记账凭证的填制方法

（1）记账凭证格式的选择。记账凭证的格式有多种，使用单位应根据自身的行业特点、业务量和会计核算形式选择合适的凭证格式。规模小、业务量不多的单位宜选用通用格式的记账凭证；规模大、业务量多的单位宜选用专用格式的记账凭证，即收、付、转记账凭证；一些金融业，为加速单据的传输和方便汇总，可选用单式记账凭证；采用科目汇总表账务处理程序或汇总记账凭证账务处理程序的单位，还要设置科目汇总表或汇总记账凭证。

（2）会计分录在记账凭证上的填制方法。如果填制的是单式记账凭证，一张凭证上只能填制一个会计科目，一个会计分录中涉及几个会计科目就要填制几张单式记账凭证。如果填制的是复式记账凭证，一张记账凭证上就要记载一笔经济业务所涉及的全部会计科目，即一张凭证上记载一个完整的会计分录。为了明确地反映不同业务的内容，清晰表达账户的对应关系，应将不同类型的经济业务合并填制凭证。

（3）记账凭证的编号方法。这要根据不同的情况采用不同的编号方法。如果企业采用统一的通用记账凭证或单式记账凭证，凭证的编号可采用顺序编号法，即按月编顺序号；若采用三种格式（收、付、转）或五种格式（现收、现付、银收、银付、转账）的记账凭证，则采用字号编号法；若一笔经济业务需填制多张记账凭证，可采用分数编号法。例如，假设某项经济业务需填制三张转账凭证，凭证的顺序号为 18 号，则可编为：转字第 18＊1/3 号（第一张）；转字第 18＊2/3 号（第二张）；转字第 18＊3/3 号（第三张）。编号中，分数中的分母是该笔经济业务填制的记账凭证的总张数；分子表示第几张凭证；分数前的整数表示该笔转账业务编号为 18 号。为了避免重号、跳号发生，可使用销号单作辅助。无论采用哪种方法编号，都应在月末一张记账凭证的编号旁加注“全”字，以便于检查有无散失。

（4）库存现金与银行存款对转业务的凭证填制方法。为了避免工作重复，减少工作量，库存现金与银行存款对转业务通常只填付款凭证，不填收款凭证。例如，把库存现金存入银行的业务，只填库存现金付款凭证，不填银行收款凭证；同样，从银行提取现金业务，只填银行付款凭证，不填库存现金收款凭证。

（5）填制凭证错误的处理方法。在填制记账凭证的过程中发现填制的内容有错误的应及时更换，重新填制。如果该记账凭证过入账簿后才发现错误则不能更换，应按更正错账的规定方法更正。

（6）汇总凭证的填制方法。科目汇总表应定期按每一个会计科目（账户）的借方、贷方发生额分别加计汇总填制。汇总记账凭证分汇总收款凭证和汇总付款凭证，汇总收款凭证应分别按库存现金和银行存款账户的借方填制；汇总付款凭证应分别按库存现金和银行存款账户的贷方填制；汇总转账凭证应按转账业务的每一贷方账户分别汇总填制。

四、记账凭证的审核

记账凭证是登记账簿的依据，正确地填制记账凭证是正确处理账务的前提，会计人员对填制完成的记账凭证必须进行认真审核。记账凭证的审核主要是审核记账凭证的填制是否正确，是否符合要求。审核记账凭证时具体应该注意以下几点：

（1）记账凭证的内容是否与所附原始凭证相符。

（2）所附原始凭证是否齐全。

（3）会计分录是否正确，包括总账科目、明细科目、借贷方向和金额是否正确。

（4）填制是否完整、合规，有关人员是否签字盖章。

（5）审核反映重大财产物资、货币资金收付以及政策性强的经济业务的记账凭证时，对其所附的原始凭证必须复核一遍，以确保记账凭证正确无误。

审核中如果发现有错误，应及时更正。只有经审核符合要求的记账凭证才能作为登记账簿的依据。

对于采用电算化会计的企业，审核人员可通过目测等方式对已输入的凭证进行核查，若审核人员认为有错误或有异议的凭证，应交给填制人员修改后再复核，若审核人员认为没有错误可按动签章键进行确认。审核人员也可采用二次输入校验法，通过计算机比较两批输入的凭证是否相同，从而检查出多输入或漏输入的凭证或数据不一致的凭证。

第四节　会计凭证的传递和保管

一、会计凭证的传递

会计凭证的传递是指会计凭证从填制或取得之时起，经过审核、记账、装订到归档之时止，在有关部门和人员之间按照一定的时间、路线办理手续和进行处理的过程。一项经济业务通常需要内部几个部门分工协作才能最终完成，如生产领用材料业务通常就需要生产部门、仓库部门、财会部门共同完成，会计凭证也随着经济业务的进程在部门之间、工作人员之间传递。生产部门根据生产计划和用料计划填写领料单请领数量，一般一式三联，仓库部门发出材料，并在领料单上填写实发数量，留一联登记仓库明细账，一联交生产部门备查，一联交财会部门。财会部门审核后根据领料数量、材料单价计算发出材料的成本，用于填制记账凭证，并据以登记相应总分类账户和明细分类账户，记账后记账凭证就可以归档保管。

正确合理地组织会计凭证的传递，有利于各个部门分工协作处理经济业务，有利于明确各部门经济责任，有利于加强企业管理、减少浪费、减少内耗。所以，企业应根据自身经济业务的特点及管理要求设计会计凭证的传递程序、传递时间和传递中的衔接手续。

（一）会计凭证的传递程序

结合不同经济业务发生的实际情况、企业内部控制和机构分工情况，设计会计凭证的格式和种类。按照经济业务发生的流程设计控制点，根据经济业务控制点设计会计凭证传递环节，尽可能避免不必要的环节，提高办事效率。

（二）会计凭证的传递时间

根据会计凭证的传递程序规定会计凭证在每个环节上停留的时间。在不影响会计工作质量及内部控制效率的前提下，应尽可能减少凭证传递的时间，提高办事效率，防止积压会计凭证或造成会计凭证丢失。会计凭证传递不允许跨期，以防影响财务会计报告的真实准确。

（三）会计凭证传递中的衔接手续

会计凭证的收发、交接都应该按照一定的手续或制度办理，以明确责任，保证凭证完整。

二、会计凭证的保管

会计凭证的保管，是指会计凭证的整理、装订和归档。会计凭证是记账的依据，是重要的经济档案和历史资料，所以对会计凭证必须妥善保管，不得丢失或任意销毁。会计凭证的保管，既要做到会计凭证的安全和完整无缺，又要便于凭证的事后调阅和查找。会计凭证的保管既包括纸质凭证，也包括电子凭证。

（一）会计凭证的整理归类

会计机构、会计人员要妥善保管会计凭证。

（1）会计凭证应当及时传递，不得积压。

（2）会计凭证登记完毕后，应当按照分类和编号顺序保管，不得散乱丢失。

（3）记账凭证应当连同所附的原始凭证或者原始凭证汇总表，按照编号顺序，折叠整齐，按期装订成册，并加具封面，注明单位名称、年度、月份和起讫日期、凭证种类、起讫号码，由装订人在装订线封签处签名或盖章。

对于数量过多的原始凭证，可以单独装订保管，在封面上注明记账凭证日期、编号、种类，同时在记账凭证上注明“附件另订”和原始凭证名称及编号。各种经济合同、存出保证金收据以及涉外文件等重要原始凭证，应当另编目录，单独登记保管，并在有关的记账凭证和原始凭证上相互注明日期和编号。

（二）会计凭证的造册归档

每一会计年度结束后，会计部门应按照归档要求，负责将会计凭证整理立卷及装订成册。当年形成的会计档案，在会计年度终了后，可由单位会计管理机构临时保管一年，再移交单位档案管理机构保管。因工作需要确需推迟移交的，应当经单位档案管理机构同意。单位会计管理机构临时保管会计档案最长不超过三年。临时保管期间，会计档案的保管应当符合国家档案管理的有关规定，且出纳人员不得兼管会计档案。会计凭证移交档案管理部门后，应做到妥善保管、存放有序、查找方便，并要严防毁损、丢失和泄密。

（三）会计凭证的借阅

单位应当严格按照相关制度利用会计凭证，在进行会计凭证查阅、复制、借出时，应履行登记手续，严禁篡改和损坏。单位内有权限的部门需查阅归档的会计凭证时，必须办理借阅手续。会计凭证一般不得对外借出，确因工作需要且根据国家有关规定必须借出的，应当严格按照规定办理相关手续，经本单位会计机构负责人、会计主管人员批准，可以复制。向外单位提供的原始凭证复印件，应当在专设的登记账簿上登记，并由提供人员和收取人员共同签名或盖章。

（四）会计凭证的销毁

根据《会计档案管理办法》的规定，会计凭证的保管期限为 30 年，从凭证所属会计年度终了后的第一天算起。单位应当定期对已到保管期限的会计档案进行鉴定，并形成会计档案鉴定意见书。经鉴定，仍需继续保存的会计档案，应当重新划定保管期限；对保管期满、确无保存价值的会计档案，可以按照规定的程序销毁。电子会计档案的销毁还应当符合国家有关电子档案的规定，并由单位档案管理机构、会计管理机构和信息系统管理机构共同派人员监销。保管期满但未结清的债权债务会计凭证和涉及其他未了事项的会计凭证不得销毁，纸质会计档案应当单独抽出立卷，电子会计档案单独转存，保管到未了事项完结时为止。

第五节 会计账簿的概念和分类

一、会计账簿的概念

会计账簿，简称账簿，是指由具有专门格式而又相互联系的账页组成，以审核无误的会计凭证为依据，连续、全面、系统地记录和反映各种经济业务的簿籍。

从形式上看，账簿是由若干印制有专门格式的账页所组成的，是会计信息的载体。从内容上看，账簿是用来分类、汇总记录企业一定时期全部经济业务的，是记录经过加工的会计信息。

账页是账户的载体，而账簿是若干账页的集合。在会计实务中，将会计科目填入某个账页后，该账页就成为记录、反映该会计科目所规定的核算内容的账户，同时根据账户业务量把若干张账页预留给该账户。因此，一本账簿可以开设一个账户，也可以开设若干个账户。各账户之间的相互关系通过复式记账的账户对应关系来体现。

二、会计账簿的作用

经济业务发生后，虽然都会取得原始凭证，并按照一定的会计科目和复式记账法，将大量的经济信息转化为会计信息记录在记账凭证上。但是，这些记录在会计凭证上的信息还是分散的，不能连续、全面、系统地反映企业在一定时期内整体的经济业务状况。会计账簿可以将分散在会计凭证中的大量核算资料加以集中并分类反映，为经营管理提供连续、全面、系统、综合的会计信息，并为编制财务会计报告提供依据。

设置和登记会计账簿是会计核算的重要环节和专门方法之一，是编制财务会计报告的基础，是联结会计凭证与会计报表的中间环节。会计账簿在经济管理中主要有以下四个方面的作用：

1. 为管理提供连续、系统、全面、综合的会计信息

会计账簿是按照经济业务发生的时间顺序、分不同账户进行记录的。每一个账户连续、系统地反映一类会计信息，而且账户之间的相互联系，企业的会计信息可以通过若干个账户来提供。通过会计账簿可以了解企业的整体状况，为经营决策提供有用的资料。

2. 保护财产物资的安全完整

会计账簿可以连续地反映企业财产物资的增减变动及结存状况，监督财产物资的收、发、存，并借助于财产清查、账目核对等方法，反映财产物资的具体情况，发现问题及时解决，可以起到控制作用，以保证财产物资的安全完整。

3. 为成果分配提供依据

通过会计账簿，可以确定企业财务成果的形成，提供经营成果形成的详细内容，为财务成果分配提供依据。

4. 提供各项会计核算资料

会计账簿资料是期末编制财务报表的直接依据，它提供了各项会计核算资料，便于企业利用这些资料进行会计分析，以便总结经营、找到差距、挖掘潜力，改善经营管理。

三、会计账簿的分类

不同的经济业务由于资金运动的特点不同，通常登记时所采用的账页格式也不尽相同。在实际工作中，依据不同的标准对账簿的种类进行划分，主要有以下三种分类方法。

（一）按用途分类

账簿按用途分类，可分为序时账簿、分类账簿和备查账簿。

1. 序时账簿

序时账簿，又称日记账，是按照经济业务发生时间的先后顺序，逐日逐笔进行连续登记的账簿。在实际工作中，它是按照会计凭证的先后顺序，即会计凭证编号的先后顺序进行登记的。序时账簿按其记录内容的不同进一步分为普通日记账和特种日记账。

普通日记账，是将企业每天发生的全部经济业务，不论其性质如何，按其先后顺序，编成会计分录计入账簿。

特种日记账，是根据经济业务特点和管理的要求，单独设置账簿，将某一类比较重要的经济业务按其发生的时间顺序记入账簿中，以反映这一类经济业务的详细信息。例如，为了加强货币资金的管理，单独设立现金日记账和银行存款日记账，就是专为提供现金和银行存款收付情况的详细资料而设置的特种日记账。

2. 分类账簿

分类账簿，又称分类账，是对发生的经济业务按照会计账户进行分类登记的账簿。分类账簿按其所反映经济业务内容的详细程度不同，进一步分为总分类账簿和明细分类账簿。

总分类账簿，是按照总分类科目开设账户分类登记全部经济业务，提供总括核算资料的账簿，简称总账。

明细分类账簿，是按照总分类科目所属的明细科目开设账户，用于分类登记某一类经济业务、提供明细核算资料的账簿，简称明细账。

3. 备查账簿

备查账簿，又称辅助账簿，指对在序时账簿和分类账簿不予登记或登记不够详细的经济业务进行补充登记的账簿。备查账簿可以补充说明总账和明细账所不能详细反映的资料，具有备查备忘的基本作用。备查账簿反映的主要业务有：所有权不在本单位而本单位暂时使用的资产（如租入固定资产登记簿）；由本单位代管理、代加工、代销售的资产（如受托加工材料登记簿）；分类账簿内没有反映的担保事项、分类账簿内虽已记录但性质重要的应收票据。备查账簿对完善企业会计核算、加强企业内部控制具有重要的意义。备查账簿没有固定格式，企业可根据自身实际需要来设置。

（二）按外表形式分类

账簿按其外表形式不同，可分为订本式账簿、活页式账簿和卡片式账簿。

1. 订本式账簿

订本式账簿，又称订本账，是指在启用前就把具有一定格式的账页加以编号并装订成固定本册的账簿。其优点是：可以避免账页的散失，防止账页被抽取，保证账簿的完整性。其缺点是，需要为每个账户预留空白页，预留账页数量往往会和实际需要量不一致，预留过多会造成浪费，预留不足会影响账户记录的连续性；而且，同一账簿在同一时间内只能由一个人登记，不便于分工协作记账。订本账常用于总分类账、库存现金日记账和银行存款日记账。

2. 活页式账簿

活页式账簿，又称活页账，是指在启用账簿前未装订成固定册本，而是根据经济业务的需要把零散的账页按一定顺序装在账夹内，随时增添账页的账簿。采用活页账，可以灵活添加账页或排序，可以进行分工记账，便于计算机打印记账。但是，活页账的账页容易散乱丢失，在使用时应对账页连续编号，在会计年度结束后，装订成册，予以妥善保管。活页账通常用于明细账。

3. 卡片式账簿

卡片式账簿，又称卡片账，是指利用一些具有一定格式的硬卡片作为账页来进行登记的账簿。卡片账的优缺点与活页账基本相同，使用时也应在卡片上连续编号，由专人保管，也可以跨年度使用。卡片账常用于账页记录内容比较复杂、不经常变动的或发生次数不多的财产明细账，如固定资产明细账等。

（三）按账页格式分类

账簿按账页格式分类，分为三栏式账簿、多栏式账簿和数量金额式账簿。

1. 三栏式账簿

三栏式账簿，是指账页设有借方、贷方和余额三个金额栏的账簿。它适用于只反映金额而没有实物量的经济业务，是目前企事业单位使用较多的账簿格式之一，如库存现金日记账、银行存款日记账、总分类账、债权债务明细账等。其格式如表 7－18 所示。

表 7－18　库存现金日记账（三栏式）

2018 年		凭证		对方科目	摘要	借方	贷方	余额
月	日	字	号					
5	1				月初余额			450
5	1	银付	1	银行存款	提取现金	5 000		
5	2	现付	1	管理费用	购买办公用品		500	
					……	……	……	
5	31				本月合计	35 400	35 000	400

2. 多栏式账簿

多栏式账簿，是指根据经济业务的特点和经济管理的要求，在账页“借方”或“贷方”栏目下设置若干明细科目专栏的账簿。它进一步可分为借方多栏式、贷方多栏式、借贷方多栏式三种格式。它主要适用于费用、成本、收入、所有者权益等科目的明细核算，如收入、费用明细账等。借方多栏式常用于生产成本、制造费用、管理费用、销售费用、财务费用等费用成本类的明细账；贷方多栏式常见于收入类账户的明细账；借贷方多栏式常用于“应交税费（应交增值税）”“本年利润”等明细账。借方多栏式账簿格式如表 7－19 所示。

表 7－19　管理费用明细账（借方多栏式账簿）

总第　页

科目编号及名称：管理费用　　分第　页

2018 年		凭证		摘要	借方	贷方	余额	（借）方		
月	日	字	号		金额	金额	金额	办公费	咨询费	招待费
5	1	银付	1	支付招待费	6 800					6 800
5	2	现付	2	购办公用品	500			500		
5	2	银付	3	支付咨询费	2 600				2 600	
				……	……			……	……	……
5	31			本月合计	23 500			5 300	12 400	5 800

3. 数量金额式账簿

数量金额式账簿，是指在账页借方、贷方和余额栏目下都分别设置数量、单价、金额三个小栏，用来反映实物的数量和金额的账簿。它适用于既需要反映金额又需要反映数量的经济业务。原材料、库存商品、自制半成品等存货明细账一般采用数量金额式账簿。其格式如表 7－20 所示。

表 7－20　原材料明细账（数量金额式）

总第　页
分第　页

一级科目：原材料　　　最高储备：______　　　材料规格：
二级科目：甲材料　　　最低储备：______　　　计量单位：kg

2018 年		凭证		摘要	借（收入）方			贷（发出）方			余额		
月	日	字	号		数量	单价	金额	数量	单价	金额	数量	单价	金额
5	1			期初余额							65	20	1 300
5	5	银付	4	购进价材料款已付	150	20	3 000						
5	2	转	3	车间领用				100	20	2 000			
				……									
5	31			本月合计	890	20	17 800	800	20	16 000	155	20	3 100

4. 平行式账簿

平行式账簿是将前后密切相关的经济业务从发生到结束的全部事项在同一行进行详细登记的账簿。该种账簿一般用于物资采购、其他应收款等明细分类账。其一般格式如表 7－21 所示。

表 7－21　材料采购明细账

明细账户：　　　　第　页

年		记账凭证号数	发票账单号数	供应单位或采购人员姓名	摘要	借方（实际成本）				年		记账凭证号	收料凭证号数	摘要	贷方			
月	日					买价	运杂费	其他	合计	月	日				计划成本	成本差异	其他	合计

综上，可归纳账簿的分类如图 7－3 所示。

- 会计账簿
  - 按用途分
    - 分类账簿
      - 总分类账
      - 明细分类账
    - 序时账簿
      - 普通日记账
      - 特种日记账
        - 库存现金日记账
        - 银行存款日记账
  - 按外表形式分
    - 订本式
    - 活页式
    - 卡片式
  - 按账页格式分
    - 三栏式
    - 多栏式
    - 数量金额式
    - 平行式

图7－3　会计账簿的分类

第六节　会计账簿的设置与登记

一、会计账簿设置的原则

（一）合法性原则

各单位应当按照国家统一会计制度的规定和会计业务的需要设计会计账簿，不得违反《会计法》和国家统一会计制度的规定私设会计账簿登记、核算。

（二）完整性原则

账簿的设置要能保证组织严密，各账簿之间既要有明确的分工，又要有密切的联系，要在满足实际需要的前提下，考虑人力和物力的节约，避免重复或遗漏。

（三）适用性原则

会计账簿的设置应满足企业经营管理的需要，既能系统、全面地反映和监督经济活动的情况，又能为企业经营管理者及各有关方面提供适用的会计信息，并根据企业规模大小、经济业务特点，力求账簿设置简便实用，便于使用。

二、会计账簿的基本内容

各种账簿所记录的经济内容不同，账簿的格式可以多种多样，不同格式的账簿所包括的具体内容也不尽一致；但各种账簿应具备一些共同的要素，即基本内容，这些基本内容主要包括封面、扉页、账页三项。

（一）封面

账簿封面主要标明使用账簿的单位以及账簿名称，不同的账簿，其名称不同，如总分类账、现金日记账、原材料明细账、债权债务明细账等。

（二）扉页

扉页主要表达科目索引及账簿使用登记情况的记录，包括账簿使用与经管账簿人员登记表和会计科目目录表。账簿使用与经管账簿人员登记表主要是列明使用单位、账簿名称、页数、册次、使用日期和截止日期、会计主管、账簿经管人等。其一般格式如表7－22所示。

表7－22 账簿使用与经管人员登记表

<table>
<tr><td>单位名称</td><td colspan="5"></td><td colspan="2">单位公章</td></tr>
<tr><td>账簿编号</td><td colspan="5">账 第 号 第 册 共 册</td><td colspan="2" rowspan="6"></td></tr>
<tr><td colspan="2">账簿页数</td><td colspan="4">本账簿共计使用 页</td></tr>
<tr><td colspan="2">启用日期</td><td colspan="4">年 月 日</td></tr>
<tr><td colspan="2">截止日期</td><td colspan="4">年 月 日</td></tr>
<tr><td rowspan="2">责任人盖章</td><td></td><td>记账</td><td>审核</td><td>助管</td><td>部门领导</td></tr>
<tr><td></td><td></td><td></td><td></td><td></td></tr>
<tr><td colspan="8">交接记录</td></tr>
<tr><td>移交人</td><td>移交日期</td><td>盖章</td><td>接交人</td><td>接交日期</td><td>盖章</td><td colspan="2">监交人员</td></tr>
<tr><td></td><td></td><td></td><td></td><td></td><td></td><td></td><td></td></tr>
<tr><td></td><td></td><td></td><td></td><td></td><td></td><td></td><td></td></tr>
<tr><td>印花税票</td><td colspan="7"></td></tr>
</table>

会计科目目录表，简称科目表，该表是科目索引，表明账户所处的账簿位置。其一般格式如表7－23所示。

表7－23 科目表

账号	科目	页数	账号	科目	页数
……			……		

（三）账页

账页是账簿的主要内容，不同的账簿有不同的格式，但一般账页格式包括以下六个方面：

（1）账户名称或会计科目；

（2）日期栏；

（3）凭证种类和号数栏；

（4）摘要栏；

（5）借、贷方金额及余额的方向、金额栏；

（6）总页次和分户页次。

账簿一般格式如表 7－24 所示。

表 7－24 账簿一般格式

明细分类账

账号	总页码
页次	

账户名称＿＿＿＿＿＿

__年		凭证		摘要	借方									贷方									借或贷	余额									核对
月	日	字	号		百	十	万	千	百	十	元	角	分	百	十	万	千	百	十	元	角	分		百	十	万	千	百	十	元	角	分	

三、日记账的设置与登记

日记账是按照经济业务发生时间的先后顺序逐日逐笔登记的账簿，可以用来连续记录全部经济业务的完成情况，也可以用来连续记录某一类经济业务的完成情况。按其记录经济业务内容的不同，可分为普通日记账和特种日记账。

（一）普通日记账的设置与登记

普通日记账一般只设置借方和贷方两个金额栏，以便分别记录各项经济业务所确定的账户名称及其借方和贷方的金额，不设余额栏，其主要内容是会计分录，又称“分录簿”。格式如表 7－25 所示。

表 7－25 普通日记账

第＿＿页

年		凭证		摘要	会计科目	借方	贷方	过账
月	日	字	号					

普通日记账的登记，就是按照每天发生经济业务的时间先后顺序，逐笔进行登记。登记的要素包括日期、凭证号、摘要、会计科目及其金额。以上要素均来自于凭证的内容。同时，根据日记账登记完总分类账后，应在过账栏打“√”，表示已过账。

普通日记账可以全面反映经济业务的发生情况及账户的对应关系，但是不便于分工记账，而且不能将经济业务加以分类归集，过账的工作量又比较大。

（二）特种日记账的设置与登记

特种日记账是专门登记某一类经济业务的日记账，它是普通日记账的进一步发展。常用的特种日记账主要有库存现金日记账和银行存款日记账。库存现金日记账和银行存款日记账是专门用于记录现金和银行存款收支情况的特种日记账，必须采用订本式账簿。

1. 库存现金日记账

库存现金日记账是顺序登记库存现金收付款业务的日记账。它由出纳人员根据审核无误的有关收款凭证和付款凭证序时逐日逐笔登记。其中，根据库存现金收款凭证登记收入金额，根据库存现金付款凭证登记支出金额。每日业务终了，应分别计算出库存现金收入和支出的合计数，并结出账面余额。其计算公式为：

账面余额 = 上日余额 + 本日收入额 − 本日支出额

结出余额后，出纳应将其与库存现金实有数进行核对，检查每日库存现金收入、支出和结余金额，做到日清日结、账实一致。

库存现金日记账的账页格式有三栏式和多栏式两种。

三栏式库存现金日记账是指在账页上设有借方、贷方和余额三个金额栏的日记账，借方、贷方、余额分别表示库存现金的收入、支出和结余。其登记方法如下：日期栏登记业务发生的实际日期，也即凭证上填写的日期；凭证栏登记凭证的种类和编号；摘要栏登记经济业务简要说明，与记账凭证中的摘要内容一致；对方账户栏登记现金收入或支出的对应科目名称；收入栏、支出栏登记收入或支出库存现金的金额；结余栏登记每笔现金收入或现金支出后的余额，应逐笔结出。

为了掌握库存现金收、付和结余情况，每日应在本日所记最后一笔经济业务的下一行进行本日合计，并在本日合计行内的摘要栏填写“本日合计”字样，分别合计本日的收入和支出金额，并计算出余额，填写在该行内的收入栏、支出栏和结余栏。如果一个企业库存现金收付业务不多，可不填写本日合计行，但需结出每日的余额。三栏式库存现金日记账的格式如表 7－26 所示。

表 7－26 现金日记账

第___页

__年		凭证		摘要	票据类号	借方									贷方									借或贷	余额									核对
月	日	字	号			百	十	万	千	百	十	元	角	分	百	十	万	千	百	十	元	角	分		百	十	万	千	百	十	元	角	分	

多栏式库存现金日记账，在收入栏和支出栏内进一步设置对方科目，即在收入栏内设应贷科目（借方为库存现金），在支出栏内设应借科目（贷方为库存现金）。多栏式库存现金日记账的格式如表 7－27、表 7－28、表 7－29 所示。

表 7－27　库存现金（银行存款）日记账

第____页

日期	凭证种类	摘要	借方			贷方			余额
			科目	科目	……	科目	科目	……	

表 7－28　库存现金（银行存款）收入日记账

第____页

日期	记账凭证种类	摘要	对方科目（贷方）				合计		余额
			科目	科目	科目	……	收入	支出	

表 7－29　库存现金（银行存款）支出日记账

第____页

日期	记账凭证种类	摘要	对方科目（借方）			
			应借科目	应借科目	……	合计

2. 银行存款日记账

银行存款日记账是用来序时反映企业银行存款的增加、减少和结存情况的账簿。该账簿由出纳人员根据银行存款的收款和付款凭证序时逐日逐笔登记，每日终了结出账户全日的银行存款收入、支出合计数和余额，并定期与银行对账单进行核对，编制银行存款余额调节表。银行存款日记账的登记方法与库存现金日记账基本相同。三栏式银行存款日记账的格式如表 7－30 所示；多栏式银行存款日记账的格式与多栏式库存现金日记账类似。

表 7－30　银行存款日记账

日期		凭证	票号	摘要	对方科目	借方	贷方	借或贷	余额

对于库存现金存入银行或从本单位其他存款账户转入本存款账户的银行存款业务，规定只填制现金付款凭证或银行付款凭证。因此，对于库存现金送存银行的业务，应根据现金付款凭证登记银行存款日记账的借方栏；本单位其他存款账户转入本存款账户的银行存款收入，应根据银行存款付款凭证登记银行存款日记账借方栏。

为了实施内部牵制原则，实行钱、账分管，出纳人员不得负责登记库存现金日记账和银行存款日记账以外的任何账簿。出纳人员登记库存现金日记账和银行存款日记账后，应将各种收付款凭证交由会计人员据以登记总分类账及有关的明细分类账。通过"库存现金"和"银行存款"总账与日记账的定期核对，达到控制库存现金日记账、银行存款日记账的目的。

四、分类账的设置与登记

分类账按照其所记录的经济业务的粗细、详略程度，分为总分类账和明细分类账。

（一）总分类账的设置与登记

总分类账是按照总分类账户分类登记全部经济业务的账簿。在总分类账中，应按照会计科目的编码顺序分设账户，并为每个账户预留若干账页。由于总分类账能够全面、总括地反映经济活动情况，并为编制财务会计报告提供资料，因而任何单位都要设置总分类账。

总分类账一般采用借方、贷方、余额三栏式的订本账。在表 7－31 中，我们以固定资产总账说明总分类账的登记方法。

表 7－31　总分类账

账户名称：固定资产　　　　第____页

2018 年		凭证		摘要	借方	贷方	借或贷	余额
月	日	字	号					
5	1			期初余额			借	586 000 000
	5	付	9	购入设备	10 000 000			
	8	转	6	转入清理		5 000 000		
				本月合计	10 000 000	5 000 000		591 000 000

为方便查账，反映账户的对应关系，可以在摘要栏的右边加"对方科目"栏，这种格式的总分类账适用于按记账凭证逐笔登记总账的记账方式或汇总记账凭证的记账方式。其总分类账的格式如表 7－32 所示。

表 7－32 总分类账

账户名称________ 第____页

年		凭证		摘要	对方科目	借方	贷方	借或贷	余额
月	日	字	号						

根据实际需要，在总分类账中的借贷两栏内，也可以增设对方科目栏，或采用多栏式总分类账的格式。多栏式总分类账是把所有的总账科目合并设在一张账页上，这种格式的总账叫日记总账，如表 7－33 所示。日记总账应根据全部业务的会计凭证按时间顺序逐日逐笔登记。日记总账的账页较长，不便保管和分工记账，因此，通常用于会计科目较少的小型企业。

表 7－33 日记总账

第____页

年		凭证		摘 要	发生额	现金		银行存款		……	
月	日	字	号			借方	贷方	借方	贷方	借方	贷方

总分类账登记的依据和具体方法，还取决于所采用的会计核算组织程序。

（二）明细分类账的设置与登记

明细分类账是按照明细分类账户详细反映某一类经济业务，是总账的补充说明。明细分类账采用活页形式，格式上有三栏式、数量金额式、多栏式和横线登记式四种。明细分类账簿的登记应与总账平行进行，并定期与总账进行核对，保证会计账簿记录正确。

1. 三栏式明细分类账

三栏式明细分类账仅提供金额变动信息，一般适用于只需要进行金额核算而不需要进行数量核算的债券、债务结算账户，如“应收账款”“应付账款”等账户。其一般格式如表 7－34 所示。

表 7－34　明细分类账

账号	总页码
页次	

明细分类账

总账科目＿＿＿＿＿＿　　明细科目＿＿＿＿＿＿

＿年		凭证		摘要	借方									贷方									借或贷	余额									核对
月	日	字	号		百	十	万	千	百	十	元	角	分	百	十	万	千	百	十	元	角	分		百	十	万	千	百	十	元	角	分	

2. 多栏式明细分类账

多栏式明细分类账能详细反映某会计账户借方或贷方发生额的具体构成情况，提供详细资料，栏次的多少根据管理需要确定。一般适用于只记金额不记数量，且在管理上需要了解其构成内容的费用、成本科目，如“管理费用”“制造费用”“生产成本”等科目。

在只有借方没有贷方的单方多栏明细账中，贷方发生额用红字书写，表示减少；在只有贷方没有借方的单方多栏明细账中，借方发生额用红字书写，表示减少。费用明细账、损益类费用账户如“管理费用”“销售费用”一般按借方设多栏，而贷方可设一个贷方栏也可不设贷方栏；损益类收入账户，如“主营业务收入”“其他业务收入”等，可在贷方设多栏，借方设一个借方栏或不设借方栏。

多栏式明细分类账的一般格式如表 7－35 所示，表 7－36 以生产成本为例说明多栏式费用明细账的格式和登记方法。

表 7－35　多栏式明细分类账

账号	总页码
页次	

明细分类账

明细科目＿＿＿＿＿＿

＿年		凭证		摘要	（借方或贷方）								
月	日	字	号		合计	细目	细目	细目	细目	细目	细目	…	

表 7－36　生产成本明细分类账

账号	总页码
页次	

产品名称：甲产品

2018 年		凭证		摘　要	（借方或贷方）				
月	日	字	号		合计	直接材料	直接人工	制造费用	…
5	1			期初余额	255 500	180 000	20 000	25 500	
	12	转	11	领用材料	2 025 500	1 800 000			
	30	转	31	结算工资	2 145 500		120 000		
	30	转	33	结转费用	2 355 500			210 000	
	30	转	34	完工结转	[2 250 000]	[1 900 000]	[130 000]	[220 000]	
	30			期末余额	10 500	80 000	10 000	15 500	

注：表中有框的数字表示红色数字（即用红笔书写，表示减少额）

3. 数量金额式明细分类账

对具有实物形态的财产物资进行进销存明细核算时，一般运用数量金额式明细分类账。数量金额式明细分类账一般适用于既需要进行金额核算，又需要进行数量核算的科目，如“原材料”“库存商品”等，其一般格式如表 7－37 所示。

表 7－37　明细分类账

账号	总页码
页次	

明细科目＿＿＿＿＿＿

品名＿＿＿＿　类别＿＿＿＿　存放地点＿＿＿＿　规格＿＿＿＿　计量单位＿＿＿＿　编号＿＿＿＿

＿年		凭证		摘　要	借方			贷方			借或贷	余额			核对
月	日	字	号		数量	单价	金额	数量	单价	金额		数量	单价	金额	

4. 平行式明细分类账

平行式明细分类账又称横线登记式明细分类账，其特点是将前后密切相关的经济业务，在核销账目时在同一行内进行登记，以检查每笔业务的完成及变动情况。这种格式适用于“材料采购”“在途物资”和某些应收、应付款项的明细核算。其账页格式如表 7－38 所示。

表 7-38 材料采购明细账

明细账户： 第 页

年		记账凭证号数	发票账单号数	供应单位或采购人员姓名	摘要	借方（实际成本）				年		记账凭证号	收料凭证号数	摘要	贷方			
月	日					买价	运杂费	其他	合计	月	日				计划成本	成本差异	其他	合计

第七节 会计账簿的使用规则

一、账簿启用的规则

账簿是会计信息的载体，是重要的会计档案。为了确保账簿的合法、合规和完整，明确记账责任，会计人员在启用账簿时，应在账簿封面上写明单位名称和账簿名称，在账簿扉页上登记“账簿使用登记表”或“账簿启用表”的有关内容。

启用订本式账簿，对于未印制序号的账簿，应从第一页到最后一页顺序编定页数，不得跳页、缺号。使用活页式账页，应按账页顺序编号，并须定期装订成册。装订后再按实际使用的账页顺序编定页数，另加目录，记明每个账户的名称和页次。

二、账簿登记的规则

会计账簿依据审核后合格的会计凭证登记。为了严肃账簿记录，使账簿记录清晰、整洁，减少账簿登记错误，便于长期保存，登记会计账簿时必须遵守以下的基本要求：

（1）登记会计账簿时，应当将会计凭证日期、编号、业务内容摘要、金额和其他有关资料逐项记入账内；做到数字准确、摘要清楚、登记及时、字迹工整。

（2）登记完毕后，要在记账凭证上签名或者盖章，并注明已经登账的符号“√”，表示已经记账。

（3）账簿中书写的文字和数字上面要留有适当空格，不要写满格；一般占格距的1/2左右，以便发生差错时更正。

（4）登记要用蓝黑墨水或者碳素墨水书写，不得使用圆珠笔（银行的复写账簿除外）或者铅笔书写。除下列情况外，不得使用红色墨水：①按照红字冲账的记账凭证，冲销错误记录；②在不设借贷等栏的多栏式账页中，登记减少数；③在三栏式账户的余额栏前，如未印明余额方向的，在余额栏内登记负数余额；④根据国家统一会计制度规定的可以用红字登记的其他会计记录。

（5）各种账簿按页次顺序连续登记，不得跳行、隔页；如果发生跳行、隔页，应当将空行、空页划线注销，或者注明“此行空白”“此页空白”字样，并由记账人员签名或者盖章。

（6）凡需要结出余额的账户，结出余额后，应当在借或贷等栏内写明“借”或者“贷”等字样。没有余额的账户，应当在借或贷等栏内写“平”字，并在余额栏内用“0”表示。库存现金日记账和银行存款日记账必须逐日结出余额。

（7）每一账页登记完毕结转下页时，应当结出本页合计数及余额，写在本页最后一行和下页第一行有关栏内，并在摘要栏内注明“过次页”和“承前页”字样；也可以将本页合计数及金额只写在下页第一行有关栏内，并在摘要栏内注明“承前页”字样。对需要结计本月发生额的账户，结计“过次页”的本页合计数应当为自本月初起至本页末止的发生额合计数；对需要结计本年累计发生额的账户，结计“过次页”的本页合计数应当为自年初起至本页末止的累计数；对既不需要结计本月发生额也不需要结计本年累计发生额的账户，可以只将每页末的余额结转次页。

（8）账簿记录发生错误时，应按规定的更正错账方法更正，不得任意涂改。

三、错账更正的规则

账簿记录发生错误时，不得涂改、挖补、刮擦或者用药水消除字迹，不得重新抄写，必须按照正确方法进行更正。更正错账的方法主要有划线更正法、红字更正法和补充登记法三种。

（一）划线更正法

划线更正法又称红线更正法，指用划线注销原有错误记录，然后在划线上面写上正确记录的一种更正错账的方法。它主要适用于对结账前发现错账记录的更正，即记账凭证没有错误，纯属记账时文字或数字的笔误。

更正的方法是：将错误的文字或者数字划红线注销，但必须使原有字迹仍可辨认，以备查考；然后在划线上方用正常记账的蓝黑墨水笔填写正确的文字或者数字，并由记账人员在更正处盖章。另外，对于错误的数字，应当全部划红线更正，不得只更正其中错误的数字；对于文字错误，可只划去错误的部分。

【例 7－1】记账凭证没有错误，记录时将 2 600 误写成 2 800；

【分析】改错时应将整组数字 2 800 用红线划去，再在划线上方（同一行）的空白处用蓝黑墨水笔写上正确的数字 2 600，并由更正者在旁边盖章。

（二）红字更正法

红字更正法又称红字冲销，或赤字冲正法。它主要适用于过账后发现由于记账凭证错误而使账簿记录发生错误的情况。应先更正记账凭证，再根据记账凭证登记账簿。主要有以下两种情形：

（1）根据记账凭证记账后，发现记账凭证中借贷的会计科目与记账方向错误，应先用红字金额填制一张与原错误记账凭证内容完全相同的记账凭证，在“摘要”栏内注明“更正第×号凭证错误”并据以用红字登记入账，冲销原有错误的账簿记录；然后，再用蓝黑墨水笔填制一张正确的记账凭证，据以用蓝黑墨水笔登记入账。将上述两张记账凭证登记入账后，账簿记录的错误得以更正。

【例7－2】以银行存款3 000元归还前欠的购货款，在填制记账凭证时，会计科目运用错误，并据以登记入账。

已入账的错误记账凭证为：

借：应收账款　　3 000

　　贷：银行存款　　3 000

【分析】对以上错误进行更正：

①先用红字金额编制如下记账凭证，冲销原错误凭证，并据以红字登记入账：

借：应收账款　　[3 000]

　　贷：银行存款　　[3 000]

②编制正确记账凭证，并据以用蓝黑墨水笔登记入账：

借：应付账款　　3 000

　　贷：银行存款　　3 000

（2）根据记账凭证记账后，发现记账凭证有错误，并且该错误只是所记金额大于应记的正确金额，应将多记的金额用红字填制一张与原错误记账凭证所记载的账户相同、借贷方向一致的记账凭证，在“摘要”栏内注明“冲转第×号凭证多记数”，并据以登记入账，以冲销多记金额，得到正确金额。

【例7－3】从银行提取现金350元，在填制记账凭证时，误将金额填为530元，并据以登记入账。

已入账的错误记账凭证为：

借：库存现金　　530

　　贷：银行存款　　530

【分析】对以上错误进行更正，并据以登记入账：

借：库存现金　　[180]

　　贷：银行存款　　[180]

根据更正错误的记账凭证以红字金额记账后，即可把多记的金额冲销，从而把错误金额530元调整为正确金额350元。

上例中，是多记金额的错误处理，如果是少记金额的错误，理论上也可以用红字更正法，但在实务中，采用更简便的方法，即补充登记法。

（三）补充登记法

补充登记法又称蓝字补记法。它主要适用于根据记账凭证记账后，发现记账凭证中借贷的会计科目和记账方向都没有错误，记账凭证和账簿记录的金额相吻合，只是所记的金额小于应记的正确金额的情况。

更正的方法是：将少记的金额用蓝字或黑字填制一张与原错误记账凭证所记载的借贷方向、会计科目相同的记账凭证，在“摘要”栏内注明“补记第×号凭证少记数”，并据以登记入账，以补记少记的金额，得到正确金额。

【例7-4】以银行存款5 500元归还前欠的购货款，在填制记账凭证时，误将金额填为5 000元，并据以登记入账。

已入账的错误记账凭证为：

借：应付账款　　　　5 000

　贷：银行存款　　　　5 000

【分析】

发现错误后进行更正，并据以登记入账：

借：应付账款　　　　500

　贷：银行存款　　　　500

根据更正错误的记账凭证以蓝字或黑字记账后，即可把错误的记录5 000元调整为正确的金额5 500元。

四、总分类账和明细分类账平行登记的规则

总分类账与明细分类账是对同一经济业务的反映，只是详细程度不同。总分类账进行总括核算，而明细分类账提供该总分类账的详细资料；总分类账属于明细分类账的控制账，起控制作用；明细分类账是总分类账的从属或辅助账，起辅助、补充作用。例如，总账中的“原材料”总括反映生产储存的所有原料及主要材料、辅助材料、外购半成品等的增减变动情况，而其所属的“甲材料”明细账，则详细地、具体地反映原材料中甲材料的增减变动及构成。

由于总分类账与明细分类账核算的经济业务内容相同，记账的原始依据相同，因此在登记账簿时，应对总分类账簿与明细分类账簿进行平行登记，并定期将总账与所属明细账进行核对。所谓平行登记，就是对每一项经济业务，一方面要根据该业务的记账凭证登记有关的总分类账户，另一方面要根据该业务的原始凭证、记账凭证登记该总分类账户所属的各有关明细分类账户。

（一）平行登记的要点

采用平行登记规则，应注意以下要点：

1. 同期登记

对于需要提供其详细指标的每一项经济业务，应根据审核无误的记账凭证，一方面记入有关的总分类账户，另一方面要记入同期总分类账所属的有关各明细分类账户。这里所指的同期是指在同一会计期间，而并非同时。因为明细账一般根据记账凭证及其所附的原始凭证于平时登记；而总分类账因会计核算组织程序不同，可能在平时登记，也可能定期登记；但登记总分类账和明细分类账必须在同一会计期间内完成。

2. 同方向登记

登记总分类账及其所属的明细分类账的方向必须相同。这里所指的方向，一般是指相

同的记账方向，有时也可以理解为相同的变动方向。一般情况下，总分类账及其所属的明细分类账都是按借方、贷方和余额设栏目登记，此时，在总分类账及其所属的明细分类账中的记账方向是相同的；但有些明细分类账按收入、发出、结存或者其他容易理解的增减符号设栏目登记，如材料明细账有时按收入、发出和结存设数量金额式明细账，此时，明细账没有明显的借、贷方向，而需按相同的变动方向理解。

3. 同金额登记

记入总分类账户的金额必须与记入其所属的各明细分类账户的金额相等。总分类账户提供总括指标，明细分类账户提供总分类账户所记内容的具体指标，所以，记入总分类账户的金额与记入其所属的各明细分类账户金额的合计数应相等。例如，购入甲材料 5 000 元和乙材料 3 000 元验收入库，应在总账“原材料”账户借方记 8 000 元，同时分别在其所属的明细账户“甲材料”借方记 5 000 元，在“乙材料”借方记 3 000 元，甲材料的登记金额和乙材料的登记金额合计为 8 000 元。

综上，总分类账户及其所属的明细分类账户按平行登记规则进行登记，其要点可概括为：同期登记、方向一致、金额相等。

（二）总分类账与明细分类账的数量关系

根据平行登记规则进行总分类账与其所属明细分类账的记账后，总分类账与明细分类账之间就产生了一定的数量关系，这些数量关系归纳如下：

（1）总分类账有关账户本期发生额与其所属各明细分类账户本期发生额的合计数之和必然相等。以公式表示为：

$$总分类账本期借方（或贷方）发生额 = \sum 所属明细账户本期借方（或贷方）发生额$$

（2）总分类账有关账户期末余额与其所属各个明细分类账户期末余额之和必然相等。以公式表示为：

$$总分类账期末借方（或贷方）余额 = \sum 所属明细账户期末借方（或贷方）余额$$

本期期末余额就是下期期初余额，上一等式也可以表述为期初等式。

在会计核算工作中，可以利用上述关系检查账簿记录的正确性。检查时，根据总分类账与明细分类账之间的数量关系，编制明细分类账的本期发生额和余额明细表，同其相应的总分类账户本期发生额和余额相互核对，以检查总分类账与其所属明细分类账记录的正确性。明细分类账户本期发生额和余额明细表根据不同的业务内容，可以分别采用不同的格式。

五、账簿的更换与保管

实行会计电算化的单位，用计算机打印的会计账簿必须连续编号，经审核无误后装订成册，并由记账人员和会计机构负责人、会计主管人员签字或盖章。

（一）会计账簿的更换

每年年初，总账、日记账与大部分明细账都必须更换新账，少数明细账（如固定资产明细账及卡片）不必更换。对于需要更换新账簿的账户，一般将各账户的余额抄入新账各个账户第一页第一行，在旧账摘要栏加盖“结转下年”字样，新账年初第一行摘要栏加盖“上年结转”字样，不用编制记账凭证。

（二）会计账簿的保管

账簿是企业重要的会计文件，必须建立规章制度加以保管。

（1）账簿应由专人负责保管，明确账簿保管工作责任。

（2）账簿不得外借，也不得携带账簿外出，非经保管人员同意不得随意查阅。如有特殊情况需要带出的，应经过单位领导及会计主管人员批准，并由带出者负责会计账簿的安全完整。

（3）更换新账簿后，旧账簿应整理装订，并归档保管。

（4）按照规定的时间期限保管：总账、明细账和一般日记账一般保存 15 年，库存现金日记账、银行存款日记账一般保存 25 年，一些重要账簿如涉外账簿应长期保存。

归档的账簿送达会计档案室时，要填制“会计账簿归档登记表”，如表 7 – 39 所示。

表 7 – 39　会计账簿归档登记表

单位名称：　　　　　　　　　　　　年度：　　　　　　　　　　　　第　　页

账簿名称	册数	页数	经管人	保管期限	批准销毁			附注
					批准单位	批准日期	销毁日期	

档案管理：　　　　　　　　　　会计主管：　　　　　　　　　　填表人：

（三）会计账簿的销毁

账簿保管期满需销毁时，由保管部门提出销毁意见，会同财务部门共同鉴定，填制销毁清册，报单位主管或上级领导审核批准后方可销毁。销毁时，应由档案保管部门、财务部门和有关部门、领导共同监销。

第八节　对账和结账

一、对账

各单位应当定期对会计账簿记录的有关数字与库存实物、货币资金、有价证券、往来单位或者个人等进行相互核对，保证账证相符、账账相符、账实相符。对账工作每年至少进行一次。

对账就是核对账目，一般是在会计期间（月份、季度、年度）终了时，检查和核对账证、账账、账实、账表是否相符，以确保账簿记录的正确性。

对账的内容包括如下几个方面：

（1）账证核对。账证核对是指核对会计账簿记录与原始凭证和记账凭证的时间、凭证字号、内容、金额是否一致，记账方向是否相符，以保证账证相符。这种核对主要是在日常编制凭证和记账过程中进行。

（2）账账核对。账账核对是指核对不同会计账簿之间的账簿记录是否相符。主要包括：总账各账户的借方期末余额合计数与贷方期末余额合计数核对；明细账各账户的余额合计数与有关总账的余额核对；日记账的余额与总账各账户的余额核对；会计部门财产物资明细账的期末余额与保管部门和使用部门的财产物资明细账的期末余额核对。

（3）账实核对。账实核对是指核对会计账簿记录和财产物资的实有数额是否相符。主要包括：库存现金日记账账面余额与库存现金实际库存数相核对；银行存款日记账账面余额定期与银行对账单相核对；各种财产物资明细账账面余额与财产物资实存数额相核对；各种应收、应付款项明细账账面余额与有关的债券债务单位或个人相核对。账实核对一般要结合财产清查来进行。

二、结账

结账是指会计期末在本期内所发生的经济业务全部登记入账的基础上，结算出每个账户的本期发生额和期末余额，并将期末余额转入下期或转入新账。通过结账，可以反映一定时期内（月、季、半年、全年）经济业务的发生引起的资产、负债、所有者权益等增减变动情况及结果，总结生产经营情况及财务状况；结账工作是定期编制报表的前提。另外，企业因撤销、合并而办理账务交接时，也需要办理结账手续。

（一）结账的时间和内容

年度结账日为公历年度每年 12 月 31 日；半年度、季度、月度结账日分别为公历年度每半年、每季、每月的最后一天。

结账的内容如下：

（1）检查到结账日止以前所发生的全部经济业务是否已经登记入账。结账前应检查账簿记录的完整性和正确性，不能漏记、重记，也不能有错误的记账分录。

（2）编制结账分录。在有关经济业务都已登记入账的基础上，将各种收入、成本和费用等账户的余额进行结转，编制各种转账分录，结转到利润账户，再编制利润分配的分录。

（3）计算本期发生额和期末余额。计算出各账户的本期发生额和期末余额，并进行结转，最终计算出资产、负债和所有者权益类账户的本期发生额和余额。

（二）结账的方法

结账可分为月结、季结和年结三种。

1. 月结

库存现金、银行存款日记账和需要按月结计发生额的收入、费用等明细账，每月结账时，要在最后一笔经济业务记录下面通栏划单红线，结出本月发生额和期末余额，在摘要栏注明“本月合计”字样，并在下面通栏划单红线。

总账平时不用逐笔结出余额，每月结账时，在最后一笔经济业务记录下面通栏划单红线，结出本月发生额和余额，在摘要栏内注明“本月合计”字样，并在下面划单红线。

不需按月结计本期发生额的账户，如各项应收应付款明细账、各项资产物资明细账，每次记账后，都要随时结出余额，每月最后一笔余额即为月末余额。月末结账时，只需要在最后一笔经济业务事项记录之下通栏划单红线，不需要再结计一次余额。

需要结计本月发生额的账户，如果本月只发生一笔经济业务，结账时，只要在此行记录下划一单红线，表示与下月的发生额分开就可以了，不需要另结出“本月合计”数。

2. 季结

季度结账应在本季度最后一个月月结数字的红线下边一行，把本季度三个月的借、贷双方月结数汇总，并在摘要栏内注明“本季合计”字样，同样在记录之下划单红线，表示完成本季度的结账工作。

3. 年结

年度终了时，所有总账账户都应结出全年发生额和年末余额，在摘要栏内注明“本年累计”字样，在记录之下通栏划双红线，表示本年度账簿记录已经结束。

年度终了有余额的账户，还要把各账户的余额结转到下一会计年度。具体做法是：将有余额账户的余额直接计入新账的余额栏内，新账簿的第一行摘要栏注明“上年结转”字样；在年终结账的基础上，将年初借（贷）方余额抄列在全年合计数下一行的借（贷）方栏内，并在摘要栏注明“年初余额”字样，同时将年末借（贷）方余额填列到下一行的贷（借）方栏内，并在摘要栏注明“结转下年”字样；最后加计借、贷两方全年合计数，并在数字下端划双红线，表示封账，完成年结工作。其格式如表 7－40 所示。

表 7－40 总分类账

科目名称：其他应收款　　　　第＿＿页

20×9 年		凭证		摘要	借方	贷方	借或贷	余额
月	日	字	号					
1	1			上年结转			借	1 200
1	31	汇	55	1～15 日汇总	3 000	3 600	借	600
				16～31 日汇总	4 000	4 000	借	600
				本月合计	7 000	7 600	借	600
				……	……	……		
				……	……	……		
3	31	汇	39	本月合计	2 000	2 200	借	400
				第一季度合计	23 000	23 800	借	400
				……	……	……		
				……	……	……		

续上表

2018 年		凭证		摘要	借方	贷方	借或贷	余额
月	日	字	号					
12	31			本月合计	8 000	6 500	借	2 000
				本季合计	28 000	25 000	借	2 000
				本年累计	88 000	87 200	借	2 000
				年初余额	1 200			
				结转下年		2 000		
				合计	89 200	89 200		

注：……表示单红线；═══表示双红线。

本章小结

会计凭证、会计账簿是企业单位会计核算时的重要文件，是编制财务报表前的基础工作，其准确与否影响着会计信息的真实性、可靠性。

填制和审核会计凭证是会计核算的基本方法之一。会计凭证按用途和填制程序分为原始凭证和记账凭证。原始凭证是在经济业务发生时或完成时所取得和填制的。原始凭证经审核无误后方可据以编制记账凭证。记账凭证用于确定会计分录，是登记账簿的直接依据。

会计账簿是由具有专门格式而又相互联系的账页组成，以审核无误的会计凭证为依据，连续、全面、系统地记录和反映各种经济业务的簿籍。其按用途分类可分为序时账簿、分类账簿和备查账簿；按其外表形式分类，可分为订本式账簿、活页式账簿和卡片式账簿；按账页格式分类，可以分为三栏式账簿、多栏式账簿和数量金额式账簿。账簿登记必须遵守一定规则，若出现错误，应按正确的更正方法进行更正。更正方法有划线更正法、红字更正法和补充登记法。对账是会计期末必须进行的一项会计工作，主要包括账证核对、账账核对、账实核对。结账前必须保证所有经济业务均已编制记账凭证并全部登记入账。结账要按规定方法进行。

习 题

一、单项选择题

1. 记账凭证的编制依据是（　　）。
   A. 会计凭证　　B. 原始凭证　　C. 会计账簿　　D. 经济业务
2. 从银行提取现金，应该填制（　　）。
   A. 转账凭证　　B. 收款凭证　　C. 单式凭证　　D. 付款凭证

3. “限额领料单”是一种（　　）。

A. 一次凭证　B. 累计凭证　C. 单式凭证　D. 汇总凭证

4. 下列不属于会计凭证的是（　　）。

A. 发货单　B. 领料单　C. 购销合同　D. 住宿费收据

5. 原始凭证和记账凭证的相同点是（　　）。

A. 反映经济业务的内容相同　B. 编制时间相同

C. 所起作用相同　D. 经济责任的当事人相同

6. 下列业务中应编制转账凭证的是（　　）。

A. 支付购买材料价款　B. 支付材料运杂费

C. 收回出售材料款　D. 车间领用材料

7. 制造费用分配表是（　　）。

A. 外来原始凭证　B. 通用记账凭证

C. 累计凭证　D. 记账编制凭证

8. 根据账簿记录和经济业务的需要而编制的自制原始凭证是（　　）。

A. 转账凭证　B. 累计凭证

C. 限额领料单　D. 记账编制凭证

9. 下列记账凭证中，可以不附原始凭证的是（　　）。

A. 所有付款凭证　B. 所有收款凭证

C. 所有转账凭证　D. 用于结账的记账凭证

10. 下列凭证中，应在其左上方填写贷方科目的是（　　）。

A. 原始凭证　B. 付款凭证　C. 收款凭证　D. 转账凭证

11. 按照经济业务发生或者完成时间的先后顺序逐日逐笔连续登记的账簿是（　　）。

A. 明细账　B. 总账　C. 日记账　D. 备查账

12. 序时账簿可分为（　　）。

A. 三栏式、多栏式、数量金额式　B. 日记账、分类账、备查账

C. 普通日记账、特种日记账　D. 订本账、活页式、卡片式

13. 原材料所属明细账应采用的账页格式一般为（　　）。

A. 三栏式　B. 多栏式　C. 平行式　D. 数量金额式

14. 固定资产明细账的外表形式一般采用（　　）。

A. 三栏式　B. 数量金额式　C. 订本式　D. 卡片式

15. 新的会计年度开始，启用新账时，可继续使用，不必更换新账的是（　　）。

A. 总分类账　B. 银行存款日记账

C. 固定资产卡片　D. 管理费用明细账

16. 会计人员在结转前发现，在根据记账凭证登记入账时，误将 600 记成 6000 元，而记账凭证无误，应采用（　　）。

A. 补充登记法　B. 划线更正法

C. 红字更正法　D. 蓝字补记法

17. 下列账簿中，可采用卡片式账簿的是（　　）。
A. 固定资产总账　　B. 银行存款日记账
C. 固定资产明细账　　D. 日记总账

18. 企业结账的时间应为（　　）。
A. 每项交易或事项办理完毕时　　B. 每一个工作日终了时
C. 一定时期终了时　　D. 会计报表编制完成时

19. 总账和明细账之间进行平行登记的原因是两者（　　）。
A. 同时登记　　B. 格式相同
C. 反映经济业务的内容相同　　D. 提供指标详细程度相同

20. 下列项目中，（　　）是连接会计凭证和会计报表的中间环节。
A. 复式记账　　B. 设置会计科目和账户
C. 设置和登记账簿　　D. 编制会计分录

二、多项选择题

1. 企业采用收、付、转记账凭证形式下，购入材料一批，货款已支付，材料验收入库，则应编制的记账凭证有（　　）。
A. 收料单　　B. 收款凭证
C. 付款凭证　　D. 转账凭证

2. 转账凭证属于（　　）。
A. 记账凭证　　B. 复式记账凭证
C. 通用记账凭证　　D. 专用记账凭证

3. 外来原始凭证应该是（　　）。
A. 从企业外部取得的　　B. 一次凭证
C. 累计凭证　　D. 由企业会计人员填制

4. 原始凭证与记账凭证的主要区别有（　　）。
A. 作用不同　　B. 凭证要素不同
C. 填制人员不同　　D. 格式不同

5. 企业职工李某出差归来报销差旅费 3 800 元，冲销借款 4 000 元，并交回剩余现金 200 元，此项业务应填制的专用记账凭证有（　）
A. 转账凭证，金额 3 800 元　　B. 现金收款凭证，金额 200 元
C. 现金付款凭证，金额 3 800 元　　D. 转账凭证，金额 4 000 元

6. 会计账簿按用途可分为（　　）。
A. 日记账　　B. 分类账　　C. 备查账　　D. 总账

7. 可以作为银行存款日记账记账依据的有（　　）。
A. 银行存款收款凭证　　B. 银行存款付款凭证
C. 转账凭证　　D. 自制原始凭证

8. 总分类账和明细分类账平行登记的要求是（　　）。
A. 记账的依据相同　　B. 记账的方向相同
C. 记账的时期相同　　D. 登记的金额相等

9. 下列账簿中，应采用数量金额式账簿的有（　　）。
A. 应收账款明细账　　B. 原材料明细账
C. 库存商品明细账　　D. 固定资产明细账

10. 会计上允许使用的错误更正方法有（　　）。
A. 红字更正法　　B. 补充登记法
C. 划线更正法　　D. 擦除补记法

三、判断题

1. 记账凭证的编制依据只能是原始凭证。（　　）
2. 大写金额数字有分的，分字后面不写“整”或者“正”字。（　　）
3. 一次凭证是指只反映一项经济业务的凭证，如领料单。（　　）
4. 会计凭证登账后的整理、装订和归档 2 年后可销毁。（　　）
5. 在审核原始凭证时，发现有伪造、涂改或不合法的原始凭证，应退回经办人员更改后再受理。（　　）
6. 结账之前，如果发现账簿中所记文字或数字有过账笔误或计算错误，而记账凭证并没有错，可以用补充登记法。（　　）
7. 经营性租入的固定资产不能在“固定资产”分类账中登记，而应在备查账簿中登记。因此，在编制资产负债表时，“固定资产原值”项目应是“固定资产”分类账簿与备查账簿的金额之和。（　　）
8. 总分类账、现金及银行存款日记账一般都采用活页式账簿。（　　）
9. 普通日记账既可以取代记账凭证，也可以取代总分类账。（　　）

四、简答题

（一）根据下列经济业务判断应编制收款凭证、付款凭证还是转账凭证，并编制相应的记账凭证。

1. 企业购进甲材料一批 40 000 元，进项税额 6 800 元，材料已验收入库，款项用银行存款支付。
2. 周华出差借支差旅费 1 000 元，以现金支付。
3. 销售产品一批，售价 30 000 元，销项税额 5 100 元，款项已收存银行。
4. 用现金购进办公用品 150 元，其中车间使用 50 元，厂部行政管理部门用 100 元。
5. 周华出差返回，报销差旅费 870 元，余款交回现金。
6. 发出甲材料 6 000 元，其中生产 A 产品领用 2 000 元，B 产品领用 3 400 元，车间一般耗用 600 元。
7. 收回华源工厂所欠账款 12 000 元，存入银行。
8. 结转已售产品成本 26 000 元。

（二）指出下列错误并采用正确的更正方法进行更正：

1. 领用原材料 6 900 元用于生产产品，会计凭证正确，账簿中误将 6 900 元记为9 600 元。
2. 开出转账支票一张 200 元，支付管理部门零星开支，记账凭证如下：

借：管理费用　　200
　贷：现金　　200

账簿记录与会计凭证相符。

3. 开出转账支票 5 000 元，支付欠 A 公司的货款。记账凭证如下：

借：应付账款——A 公司　　50 000
　贷：银行存款　　50 000

账簿记录与会计凭证相符。

五、综合题

朝阳公司 202×年 7 月 31 日有关账户余额如下（单位：元）：

账户余额表

账户名称	7 月 31 日余额	
	借方	贷方
原材料	66 400	
——甲材料	60 000	
——乙材料	6 400	
应付账款		50 000
——A 公司		40 000
——B 公司		10 000

其中，甲材料单价为 100 元/千克，乙材料单价为 4 元/个；

202×年 8 月份发生下列经济业务：

（1）8 月 8 日，从 A 公司购入甲材料 500 千克，单价 100 元/千克；从 B 公司购入乙材料 1 000 个，单价 4 元/个；均已验收入库，货款未付。（不考虑增值税）

（2）8 月 10 日，用银行存款偿还欠款：A 公司 50 000 元，B 公司 4 000 元。

（3）8 月 18 日，生产产品领用材料如下：甲材料 300 千克，每千克 100 元，计 30 000 元；乙材料 800 个，每个 4 元，计 3 200 元。

（4）8 月 20 日，从 A 公司购入甲材料 500 千克，单价 100 元/千克；从 B 公司购入乙材料 1 000 个，单价 4 元/个；从 C 公司购入甲材料 200 千克，单价 110 元/千克；均已验收入库，其中，A、B 公司货款未付，C 公司货款用银行存款付讫。

（5）8 月 25 日，用银行存款偿还欠款：A 公司 10 000 元，B 公司 2 000 元。

要求：

1. 开设原材料、应收账款总分类账户及其所属明细分类账户，并记入期初余额；

2. 根据 202×年 8 月有关业务，编制记账凭证，并据以逐笔登记总分类账户及明细分类账户；

3. 验算总分类账户及明细分类账户，并进行月结。

习题答案

一、单项选择题

1—5：BDBCA；6—10：DDDDB；11—15：CCDDC；16—20：BCCCC

二、多项选择题

1. AC　2. ABD　3. AB　4. ABCD　5. AB
6. ABC　7. ABC　8. BCD　9. BC　10. ABC

三、判断题

1—5 ×√×××；　6—9 ××××

四、简答题

（一）1.

银行存款付款凭证

贷方科目：银行存款　　　　年　月　日

摘　要	借方科目		记　账	金　额
	一级科目	二级明细科目		
购入甲材料验收入库	原材料	甲材料		40 000
	应交税费	应交增值税		6 800
合计				46 800

会计主管：　记账：　出纳：　复核：　制单：

2.

现金付款凭证

贷方科目：库存现金　　　　年　月　日

摘　要	借方科目		记　账	金　额
	一级科目	二级明细科目		
借支差旅费	其他应收款—周华			1 000
合计				1 000

会计主管：　记账：　出纳：　复核：　制单：

3.（1）

现金收款凭证

借方科目：库存现金　　　　　　　　　　　　　　　　　　　　　　年　月　日

摘　要	贷方科目		记　账	金　额
	一级科目	二级明细科目		
销售产品	主营业务收入			30 000
	应交税费	应交增值税		5 100
合计				35 100

会计主管：　　记账：　　出纳：　　复核：　　制单：

（2）

现金付款凭证

贷方科目：库存现金　　　　　　　　　　　　　　　　　　　　　　年　月　日

摘　要	借方科目		记　账	金　额
	一级科目	二级明细科目		
现金存入银行	银行存款			35 100
合计				35 100

会计主管：　　记账：　　出纳：　　复核：　　制单：

4.

现金付款凭证

贷方科目：库存现金　　　　　　　　　　　　　　　　　　　　　　年　月　日

摘　要	借方科目		记　账	金　额
	一级科目	二级明细科目		
购买办公用品	制造费用			50
	管理费用			100
合计				150

会计主管：　　记账：　　出纳：　　复核：　　制单：

5. (1)

转账凭证

年　月　日

摘　要	一级科目	二级明细科目	记　账	借方金额	贷方金额
报销差旅费	管理费用			870	
	其他应收款	周华			870
合计				870	870

会计主管：　记账：　出纳：　复核：　制单：

(2)

现金收款凭证

借方科目：库存现金　　年　月　日

摘　要	贷方科目		记　账	金　额
	一级科目	二级明细科目		
报销差旅费收回现金	其他应收款	周华		130
合计				130

会计主管：　记账：　出纳：　复核：　制单：

6.

转账凭证

年　月　日

摘　要	一级科目	二级明细科目	记 账	借方金额	贷方金额
发出甲材料	生产成本	A 产品		2 000	
		B 产品		3 400	
	制造费用			600	
	原材料				6 000
合计				6 000	6 000

会计主管：　记账：　出纳：　复核：　制单：

7.

现金收款凭证

借方科目：库存现金　　　　　　　　　　　　　　　　年　月　日

摘　要	贷方科目		记　账	金　额
	一级科目	二级明细科目		
收回华源工厂所欠账款	应收账款	华源工厂		12 000
合计				12 000

会计主管：　　记账：　　出纳：　　复核：　　制单：

现金付款凭证

贷方科目：库存现金　　　　　　　　　　　　　　　　年　月　日

摘　要	借方科目		记　账	金　额
	一级科目	二级明细科目		
现金存入银行	银行存款			12 000
合计				12 000

会计主管：　　记账：　　出纳：　　复核：　　制单：

8.

转账凭证

年　月　日

摘　要	一级科目	二级明细科目	记　账	借方金额	贷方金额
结转已售产品成本	主营业务成本			26 000	
	库存商品				26 000
合计				26 000	26 000

会计主管：　　记账：　　出纳：　　复核：　　制单：

（二）

1. 将整组数字 9 600 用红线划去，再在划线上方（同一行）的空白处用蓝黑墨水笔写上正确的数字 6 900，并由更正者在旁边盖章。

2.

①用红字金额编制如下记账凭证，冲销原错误凭证，并据以红字登记入账：

借：管理费用　　　　200（红字）

　贷：现金　　　　　　200（红字）

②编制正确记账凭证，并据以用蓝黑墨水笔登记入账：

借：管理费用　　　　200

　贷：银行存款　　　　200

3. 对以上错误进行更正，并据以登记入账：

借：应付账款 45 000

贷：银行存款 45 000

五、综合题

根据202×年8月有关业务，编制记账凭证如下：

（1）

转账凭证

202×年8月8日

摘　要	一级科目	二级明细科目	记　账	借方金额	贷方金额
购入原材料	原材料	甲材料		50 000	
		乙材料		4 000	
	应付账款	A公司			50 000
		B公司			4 000
合计				54 000	54 000

会计主管：　　记账：　　出纳：　　复核：　　制单：

（2）

银行存款付款凭证

贷方科目：银行存款　　202×年8月10日

摘　要	借方科目		记　账	金　额
	一级科目	二级明细科目		
偿还欠款	应付账款	A公司		50 000
		B公司		4 000
合计				54 000

会计主管：　　记账：　　出纳：　　复核：　　制单：

（3）

转账凭证

202×年8月18日

摘　要	一级科目	二级或明细科目	记　账	借方金额	贷方金额
领用原材料	生产成本	①号产品		33 200	
	原材料	甲材料			30 000
		乙材料			3 200
合计				33 200	33 200

会计主管：　　记账：　　出纳：　　复核：　　制单：

（4）

转账凭证

202×年8月20日

摘　要	一级科目	二级或明细科目	记 账	借方金额	贷方金额
购入原材料	原材料	甲材料		50 000	
		乙材料		4 000	
	应付账款	A公司			50 000
		B公司			4 000
合计				54 000	54 000

会计主管：　　记账：　　出纳：　　复核：　　制单：

银行存款付款凭证

贷方科目：银行存款　　202×年8月20日

摘　要	借方科目		记　账	金　额
	一级科目	二级明细科目		
购入原材料	原材料	甲材料		22 000
合计				22 000

会计主管：　　记账：　　出纳：　　复核：　　制单：

（5）

银行存款付款凭证

贷方科目：银行存款　　202×年8月25日

摘　要	借方科目		记　账	金　额
	一级科目	二级明细科目		
偿还欠款	应付账款	A公司		10 000
		B公司		2 000
合计				12 000

会计主管：　　记账：　　出纳：　　复核：　　制单：

开设及登记原材料、应付账款总账和明细账如下：

总　账

科目名称：原材料　　　　　　　　　　第____页

202×年		凭证		摘　要	借方	贷方	借或贷	余额
月	日	字	号					
1	1			……			……	……
				……	……	……		
7	31			本月合计	……	……	借	66 400
8	8	转		购买入库	54 000			
	18	转		生产领用		33 200		
	20	转		购买入库	54 000			
	20	银		购买入库	22 000			
8	31			本月合计	130 000	33 200	借	163 200
				……	……	……		

注：……表示单红线。

原材料明细账

总第　页

分第　页

一级科目：原材料　　　　最高储备：______　　　　材料规格：

二级科目：甲材料　　　　最低储备：______　　　　计量单位：kg

202×年		凭证		摘要	借（收入）方			贷（发出）方			余额		
月	日	字	号		数量	单价	金额	数量	单价	金额	数量	单价	金额
1	1			上年结转							……	……	……
				……									
7	31			本月合计							600	100	60 000
8	8	转		购入	500	100	50 000				1 100	100	110 000
	18	转		生产领用				300	100	30 000	800	100	80 000
	20	银		购入	200	110	22 000				1 000	102	102 000
		转		购入	500	100	50 000				1 500	101. 33	152 000
8	31			本月合计	1 200		122 000	300		30 000	1 500		152 000

原材料明细账

总第　页
分第　页

一级科目：原材料　　最高储备：______　　材料规格：
二级科目：乙材料　　最低储备：______　　计量单位：个

202×年		凭证		摘要	借（收入）方			贷（发出）方			余额		
月	日	字	号		数量	单价	金额	数量	单价	金额	数量	单价	金额
1	1			上年结转							……	……	……
				……									
7	31			本月合计							1 600	4	64 000
8	8	转		购入	1 000	4	4 000				2 600	4	104 000
	18	转		生产领用				800	4	3 200	1 800	4	7 200
	20	转		购入	1 000	4	4 000				2 800	4	11 200
8	31			本月合计	2 000		8 000	800		3 200	2 800		11 200
				……									

总　账

科目名称：应付账款　　第____页

202×年		凭证		摘要	借方	贷方	借或贷	余额
月	日	字	号					
1	1			上年结转			……	……
				……				
7	31			本月合计	……	……	贷	50 000
8	8	转		购货		54 000		
	10	银付		付款	54 000			
	20	转		购货		54 000		
	25	银付		付款	12 000			
8	31			本月合计	66 000	108 000	贷	92 000
				……				

注：……表示单红线。

应付账款明细账

总账科目：应付账款　明细科目：A 公司　　第____页

202×年		凭证		摘要	借方	贷方	借或贷	余额
月	日	字	号					
1	1			上年结转			……	……
				……				
7	31			本月合计	……	……	贷	40 000
8	8	转		购货		50 000	贷	90 000
	10	银付		付款	50 000		贷	40 000
	20	转		购货		50 000	贷	90 000
	25	银付		付款	10 000		贷	80 000
8	31			本月合计	66 000	108 000	贷	80 000
				……				

注：------表示单红线。

应付账款明细账

总账科目：应付账款　明细科目：B 公司　　第____页

202×年		凭证		摘要	借方	贷方	借或贷	余额
月	日	字	号					
1	1			上年结转			……	……
				……				
7	31			本月合计	……	……	贷	10 000
8	8	转		购货		4 000	贷	14 000
	10	银付		付款	4 000		贷	10 000
	20	转		购货		4 000	贷	14 000
	25	银付		付款	2 000		贷	12 000
8	31			本月合计	6 000	8 000	贷	12 000
				……				

注：------表示单红线。

第八章 财产清查

【学习目标及内容概述】

财产清查是会计核算的基本方法之一。通过学习本章，了解财产清查的概念、意义与分类；了解财产物资的盘存制度以及财产清查的方法；掌握财产清查结果的账务处理。

【教学案例导入】

朝阳公司的副总吴某，将在用的机器设备借给亲属使用，但未办理任何手续。年底清查人员盘点时发现盘亏了一台设备，原值为500 000元，已经计提折旧100 000元，净值为400 000元。经过调查得知是吴副经理所为。于是派人向其亲属索要，但借方称该设备已经被偷走。当问及吴副总经理对此的处理意见时，他建议按照正常报废处理。

思考：

1. 盘亏的设备按照正常报废处理是否符合规定？
2. 企业应该怎样正确处理盘亏的固定资产呢？
3. 为什么事隔这么久才被发现？企业管理上存在哪些问题？应如何防范？

第一节 财产清查概述

一、财产清查的概念

财产清查是指通过实地盘点、核对、查询等手段，确定各项财产物资、货币资金和债权债务的实际结存数，并与账面结存数核对，以查明账实是否相符的一种会计核算专门方法。

企业发生各项经济业务以后，一方面各项资产实物或其权利发生增减变动，产生实际结存数；另一方面，企业会计部门依据业务发生增减变动后的原始凭证编制记账凭证，并登记账簿，计算出各项资产的账面结存数。为了保证账簿记录的正确性，为信息使用者提供可靠的财务报告信息，必须对资产进行定期或不定期的清查，即财产清查。

二、造成账实不符的原因

根据我国《会计法》的要求，每个单位发生的经济业务，都需要通过填制和审核会计凭证、登记账簿、试算平衡和对账等一系列严格的会计核算程序和方法，保证账证相符和账账相符。因此，从理论上来说，会计账簿上记录的资产增减和结存情况，应该与实际的财产收发和结存情况相符。大部分情况下，企业只要制定了完善的内部控制制度并严格执行，就能做到账实相符。但是，内部控制并不能为企业财产物资的安全完整和会计信息的真实可靠提供绝对保证。企业为了编制财务报告，保证账实相符而进行的财产清查，既是内部控制的重要手段，也是对财产物资的内部控制运行情况进行检查监督的重要措施，在一定程度上能够及时发现和防止内部控制失效，保护财产物资的安全完整。

造成账实不符的原因有很多，既有记账过程中的差错，也有财产物资保管过程中的失误；既有主观原因，也有客观因素。概括来说有：①财产物资在运输、保管和收发过程中发生的自然损耗、销蚀、升重等现象；②在财产物资收发过程中，由于计量、计算、检验不准确而发生品种、数量或质量上的差错；③在财产物资增减变动时，没有及时填制凭证、登记账簿，或者在填制凭证和登记账簿时发生了计算上或登记上的错误；④由于管理不善或工作人员失职造成的差错；⑤由于不法分子贪污失职、营私舞弊等造成的财产物资的损失；⑥自然灾害或非常事件造成的财产物资的损失；⑦未达账项引起的账账不符、账实不符等。

为了掌握各项财产的真实情况，保证会计资料的真实可靠，需要在填制与审核凭证、登记账簿的基础上，对各项财产物资进行盘点和核对。只有经过财产清查，进行适当的账务处理，确保账实相符后，才能根据账簿资料编制会计报表。

三、财产清查的意义

财产清查作为会计核算的一种专门方法，在保证会计账簿记录的真实性、完整性和准确性，确保企业资产的完整无损，维护财经纪律，改善经营管理，提高管理水平，加速资金周转等方面都有积极作用。财产清查的意义主要表现在以下四个方面。

（一）保证会计资料的真实可靠

通过财产清查，可以查明各项财产的实存数，确定实存数与账存数是否相符，以及查清发生盘盈、盘亏的原因和责任，以便及时调整账面记录，做到账实相符，保证会计资料的真实性，并为编制财务报表奠定基础，为经济管理提供可靠的数据资料。

（二）保证财产的安全完整

财产清查也是对各种财产物资进行的会计监督活动。通过财产清查，可以查明企业的财产、商品、物资是否完整，有无因管理不善，造成霉烂、变质、损失、浪费，或者被非法挪用、贪污盗窃的情况，以便采取有效措施，改善管理，切实保证财产的安全完整。

（三）促进财产物资的有效使用

通过财产清查，可以查明各项财产物资的库存和使用情况，查明各种财产的收发与保管等手续制度的执行情况，以便充分挖掘财产物资的潜力，发挥各种财产物资的使用效能，加速资金周转，改善企业经营管理。

（四）保证财经纪律和结算制度的贯彻执行

通过对财产、物资、货币资金及往来账款的清查，可以查明各项往来款项的结算是否符合国家财经纪律和财政、信贷、结算制度的规定，以便及时清理债权、债务，避免和减少坏账损失。也可以查明各项业务活动是否符合党和国家的方针政策，从而促使经办人员更加自觉地遵纪守法，自觉维护和遵守财经纪律。

四、财产清查的种类

财产清查可以按不同的标准进行分类。

（一）按清查的对象和范围分类

按清查对象和范围的不同，财产清查可分为全面清查和局部清查。

1. 全面清查

全面清查是指对本单位所有的财产进行全面的盘点与核对，具体包括库存现金、银行存款、原材料、库存商品、在途物资、固定资产、往来款项等。

由于全面清查范围广、时间长、工作量大、参加的人员多，有时还会影响企业生产经营的正常进行，所以一般在以下几种情况才需要进行全面清查：①编制年度财务报告之前，为保证会计信息的真实、完整、准确，需要进行全面清查，做到账实相符；②单位关闭、停业、合并、转让或改变隶属关系前要进行一次全面清查，明确经济责任；③中外合资、国内合资前，企业股份制改制前需要全面清查；④开展全面的资产评估、清产核资（清查财产、核对资金）前要全面清查，以摸清家底，准确核定资金，保证生产的正常资金需要；⑤单位主要负责人调离工作岗位前，需要进行全面清查。

2. 局部清查

局部清查，是指根据管理的需要或依据有关规定，只对部分财产和债权债务进行盘点和核对的清查方法。

特点是：相对于全面清查而言，局部清查的范围较小，需要投入的人力比较少，花费的时间也较短。但清查结果不能反映会计主体整体的情况。

对象：局部清查的对象主要是流动性较大的材料物资和货币资金，也包括依特写目的而清查的特定财产、货币资金和债权债务。如在会计年度内对材料、在产品、产成品等进行的日常盘点或重点抽查，货币资金的日常清点和核对，债权债务的清点和查实等，因特定原因而对特写财产、债权债务和货币资金的清查，是为了特定目的而进行的，如为了查实会计主体的固定资产而进行的固定资产清查，因有关财产管理人员的变动而对其负责的财产进行的清查和核实，以及因意外事故而对相关财产物资和债权债务进行的清查等。

（二）按清查的时间分类

按清查的时间不同，财产清查可以分为定期清查和不定期清查。

1. 定期清查

定期清查指根据管理制度的规定或预先计划安排的时间对财产进行的清查。一般是在年末、季末、月末结账时进行的清查。定期清查可以是全面清查，如年终决算前的清查；也可以是局部清查，如月末结账前对现金、银行存款以及一些贵重物资的清查。

2. 不定期清查

不定期清查指事前未规定清查时间，而是根据某种特殊需要进行的临时性清查。不定期清查一般在以下情况进行：①更换资产管理人员，进行岗位交接时，对有关人员所保管的财产进行清查，以分清经济责任；②发生非常灾害和意外损失时，对受灾损失的有关财产进行清查，以查明损失情况；③上级主管、财政和银行等部门要对本单位进行审计时，按审计要求和范围进行清查，以验证会计资料的准确性；④进行临时性的清产核资工作时，要对本单位的财产进行清查，以摸清家底。不定期清查可以是全面清查，也可以是局部清查，具体应按实际需要而定。

（三）按清查的执行单位不同分类

按清查的执行单位不同，财产清查可分为内部清查和外部清查。

1. 内部清查

内部清查是指根据企业的内部控制要求或管理需要由企业内部人员对企业财产所进行的清查，也称为“自查”。

2. 外部清查

外部清查是指由上级主管部门、审计机关、司法部门、注册会计师根据国家有关规定或情况需要对企事业单位进行的财产清查。

第二节　财产物资的盘存制度

财产清查的重要环节是盘点财产物资的实存数量。为使财产清查工作顺利进行，企业应建立科学而适用的财产物资盘存制度。在实际工作中，财产物资的盘存制度有永续盘存制和实地盘存制两种。

一、永续盘存制

永续盘存制也称“账面盘存制”，是指对企业各项财产物资的增减变化，都必须根据原始凭证，在有关的账簿中逐笔地进行连续登记，并随时结出账面结存数额。

永续盘存制是对库存财产物资的日常记录，既登记收入数，又登记发出数，通过结账，能随时反映账面结存数的一种库存财产物资核算方法。其计算公式如下：

账面期末余额 = 账面期初额 + 本期增加额 − 本期减少额

【例 8－1】朝阳公司对存货采用永续盘存制，202×年 1 月甲材料期初库存和本期入库情况如表 8－1 所示。

表 8－1 202×年 1 月甲材料期初库存和本期入库情况

1 月 1 日	期初库存	80 件	单价	5 元	金额	400 元
1 月 5 日	购进	100 件	单价	6 元	金额	600 元
1 月 10 日	发出	150 件	单价	5 元	金额	750 元
1 月 15 日	购进	200 件	单价	6 元	金额	1 200 元
1 月 21 日	购进	100 件	单价	5 元	金额	500 元
1 月 28 日	发出	230 件	单价	6 元	金额	1 380 元

朝阳公司根据上述收发记录登记原材料明细账如表 8－2 所示。

表 8－2 原材料明细分类账

数量单位：件

二级明细：甲材料

金额单位：元

202×		凭证号数	摘 要	收入			发出			结存		
月	日			数量	单价	金额	数量	单价	金额	数量	单价	金额
1	1		期初库存							80	5	400
	5	8	购进	100	6	600				180	5. 56	1 000
	10	9	发出				150	5	750	30	8. 33	250
	15	26	购进	200	6	1 200				230	6. 3	1 450
	21	44	购进	100	5	500				330	5. 91	1 950
	28	53	发出				230	6	1 380	100	5. 7	570
	31		本月合计	400		2 300	380		2 130	100		570

注：期末存货结存数量＝80＋400－380＝100（件），期末存货结存金额＝400＋2 300－2 130＝570（元）

在采用永续盘存制的情况下，一般在期末，如月末、季末或年末对存货进行实地盘点，编制盘存报告，列示实际盘存数量，与账面结存数量进行核对。若出现不一致，应查明原因后进行调整，调整后账实应该一致。

永续盘存制的优点是：加强了库存财产物资的管理，在明细分类账中随时反映每种财产物资的收入、发出和结存情况，并能够从数量和金额两方面进行控制；由于各种财产物资明细账的结存数量可以和实地盘点数相核对，因而当发生库存溢余或短缺时，有利于查明原因、明确责任、及时纠正；此外，财产物资明细账上的结存数量，可以随时与预定的库存最高储备量和最低储备量进行比较，以判断有无超额储备或储备不足的情况，以便及时组织存货购销或处理，节约资金使用，加速资金周转。

永续盘存制的缺点是：库存财产物资明细分类核算的工作量较大，表现在明细账设置种类多、登记工作量大、计算和结转销售成本工作量大等几方面。

采用永续盘存制，尽管能在账簿中及时反映财产物资收、发、存情况，但仍可能存在账实不符的情况，因而也必须定期或不定期地对财产物资进行实地盘点，以查明账实是否相符。如果出现账实不符的情况，则要及时查明原因，进行处理。

二、实地盘存制

实地盘存制，又称定期盘存制，是指在日常会计核算中，在账簿上只登记财产物资的增加，不登记其减少，期末根据实地盘点数倒挤本期减少数的一种方法。实地盘存制用于商品流通企业，又称“以存计耗制”或“盘存计耗制”。

采用实地盘存制，平时存货账上只登记增加数，不记减少数，期末根据实地盘点确定的结存数再倒挤出存货减少成本，并据以记账。实地盘存制的程序通常如下：

（1）确定期末存货数量。每期期末对存货进行实地盘点，确定存货的实际结存数量。

（2）计算期末存货成本。存货的结存成本等于结存数量乘以其单位成本。

（3）计算本期发出存货的数量和成本。其计算公式如下：

本期减少额 = 账面期初余额 + 本期增加数 - 期末实际盘存数

【例 8-2】若朝阳公司对存货采用实地盘存制，202×年 1 月甲材料期初库存和本期入库情况见例 8-1 和表 8-3，本期发出数量未知。期末该材料经盘点确定的数量为 100 件。则甲材料 1 月份发出数量是多少？

表 8-3　原材料明细分类账

数量单位：件

二级明细：甲材料　　　　金额单位：元

202×		摘要	收入			发出			结存		
月	日		数量	单价	金额	数量	单价	金额	数量	单价	金额
1	1	期初库存							80	5	400
	5	购进	100	6	600				180	5.56	1 000
	15	购进	200	6	1 200				380	5.79	2 200
	21	购进	100	5	500				480	5.63	2 700
	31	发出									
	31	本月合计	400	5.75	2 300						

甲材料本期发出数量 = 80 + (100 + 200 + 100) - 100 = 380（件）。

【例 8-3】承例 8-2，假设朝阳公司期末根据期初结存和本期购入存货的平均单位成本作为期末存货的单位成本，则本期发出存货的成本是多少？

平均单位成本 = (400 + 2 300)/(80 + 400) ≈ 5.63（元）

期末结存存货成本 = 100 × 5.63 = 563（元）

本期发出存货成本 = 400 + 2 300 - 563 = 2 137（元）

将上述计算金额登记入账如表 8-4 所示。

表 8-4a 相关存货成本信息

202×		摘要	收入			发出			结存		
月	日		数量	单价	金额	数量	单价	金额	数量	单价	金额
1	1	期初库存							80	5	400
	5	购进	100	6	600				180	5.56	1000
	15	购进	200	6	1200				380	5.79	2200
	21	购进	100	5	500				480	5.63	2700
	31	发出				380	5.62	2137	100	5.63	563
	31	本月合计	400		2300	380		2137	100		563

表 8-4b 原材料明细分类账

数量单位：件

二级明细：甲材料

金额单位：元

202×		摘要	收入			发出			结存		
月	日		数量	单价	金额	数量	单价	金额	数量	单价	金额
1	1	期初库存							80	5	400
	5	购进	100	6	600				180	5.56	1 000
	15	购进	200	6	1 200				380	5.79	2 200
	21	购进	100	5	500				480	5.63	2 700
	31	发出				380	5.62	2 137	100	5.63	563
	31	本月合计	400		2 300	380		2 137	100		563

实地盘存制的优点是日常核算仅登记入库数和结存数，核算工作比较简单，工作量较小。其缺点主要表现为：不能随时反映库存财产物资的账面结存数和金额，不利于对财产物资库存的管理和控制；由于以存计销或以存计耗，倒挤销售成本或耗用成本，影响了成本的明晰性和正确性；只能定期结转销售或耗用成本，即只有通过实地盘点才能计算销售或耗用成本，不能适应账务处理上随时结转的需要；实地盘存制不利于保护财产物资的安全，对于一些财产物资的短少和损失不利于查明原因，明确责任。因此，实地盘存制是一种不太完善的财产物资盘存管理办法，一般只适用于品种杂、单位价值低和交易频繁的商品以及数量不稳定、损耗大且难以控制的鲜活商品等。

永续盘存制相比于实地盘存制，在控制和保护财产物资安全方面有明显的优越性。所以在实际工作中，多数企业都采用永续盘存制。我国现行会计制度要求企业尤其是重要存货采用永续盘存制进行核算。

第三节　财产清查的方法与应用

一、财产清查的工作程序

财产清查是一项涉及面广、工作量大、细致而又复杂的工作。为了保证财产清查的工作质量，必须有计划、有组织地进行。不同的财产清查，其程序也不尽相同。但就其一般程序而言，主要包括以下几个步骤。

（一）清查前的准备工作

为了保证清查工作的有效进行，必须在清查前做好准备工作，包括组织上的准备工作和业务上的准备工作。

为了清查工作有序地进行，需要在清查前成立专门的领导小组，一般在总经理或其他主管资产管理的负责人的领导下，成立由财务部门、各资产管理部门（如仓库、设备管理部等）、各资产使用部门（如生产车间、行政管理部门等）等有关部门组成的财产清查领导小组。其主要任务是：①制定清查工作计划，明确清查范围，安排清查工作的详细步骤，确定财产清查人员；②在执行阶段，检查和督促清查工作，及时解决清查工作中出现的问题，协调清查过程中各部门的工作安排；③清查工作结束后，撰写清查工作总结报告，并提出对清查结果的处理意见，提交公司管理层审批。

清查工作量比较大，涉及企业各个部门和相关人员，为了高效完成清查工作，减少财产清查对企业生产经济活动的影响，清查前应做好业务方面的准备工作。各涉及部门需要做好以下几个方面的准备工作：①会计部门要将清查截止日之前所发生的全部经济业务登记入账，做到账账相符、账证相符，保证会计数据的准确性，为财产清查提供可靠的依据；②财产物资的保管部门要在清查前将各项财产物资的增减变动办好凭证手续，全部登记入账，结出各账户余额，并与会计部门有关财产物资账簿数据进行核对；同时对所包含的物资要摆放整齐，登记物资卡或标签，标明品种、规格及结存数量，以便进行实物盘点；③财产清查人员还要准备有关的计量器具，以及各种必要的凭证、表格等；对于不易于进行盘点的财产物资，应借助于特定的设备或是聘请专家进行盘点。

（二）清查实施阶段的工作

在各项工作准备就绪后，清查人员应根据计划安排，有序实施清查工作。不同的财产物资有不同的清查方法，清查人员应结合清查对象的特点采取不同的清查方法。清查结束后，应针对不同财产物资编制清查盘点表，列明实存数和账面结存数，检查账实是否相符，对不一致的情况应列明差异金额和原因。同时记录盘点过程的盘点表应由盘点人员、保管人员以及相关部门负责人签章，以便明确责任。

（三）清查后的分析处理工作

清查工作结束后，应根据清查过程中发现的问题和盘点结果编制财产清查报告，对清查工作做出总结。报告中应分析盘盈、盘亏的原因和性质，并提出相应的处理意见，报公司管理层审批。经审批后根据批准结果，做出相应的账务处理，调整账簿记录，做到账实一致。同时，总结出企业财产物资管理内部控制制度涉及的问题或执行过程中的问题，进行修改和完善。

二、财产清查的方法

（一）清查物资实存数

对于各项财产物资实存数量的清查，一般采用实地盘点法或技术推算法等。

1. 实地盘点法

这种方法是通过逐一清点或用计算器具来确定财务的实存数量，其适用范围较广，大多数财产物资的清查都可以采用，如逐台清点有多少台机器，用秤计量库存有多少千克材料等。

2. 技术推算法

这种方法是通过技术推算确定实存数量的一种方法。对有些价值低、数量大的材料物资，如露天堆放、体积大、数量多的矿产品，建筑用砂石等，不便于逐一过磅、点数的，可以在抽样盘点的基础上，进行技术推算，从而确定其实存数量。

3. 查询法

这种方法是指根据账簿记录，采用当面查询或函证方式查对，以确定财产物资的实存数的一种方法。它主要适用于委托加工、出租出借以及债权债务项目的清查。

4. 账单核对法

这种方法是指将本单位的账簿记录或单证与对方的账、证进行核对并据以确定资产实存数的一种方法。它主要适用于有价证券、银行存款和应收应付项目的清查。

（二）清查财产物资金额

在清查对象的实存数量确定后，就要进一步确定其金额。有些财产物资，难以确认其实存数量，可以直接确定其金额。对于各项财产物资实存金额的清查，一般采用账面价值法、评估确认法、协商议价法和函证核对法等。

1. 账面价值法

这是一种根据财产物资的账面价值来确定实存金额的方法，即根据财产物资的实存数量乘上账面单位价值，由此计算出该财产物资的实存金额。

2. 评估确认法

这是一种根据资产评估的价值确定财产实存金额的方法。它是根据资产的特点，由专门的评估机构依据资产评估方法对有关财产物资进行评估，以评估确认的价值作为财产物资实存金额。这种方法适用于企业改组、隶属关系改变、对外联营、单位撤销、清产核资等情况。

3. 协商议价法

这是一种根据涉及资产利益的有关各方，按照互惠互利原则，参考目前市场价格，协商确定财产物资的实存金额的方法。这种方法根据协商议价作为财产物资投资的价值，适用于企业联营投资或以资产对外投资时采用。

4. 函证核对法

这是一种通过函件与经济往来单位核对账目，清查财产物资、货币资金、债权债务数量及其价值的方法。这种方法根据函证核对结果进行分析，来确定有关财产物资、货币资金、债权债务的实存数量和价值。它适用于债权债务、出租出借的财产物资以及外埠存款的查询核实。

三、财产清查方法的具体应用

（一）货币资金的清查

1. 库存现金的清查

库存现金的清查主要采用实地盘点法。通过对库存现金的实地盘点数与库存现金日记账余额进行核对，就能查明库存现金账实是否相符。

由专门的财产清查人员进行库存现金清查时，出纳人员必须在场，并由出纳人员经手盘点，清查人员从旁监督。同时，清查人员还要认真审核库存现金收付凭证和有关账簿，检查库存现金收付业务的合理、合法性，账簿资料是否完整、齐全，有无遗漏、多记、计算错误等情况。除此之外，清查人员还应检查库存现金限额的遵守情况，有无“白条”抵库，挪用库存现金情况等。

库存现金的清查，既要检查账证是否客观、真实，是否符合有关规定，又要检查账实是否相符。清查结束后，应填制“库存现金盘点报告表”，由盘点人员、出纳人员及有关负责人签名盖章，并据以编制记账凭证，调整账簿记录。库存现金盘点报告表的一般格式如表8－5所示。

表8－5　库存现金盘点报告表

单位名称：　　　　　　　　　　年　月　日　　　　　　　　　　单位：元

实存金额	账存金额	对比结果		原因
		盘盈	盘亏	

负责人签章：　　　　　　　　盘点人签章：　　　　　　　　出纳员签章：

2. 银行存款的清查

银行存款的清查采用的是银行存款日记账与开户银行核对账目的方法。银行存款是企业存在银行的款项，由银行监督其使用并负责保管。企业在银行的存款实有数是通过银行对账单来反映的。企业的银行存款日记账与开户银行转来的对账单至少每月核对一次，逐日、逐笔地核对，如果两者金额和笔数相符，则说明无错误。若两者金额不一致，则其原因主要有两个：一是双方或一方记账错误。对于这种情况应及时查明原因，并予以更正。二是存在未达账项。所谓未达账项是指企业与银行之间，由于凭证传递上的时间差而造成的一方已经登记入账而另一方尚未登记入账的款项。未达账项具体分为以下四种情况：

（1）企业已收款入账，银行尚未收款入账。如企业收到外单位的转账支票，送存银行，对账前银行尚未入账的款项。

（2）企业已付款入账，银行尚未付款入账。如企业开出转账支票后企业记银行存款减少，而持票人尚未到银行办理转账手续，银行尚未记减少。

（3）银行已收款入账，企业尚未收款入账。如企业委托银行收到的货款，银行已登记入账，企业尚未收到银行的收账通知而未入账的款项。

（4）银行已付款入账，企业尚未付款入账。如银行代企业支付的电话费、水电费等，银行已登记入账，企业尚未收到付款凭证而未记账的款项。

上述任何一种未达账项的发生，都会造成企业银行存款账面余额与银行转来的对账单余额不一致。在核对双方账目时，对于双方账目上都有的记录，应做好标记，核对后存在的未达账项通过编制“银行存款余额调节表”调整双方余额。“银行存款余额调节表”的编制方法是：在企业银行存款日记账余额和银行对账单余额的基础上，分别加减未达账项进行调节。调节的方式有两种，即补记式和冲销式。

（1）补记式。即双方在原有账面余额的基础上，各自补记对方已入账而本单位尚未入账的款项（包括增加款项和减少款项），然后检查经过调节后的账面余额是否相等。其公式如下：

企业银行存款日记账余额 + 银行已收企业未收款项 − 银行已付企业未付款项 = 银行对账单余额 + 企业已收银行未收款项 − 企业已付银行未付款项 = 调节后的余额

（2）冲销式。即双方在原有账面余额基础上，各自将本单位已入账而对方尚未入账的款项（包括增加的款项和减少的款项）从本单位原有账面余额中冲销，然后检查经过调节后的账面余额是否相等。其公式如下：

企业银行存款日记账余额 + 企业已付银行未付款项 − 企业已收银行未收款项 = 银行对账单余额 + 银行已付企业未付款项 − 银行已收企业未收款项 = 调节后余额

由上可知，不论采用哪种方式，调节后，如没有记账错误，双方余额应是相等的；如果不等，则表明还有记账差错，应查明原因并予以更正。补记式调节后的余额就是企业银行存款的实有数。

【例 8 − 4】朝阳公司 202 × 年 1 月 31 日的银行存款日记账的账面余额为 192 000 元，收到银行转来的对账单的余额为 186 500 元，经逐笔核对，发现以下未达账项：

①企业将收到销售货款的转账支票 4 200 元送存银行，企业已记银行存款增加，但银行尚未记账；

②企业已开出转账支票 2 800 元且已记银行存款减少，但持票人尚未到银行办理转账，银行尚未入账；

③银行代企业收到销货款 5 700 元，银行已收妥入账，企业尚未收到收款通知，所以尚未记账；

④银行代企业支付的电费 9 800 元，银行已记账，企业尚未收到银行的付款通知，所以尚未记账。

根据上述资料，采用补记式和冲销式分别编制银行存款余额调节表。其格式如表 8 − 6 和表 8 − 7 所示。

表 8-6 银行存款余额调节表（补记式）

单位名称：朝阳公司　　202×年1月31日　　单位：元

项　目	金额	项　目	金额
企业银行存款日记账余额	192 000	银行对账单余额	186 500
加：银行已收，企业未收款项	5 700	加：企业已收，银行未收款项	4 200
减：银行已付，企业未付款项	9 800	减：企业已付，银行未付款项	2 800
调节后的存款余额	187 900	调节后的存款余额	187 900

表 8-7 银行存款余额调节表（冲销式）

单位名称：朝阳公司　　202×年1月31日　　单位：元

项　目	金额	项　目	金额
企业银行存款日记账余额	192 000	银行对账单余额	186 500
加：企业已付，银行未付款项	2 800	加：银行已付，企业未付款项	9 800
减：企业已收，银行未收款项	4 200	减：银行已收，企业未收款项	5 700
调节后的存款余额	190 600	调节后的存款余额	190 600

需要指出的是，未达账项不是错账、漏账，编制银行存款余额调节表的目的只是检查账簿记录的正确性，企业在调节表上调整未达账项不是记账，更不能作为调整银行存款账面余额的原始凭证或依据。企业待以后收到有关原始凭证后，再进行账务处理，但对长期悬置的未达账项，应查明原因，及时处理。

上述银行存款的清查方法也适用于其他货币资金、银行借款的清查。

（二）实物清查

实物资产的清查主要包括对各种存货、固定资产等财产物资的清查，目的是为了核实实物资产价值和账实相符情况。通过清查，查明是否存在账外资产、盘亏资产，资产实物与资产明细账记载的数量、金额是否一致，账账、账表、账卡是否相符。实物资产清查中，为了明确经济责任，在财产清查时，实物保管人员必须在场，清查结束时，应如实编制“盘存单”及“实存账存对比表”，并由实物保管人员在相关的会计凭证上签名盖章。实物保管人员要对发生的盘盈和盘亏情况进行分析，做出处理。

“盘存单”（表 8-8）是实物财产盘点结果的书面证明，也是反映实物财产实有数量的原始凭证。财产清查人员应将清查的数量及质量情况如实登记在“盘存单”上。其中，“盘存单”的“数量”栏，应按清查结果如实填写；“单价”栏一般按有关明细账记录的单价填写，如系账外财产物资，单价可按市价填写，如果该项财产物资是残旧物品或已变质、毁损，则应按质论价，确定单价；“金额”栏根据数量和单价计算填列；“备注”栏内应注明储备不足或超储积压、呆滞、不配套以及质量等方面的情况。财产清查结束后，应由盘点人员和保管人员签章。

表 8－8 盘存单

单位名称： 财产类别： 盘点时间： 存放地点： 编号：

序 号	名 称	规格型号	计量单位	数 量	单 价	金 额	备 注

盘点人： 保管人：

“实存账存对比表”（表 8－9）是根据“盘存单”和有关账簿的记录资料编制的原始凭证，其所反映的实存账存之间的差异，是调整账簿记录的依据，也是分析差异原因、明确经济责任的依据。

表 8－9 实存账存对比表

单位名称： 年 月 日 编号：

序号	名称	规格型号	计量单位	实存		账存		实存与账存对比				备注
								盘盈		盘亏		
				数量	金额	数量	金额	数量	金额	数量	金额	
	金额合计											

盘点人： 会计：

1. 存货的清查

存货的清查是指对库存商品、原材料、在产品、产成品、低值易耗品、包装物等的清查。对存货进行清查，一般采用实地盘点法和技术推算法。需要注意的是，从范围上讲，存货还应包括在途存货和委托其他企业加工、委托代销和委托保管的物资存货，对此不可忽视。首先，要由清查人员协同存货保管人员在现场对存货采用相应的清查方法进行盘点，确定其实有数量，并同时检查其质量情况；其次，对盘点的结果如实登记在“盘存表”上，并由盘点人员和实物保管人员签字，以明确经济责任；最后，根据“盘存表”填制“实存账存对比表”。

2. 固定资产的清查

固定资产的清查同存货的清查一样，一般采用实地盘点法。进行固定资产盘点时，其保管责任人员必须在场。对于大型的、复杂的固定资产盘点，其价值评估和金额的确定往往需要聘请有关专家协助工作。对各项固定资产盘点的结果，应逐一如实地登记在“盘存单”上，并由参加盘点的有关人员和保管人员同时签章生效。盘点完毕，将“盘存单”中所记录的实存数和账存数余额进行对比，发现某些固定资产账实不符时，填列“实存账存对比表”，以确定固定资产盘亏或盘盈的数额。

（三）往来款项清查

往来款项是指各种债权债务结算款项，主要包括各种应收款项、应付款项和预收预付款项等。往来款项的清查一般是采用查询核实法进行核对，即通过信函、电函或面询等方式，同对方单位核对账目。

在核对前，清查单位应将本单位的应收款项账目核对清楚，确认无误后，按每一经济往来单位编制“往来款项对账单”送至对方单位，请对方核对。对账单一式两联，一联由对方单位留存，另一联作为回单。对方单位如核对相符，应在回单上注明“核对相符”字样，盖上公章退回；如果数额不符，对方应在回单联上注明情况，或另抄对账单退回清查单位，进一步查明原因，再行核对，直到相符为止。往来款项对账单的一般格式如表8－10所示。

表8－10　往来款项对账单

往来款项对账单（询证函）

××单位：

你单位××年×月×日从我公司购××产品一批，已付款××元，尚有×××元货款未付，请核对后将回单寄回。

清查单位：（盖章）

××年×月×日

沿此虚线裁开，将以下回单寄回！

往来款项对账单（回联单）

××清查单位：

你单位寄不定期的“往来款项对账单”已收到，经核对相符无误。

单位：（盖章）

××年×月×日

对应收账款的清查结果，应编制“应收款项清查表”，其格式如表8－11所示。

表8－11　应收款项清查表

总账科目：　　　　年　　月　　日　　　　单位：元

明细科目	账面结存金额	对方核对金额	大于对方金额	小于对方金额	差异原因分析				备注
					未达账项	有争议账项	拒付账项	坏账	

清查人员签章：　　　　　　　　记账人员签章：

在清查过程中，如果发现未达账项，清查单位也应编制未达账项调节表予以调节，以验证往来款项是否相符，待有关原始凭证到达后再登记入账；对于坏账，应作坏账损失处理；对于有争议账项及拒付账项应及时协调解决。

第四节 财产清查结果的处理

一、财产清查结果的处理程序和步骤

财产清查的过程，就是账存数与实存数相互核对的过程。财产清查的结果可能出现下列情形：①账存数与实存数一致，表明账实相符，暂不必进行账务处理；②账存数和实存数不相一致。当实存数大于账存数时，即为盘盈；当实存数小于账存数时，即为盘亏。③实存数与账存数虽然一致，但实存的财产不能按正常财产物资使用，即毁损变质。不论是盘盈还是盘亏、毁损，都要进行相应的账务处理。

对财产清查的结果，应当按照国家的有关财务制度的规定严肃认真地进行处理。其财产清查中发生的盘盈、盘亏和毁损等问题，处理的程序和步骤如下。

（一）财产清查的处理程序

1. 分析账实不符的原因，按规定进行处理

对于在财产清查中发现的账账之间、账实之间的不符情况，应明确性质，查明原因，明确经济责任，提出处理意见，按有关法规规定报经批准，按规定的程序进行处理。对于定额内的损耗，多属自然原因，非人为因素所致，一般可根据会计制度的规定进行处理。对于超定额损耗，应详细分析产生原因并进行处理，其中属于保管人员和出纳人员造成的损失，应区分是有意还是无意，是初犯还是屡犯。如果是初犯又是无意造成的损失，数额又不大的，可报经领导批准核销。如果属于玩忽职守或贪污盗窃的，则应由过失人负责赔偿，直至追究法律责任。

2. 积极处理多余物资，清理各项债权债务

在财产清查过程中所发现的超储积压物资应积极处理，以做到物尽其用。对于储备不足的材料和零配件等应通过有关供销部门积极采购，以满足生产的需要。对于长期不清的结算账项，应指定专人查明原因，尽快结算。

3. 建立健全各项财产物资管理制度

通过财产清查会发现不少管理上存在的问题，所以在财产清查后应在总结经验的基础上，吸取造成损失浪费的教训，并针对存在的问题和缺点，提出改进工作的措施，建立健全必要的规章制度，以利于财产物资的有效使用和保证财产物资的安全完整。

（二）财产清查的处理步骤

财产清查中发生账实不符的账务处理分两步。

1. 报请批准前的账务处理

财产清查中发现的盘盈、盘亏和毁损，在报请有关上级审批前，根据已查明属实的财

产盘盈、盘亏和毁损的数字编制记账凭证，据以登记有关账簿，调整账簿记录，使各项财产的账存数和实存数一致。

2. 报请批准后的账务处理

经审批后，按照差异的原因和报经批准的处理结果，以上级有关部门审批后的处理决定文件为原始凭证，编制记账凭证，登记有关账簿。按《企业会计准则》规定，企业存货的盘盈或盘亏、固定资产的盘盈或盘亏，应在期末前处理完毕。

二、财产清查结果的账务处理

为了反映和监督财产清查过程中已查明的各种财产盘盈、盘亏和毁损及其报请批准后的转销数额，需设置“待处理财产损溢”账户，该账户是一个双重性质的账户，其借方登记各项财产的盘亏或毁损金额和各项财产盘盈报经批准后的转销数，贷方登记各项财产的盘盈金额和各项财产盘亏或毁损报经批准后的转销数。处理前的借方余额，反映企业尚未处理的各种财产的净损失；处理前的贷方余额，反映企业尚未处理的各种财产的净盈余。期末，全部核销处理后本账户应无余额。待处理财产损溢账户结构如图 8 –1 所示。

借方　　　　待处理财产损溢	贷方
各项财产的盘亏或毁损金额 盘盈报经批准后的转销数	各项财产的盘盈金额 盘亏或毁损报经批准后的转销数
企业尚未处理的各种财产的净损失	企业尚未处理的各种财产的净盈余

图 8 –1　“待处理财产损溢”账户结构

为了分别反映固定资产和流动资产的盘亏、盘盈情况，应在本账户下分别设置“待处理财产损溢——待处理流动资产损溢”和“待处理财产损溢——待处理固定资产损溢”两个明细分类账户，进行明细分类核算。

财产清查的对象不同，清查结果的账务处理也不相同。

（一）库存现金清查结果的账务处理

企业在财产清查中发现库存现金的实存金额超过现金日记账余额，称为库存现金长款；反之，当库存现金的实存金额小于现金日记账余额，则为库存现金短款。除了应设法查明原因外，还应根据“库存现金盘点报告表”编制会计分录。发现差异时先记入“待处理财产损溢——待处理流动资产损溢”，待查明原因报经领导批准后再进行处理。

若查明现金长款的原因系少付某人的款项，则记入“其他应付款——××”；若无法查明原因，则记入“营业外收入”。

若查明现金短款的原因系多付某人的款项，则记入“其他应收款——××”；若属于出纳人员责任，应由出纳人员赔偿的，记入“其他应收款——出纳员”；若无法查明原因则记入“管理费用”。

【例 8 –4】朝阳公司 202×年 8 月对库存现金进行清查，发现现金长款 150 元，未查明原因之前应调整账目，使账实相符。

借：库存现金　　　　　　　　　　150

贷：待处理财产损溢——待处理流动资产损溢　　150

若长款系少付职工小张款项，则有

借：待处理财产损溢——待处理流动资产损溢　　150

贷：其他应付款——小张　　150

若长款无法查明原因，则有

借：待处理财产损溢——待处理流动资产损溢　　150

贷：营业外收入　　150

【例 8－5】朝阳公司 202×年 12 月对库存现金进行清查，发现现金短款 260 元，未查明原因前应调整账目，使账实相符。

借：待处理财产损溢——待处理流动资产损溢　　260

贷：库存现金　　260

若发现短款数额较小，确实无法查明原因的，经批准可以记为

借：管理费用　　260

贷：待处理财产损溢——待处理流动资产损溢　　260

若短款属于出纳员的责任事故造成的，应由出纳员赔偿

借：其他应收款——出纳员　　260

贷：待处理财产损溢——待处理流动资产损溢　　260

（二）存货清查结果的账务处理

存货发生盘盈、盘亏或毁损的，应设法查明原因，并及时根据盘点报告进行会计处理。

1. 存货盘盈的账务处理

发生各种材料、产成品盘盈时，应按照该资产的重置成本，借记“原材料”“库存商品”等科目，贷记“待处理财产损溢——待处理流动资产损溢”账户；按照规定程序批准转销时，对于流动资产的盘盈，借记“待处理财产损溢——待处理流动资产损溢”账户，贷记“管理费用”账户。

【例 8－6】朝阳公司经财产清查，发现盘盈甲材料 20 千克，经查明系由于收发计量上的错误所致，按每千克 2 元入账。

①批准前：

借：原材料——甲材料　　40

贷：待处理财产损溢——待处理流动资产损溢　　40

②批准后：

借：待处理财产损溢——待处理流动资产损溢　　40

贷：管理费用　　40

2. 存货盘亏的账务处理

如果在财产清查中发现存货的实有数量小于其账面数量，称为存货的盘亏。存货发生盘亏时，应根据“实存账存对比表”，将盘亏存货的价值贷记相关资产类账户，使账面数与实际数相符，同时计入“待处理财产损溢——待处理流动资产损溢”账户的借方。报经批准后，再根据损耗的原因，分别以下列情况进行账务处理：

（1）属于自然损耗产生的定额内合理亏损，经批准即可计入“管理费用”账户。

（2）属于超定额短缺，以及存货毁损的亏损，能确定过失人的应由过失人负责赔偿，属于保险公司赔偿的，应向保险公司索赔，计入“其他应收款”账户；扣除过失人或保险公司赔款后，经批准计入“管理费用”账户。

（3）属于自然灾害及意外事故所造成的损失，首先，应将可以收回的残料价值借记“原材料”账户；其次，应向保险公司索赔，计入“其他应收款”账户；再次，应将扣除残料价值及可以收回的保险赔偿和过失人的赔偿后的余值作为非常损失，借记“营业外支出——非常支出”账户。

（4）属于无法收回的其他损失，在报经批准后，计入“管理费用”账户的借方。

【例 8－7】朝阳公司发生盘亏库存的 A 产品 10 千克，单位成本 100 元（增值税税率 13%），经查明属于合理损耗，计入管理费用。

①批准前（盘亏时）：

借：待处理财产损溢——待处理流动资产损溢　　1130

　贷：库存商品——A 产品　　1 000

　　　应交税费——应交增值税（进项税额转出）　　130

②批准后：

借：管理费用　　1 130

　贷：待处理财产损溢——待处理流动资产损溢　　1 130

【例 8－8】朝阳公司业盘亏乙材料 30 千克，每千克 100 元（增值税税率 13%）。经查明，是由保管人员过失造成的材料毁损，应由过失人赔偿。

①批准前：

借：待处理财产损溢——待处理流动资产损溢　　3 390

　贷：原材料——乙材料　　3 000

　　　应交税费——应交增值税（进项税额转出）　　390

②批准后：

借：其他应收款——某过失人　　3 390

　贷：待处理财产损溢——待处理流动资产损溢　　3 390

【例 8－9】朝阳公司盘亏丙材料一批，实际成本 5 000 元（增值税税率 13%）。经查明，该损失是由非常事故造成。

①批准前：

借：待处理财产损溢——待处理流动资产损溢　　5 650

　贷：原材料——丙材料　　5 000

　　　应交税费——应交增值税（进项税额转出）　　650

②批准后：

借：营业外支出　　5 650

　贷：待处理财产损溢——待处理流动资产损溢　　5 650

（三）固定资产清查结果的账务处理

固定资产是一种单位价值较高、使用期限较长的有形资产，因此，对于管理规范的企业而言，盘盈、盘亏的固定资产较为少见。企业应当健全制度，加强管理，定期或者至少于每年年末对固定资产进行清查盘点，以保证固定资产核算的真实性和完整性。如果清查中发现固定资产的盘盈或盘亏，应及时查明原因，在期末结账前处理完毕。

企业在财产清查中发现盘盈的固定资产，应作为前期差错处理。盘盈的固定资产通过"以前年度损益调整"科目进行核算。

企业在财产清查中盘亏的固定资产，通过"待处理财产损溢——待处理非流动资产损溢"科目核算，首先将固定资产的原价和累计折旧结转计入"待处理财产损溢"科目的借方；其次，报经批准后，将盘亏造成的损失计入"营业外支出——盘亏损失"科目核算。

【例 8－10】 朝阳公司 202×年 12 月进行财产清查，盘盈机器设备一台，估计价值 60 000 元，累计折旧 20 000 元。

借：固定资产　　40 000
　贷：以前年度损益调整　　40 000

【例 8－11】 若以上机器设备属于盘亏，则有：

借：待处理财产损溢——待处理非流动资产损溢　　40 000
　　累计折旧　　20 000
　贷：固定资产　　60 000

上述盘亏机器设备批准后，作营业外支出处理。

借：营业外支出　　40 000
　贷：待处理财产损溢——待处理非流动资产损溢　　40 000

（四）往来款项清查结果的账务处理

在财产清查过程中，如果发现长期不清的往来款项，应及时处理。企业无法收回的应收款项和无法支付的应付款项，在报经批准后，应按规定的方法进行会计处理。

对应收账款项和坏账的核算处理有两种方法：一是直接转销法；二是备抵法。

直接转销法就是平常对可能发生的坏账不计提准备金，实际发生坏账时直接冲销"应收账款"等账户，同时计入"资产减值损失"。

【例 8－12】 朝阳公司应收 B 单位账款 3 000 元，已确认无法收回，转做坏账损失。

借：资产减值损失　　3 000
　贷：应收账款——B 公司　　3 000

备抵法就是企业应该设置"坏账准备"账户核算，针对应收款项的可收回性，按期估计坏账损失，计提坏账准备金额，待实际发生坏账时，再冲销坏账准备。

【例 8－13】 朝阳公司 202×年年末按期估计坏账，计提坏账准备金为 10 000 元。

借：资产减值损失　　10 000
　贷：坏账准备　　10 000

202×年 1 月 31 日，根据条件，确认一笔对 B 公司 3 000 元的应收账款无法收回，为坏账损失。

借：坏账准备　　3 000
　贷：应收账款——B 公司　　3000

由于债权单位撤销等原因形成的长期无法支付的应付款项，经批准应予以转销。无法支付的款项在尚未批准前不做账务处理，按规定的程序批准后，将其转入“营业外收入”。

【例 8 - 14】朝阳公司应付 B 单位账款 4 000 元，由于对方撤销其机构，已确认无法支付，转作“营业外收入”。

借：应付账款——B 企业　　　　　　　　4 000

　贷：营业外收入——无法支付的应付款　　　　4 000

本章小结

在编制报表之前需要进行财产清查，本章着重介绍了会计核算的基本方法——财产清查。财产清查是对企业单位的各项财产物资、货币资金和债权债务的实存数进行实地盘点、查询和核对，以查明它们的实存数，并与其账面数进行对比，以确定账实是否相符的一种专门方法，也是财产物资管理的一项重要制度。

财产清查的内容主要包括：实物资产的清查、货币资金的清查和往来款项的清查。其中银行存款的清查、固定资产的清查、存货的清查都是重点内容。银行存款清查时出现的未达账项，编制银行存款余额调节表来调整，但该表只用来对账，不能作为调节账面余额的原始凭证。

为了正确核算部分财产物资的清查情况和处理结果，需要正确应用“待处理财产损溢”账户。

本章节的主要会计处理如下表所示：

业务	类别	报经批准之前	报经批准之后
1. 盘亏	库存现金/银行存款	借：待处理财产损益—待处理流动资产损益 贷：库存现金/银行存款	借：管理费用 /其他应收款等科目 贷：待处理财产损益——待处理流动资产损益
	存货	借：待处理财产损益—待处理流动资产损益 贷：原材料 /库存商品等科目	借：管理费用 /其他应收款—保险公司/××人 /营业外支出——非常损失 贷：待处理财产损益——待处理流动资产损益
	固定资产	借：待处理财产损益——待处理非流动资产损益（固定资产账面净值） 累计折旧（已计提折旧） 贷：固定资产（账面原值）	借：其他应收款——保险公司/×× 营业外支出等科目 贷：待处理财产损益——待处理非流动资产损益

续上表

业务	类别	报经批准之前	报经批准之后
2. 盘盈	库存现金/银行存款	借：库存现金 /银行存款 贷：待处理财产损益—待处理流动资产损益	借：待处理财产损益——待处理流动资产损益 贷：营业外收入 其他应付款等科目
	存货	借：原材料 /库存商品等科目 贷：待处理财产损益—待处理流动资产损益	借：待处理财产损益—待处理流动资产损益 贷：管理费用等科目
	固定资产	不通过“待处理财产损益”账户处理，作为前期差错处理。	借：固定资产 贷：以前年度损益调整
3. 往来款项	应收账款发生坏账	直接转消法： 借：资产减值损失 贷：应收账款——×公司	备抵法： （1）计提坏账准备时 借：资产减值损失 贷：坏账准备 （2）发生坏账时： 借：坏账准备 贷：应收账款
	应付账款无法支付	借：应付账款——×公司 贷：营业外收入——无法支付的款项	

习 题

一、单项选择题

1. 对库存现金的清查方法应采用（　　）。
   A. 技术推算法　　B. 实地盘点法
   C. 实地盘存制　　D. 查询核对法
2. 银行存款的清查是将银行存款日记账记录与（　　）核对。
   A. 银行存款收款、付款凭证　　B. 总分类账银行存款科目
   C. 银行对账单　　D. 开户银行的会计记录
3. 对于长期挂账的应付账款，在批准转销时应记入（　　）科目。
   A. 营业外支出　　B. 营业外收入
   C. 资本公积　　D. 待处理财产损溢
4. 采用实地盘存制时，财产物资的期末结存数就是（　　）。
   A. 账面结存数　　B. 实地盘存数
   C. 收支抵减数　　D. 滚存结余数

5. 在永续盘存制下，平时（　　）。
A. 对各项财产物资的增加和减少数，都不在账簿中登记
B. 只在账簿中登记财产物资的减少数，不登记财产物资的增加数
C. 只在账簿中登记财产物资的增加数，不登记财产物资的减少数
D. 对各项财产物资的增加和减少数，都要根据会计凭证在账簿中登记

6. 下列情况中，需要进行全面清查的是（　　）。
A. 出现未达账项时　　B. 年终决算前
C. 更换出纳人员时　　D. 现金短缺时

7. 现金清查时，在盘点结束后应根据盘点结果，编制（　　）。
A. 盘存单　　B. 实存账存对比表
C. 现金盘点报告表　　D. 对账单

8. 在记账无误的情况下，银行对账单与银行存款日记账账面余额不一致的原因是（　　）。
A. 应付账款　　B. 应收账款
C. 外埠存款　　D. 未达账项

9. “现金盘点报告表”应由（　　）签章方能生效。
A. 经理和出纳　　B. 会计盘点人员
C. 盘点人员和出纳　　D. 会计和出纳

10. 当产成品、现金发生盘盈时，报经批准后确认为当期损益，转入（　　）等科目。
A. “管理费用”和“营业外收入”　　B. “管理费用”和“营业外支出”
C. “管理费用”和“营业收入”　　D. “管理费用”和“营业支出”

二、多项选择题

1. 采用实物盘点法的清查对象有（　　）。
A. 固定资产　　B. 材料
C. 银行存款　　D. 现金

2. 通过财产清查要求做到（　　）。
A. 账物相符　　B. 账款相符
C. 账账相符　　D. 账证相符

3. 企业银行存款日记账账面余额大于银行对账单余额的原因有（　　）。
A. 企业账簿记录有差错　　B. 银行账簿记录有差错
C. 企业已作收入入账，银行未达　　D. 银行已作支出入账，企业未达

4. 财产清查中遇到有账实不符时，用以调整账簿记录的原始凭证有（　　）。
A. 实存账存对比表　　B. 现金盘点报告表
C. 银行对账单　　D. 银行存款余额调节表

5. 查询核对法一般适用于（　　）的清查。
A. 债权债务　　B. 银行存款
C. 现金　　D. 往来款项

三、判断题

1. 全面清查可以定期进行，也可以不定期进行。(　　)

2. 通过银行存款余额调节表可以检查账簿记录上存在的差错。(　　)

3. 对于银行存款的未达账项应编制银行存款余额调节表进行调节，同时将未达账项编成记账凭证登记入账。(　　)

4. 在债权债务往来款项中，也存在未达账项。(　　)

5. 局部清查一般适用于流动性较大的财产物资和货币资金的清查。(　　)

6. 定期清查可以是局部清查，也可以是全面清查。(　　)

7. 更换财产物资保管员时，应进行不定期的财产清查。(　　)

8. 造成企业银行存款日记账与银行对账单余额不符的原因肯定是双方或一方记账错误。(　　)

习题答案

一、单项选择题

1. B　2. C　3. B　4. B　5. D　6. B　7. C　8. D　9. C　10. A

二、多项选择题

1. ABD　2. AB　3. ABCD　4. AB　5. AD

三、判断题

1. √　2. √　3. ×　4. √　5. √　6. √　7. √　8. ×

第九章　财务报告

【学习目标及内容概述】

财务会计报告是反映企业对外提供的、反映企业某一特定日期的财务状况，某一会计期间的经营成果、现金流量等会计信息的文件。会计报表使用者则希望通过财务会计报告了解企业的整体经营情况。本章将介绍财务会计报告概述、资产负债表、利润表、所有者权益（或股东权益）变动表以及附注的有关内容。

通过本章内容的学习，应该理解财务会计报告的主要内容和编制要求；掌握资产负债表、利润表的主要内容、编制和列报；了解现金流量表、所有者权益变动表的概念、结构和列报；了解会计报表附注的内容。

【教学案例导入】

××火电厂审计处对本厂202×年度的会计报告进行审计，发现以下可疑事项，而这些事项未在该厂财务报表或会计报表附注中披露。

1. 本厂涉嫌侵犯A公司专利权，数据较大，已被起诉。按以往其他企业遇到的类似情况，本厂败诉的可能性很大。

2. 近年煤炭短缺，价格大幅上涨，本厂很可能面临限产甚至间歇性停产，这会给企业造成较大损失。

3. 财务报表中披露了期末存货的金额，但报表附注未披露任何与存货有关的信息。

4. ××火电厂对发电机组的预计使用年限和预计净残值进行重新估计，但报表附注未作任何说明。

5. 202×年10月26日，××火电厂自行建造的小型设备交付管理部门使用，共计支出208 000元，但资产负债表“固定资产”项目并未将其列入，而在“在建工程”项目反映。该固定资产当年应提折旧20 000元。

思考：

1. 企业财务报告包括哪些内容？应该如何编制？

2. 财务报表附注中应披露哪些内容？

3. 案例中的相关会计处理是否恰当？

第一节 财务会计报告概述

一、财务会计报告的定义和作用

（一）财务会计报告的定义

财务会计报告是指企业对外提供的、反映企业某一特定日期的财务状况和某一会计期间的经营成果、现金流量等会计信息的文件。财务会计报告包括会计报表及其附注和其他应当在财务会计报告中披露的相关信息和资料。会计报表至少应当包括资产负债表、利润表、现金流量表等报表。小企业编制的会计报表可以不包括现金流量表。

（二）财务会计报告的作用

1. 有助于投资者和债权人进行合理的决策

财务会计报告可以为投资者和债权人提供企业的财务状况和经营成果的会计信息，使其据以作出经济决策。投资者和债权人在对企业进行投资或提供借款给企业之前，都需要对企业的业绩和未来的发展前景进行仔细的研究，而财务会计报告就是他们做决策时的不可缺少的重要依据。财务会计报告提供的会计信息，有助于投资者和债权人预测企业未来的获利能力、偿债能力和现金流量，帮助他们进行投资决策和信贷决策。

2. 有助于企业管理当局加强和改善内部经营管理

财务会计报告所提供的信息，可以反映企业管理层受托责任履行情况，帮助企业领导人和管理人员分析、检查企业的经营活动是否符合制度规定；可以帮助企业内部管理者全面、系统、总括地了解企业的财务状况和经营成果，分析财务计划和有关方针、政策的执行情况，及时发现经营管理中存在的问题和不足，并有针对性地提出切实可行的改进措施，加强内部控制，提高经济效益。同时，企业管理者还可以运用会计报表所提供的信息，进行经营预测，为编制下期计划提供依据。

3. 有助于财政、税务、审计等部门了解各自职能任务的完成情况

通过财务会计报告提供的财务情况，财税部门可以了解企业有关财经规律和法规的遵守情况、税收的缴纳情况，更好地发挥税收的监督职能；银行可以了解企业银行借款是否能够顺利归还，若企业不能顺利归还银行借款，企业现有多少资产可以用于偿债；审计部门可以了解企业的会计处理是否符合会计准则和会计制度的要求，是否可靠地反映了企业的财务状况和经营成果。

4. 有助于企业内部职工了解相关信息

企业内部职工可以利用财务会计报告提供的会计信息，分析企业的经营状况和利润分配情况，评价企业对职工薪酬的支付能力及就业条件的稳定程度，对与职工利益相关的问题作出正确的判断。

二、财务会计报告的内容

财务会计报告由会计报表及其他应当在财务会计报告中披露的相关信息和资料组成。

1. 会计报表

会计报表是财务会计报告的主干部分，是对企业财务状况、经营成果和现金流量的结构性描述。它是以企业的会计凭证、会计账簿和其他会计资料为依据，依照规定的格式、内容和填报要求定期编制并对外报送，以货币作为主要计量单位，总括地反映企业的财务状况、经营成果和现金流量的变化情况的报表。财务报表至少应当包括下列组成部分：①资产负债表；②利润表；③现金流量表；④所有者权益（或股东权益，下同）变动表；⑤附注。财务报表的各组成部分具有同等的重要程度。

2. 会计报表附注

附注是对在资产负债表、利润表、现金流量表和所有者权益变动表等报表中列示项目的文字描述或明细资料，以及对未能在这些报表中列示项目的说明等。附注一般应当按照下列顺序披露相关内容：

（1）企业的基本情况。包括企业注册地、组织形式和总部地址；企业的业务性质和主要经营活动；母公司以及集团最终母公司的名称；财务报告的批准报出者和财务报告批准报出日，或者以签字人及其签字日期为准。营业期限有限的企业，还应当披露有关其营业期限的信息。

（2）财务报表的编制基础。是在持续经营条件下编制的还是非持续经营条件下编制的。

（3）遵循企业会计准则的声明。企业应当声明编制的财务报表符合企业会计准则的要求，真实、完整地反映了企业的财务状况、经营成果和现金流量等有关信息。

（4）重要会计政策和会计估计。重要会计政策的说明，包括财务报表项目的计量基础和在运用会计政策过程中所做的重要判断等。重要会计估计的说明，包括可能导致下一个会计期间内资产、负债账面价值重大调整的会计估计的确定依据等。

企业应当披露采用的重要会计政策和会计估计，并结合企业的具体实际，披露其重要会计政策的确定依据和财务报表项目的计量基础，及其会计估计所采用的关键假设和不确定因素。

（5）会计政策和会计估计变更以及差错更正的说明。企业应当按照《企业会计准则第 28 号——会计政策、会计估计变更和差错更正》的规定，披露会计政策和会计估计变更以及差错更正的情况。

（6）报表重要项目的说明。企业应当按照资产负债表、利润表、现金流量表、所有者权益变动表及其项目列示的顺序，对报表重要项目的说明采用文字和数字描述相结合的方式进行披露。报表重要项目的明细金额合计，应当与报表项目金额相衔接。

企业应当在附注中披露费用按照性质分类的利润表补充资料，可将费用分为耗用的原材料、职工薪酬费用、折旧费用、摊销费用等。

（7）或有和承诺事项、资产负债表日后非调整事项、关联方关系及其交易等需要说明的事项。

（8）有助于财务报表使用者评价企业管理资本的目标、政策及程序的信息。

三、财务会计报告的编制要求

（一）以持续经营为列报基础

企业应当以持续经营为基础，根据实际发生的交易和事项，按照《企业会计准则——基本准则》和其他各项会计准则的规定进行确认和计量，在此基础上编制财务报表。企业不应以附注披露代替确认和计量，不恰当的确认和计量也不能通过充分披露相关会计政策而纠正。如果按照各项会计准则规定披露的信息不足以让报表使用者了解特定交易或事项对企业财务状况和经营成果的影响时，企业还应当披露其他的必要信息。

（二）应遵循可比性原则

财务报表项目的列报应当在各个会计期间保持一致，不得随意变更。但下列情况除外：①会计准则要求改变财务报表项目的列报。②企业经营业务的性质发生重大变化或对企业经营影响较大的交易或事项发生后，变更财务报表项目的列报能够提供更可靠、更相关的会计信息。

（三）应遵循重要性原则

重要性，是指在合理预期下，财务报表某项目的省略或错报会影响使用者据此作出经济决策，则该项目具有重要性。重要性应当根据企业所处的具体环境，从项目的性质和金额两方面予以判断，且对各项目重要性的判断标准一经确定，不得随意变更。判断项目性质的重要性，应当考虑该项目在性质上是否属于企业日常活动、是否显著影响企业的财务状况、经营成果和现金流量等因素；判断项目金额大小的重要性，应当考虑该项目金额占资产总额、负债总额、所有者权益总额、营业收入总额、营业成本总额、净利润、综合收益总额等直接相关项目金额的比重或所属报表单列项目金额的比重。

性质或功能不同的项目，应当在财务报表中单独列报，但不具有重要性的项目除外。性质或功能类似的项目，其所属类别具有重要性的，应当按其类别在财务报表中单独列报。某些项目的重要性程度不足以在资产负债表、利润表、现金流量表或所有者权益变动表中单独列示，但对附注却具有重要性，则应当在附注中单独披露。

（四）应提供比较数据的要求

当期财务报表的列报，至少应当提供所有列报项目上一个可比会计期间的比较数据，以及与理解当期财务报表相关的说明，但其他会计准则另有规定的除外。财务报表的列报项目发生变更的，应当至少对可比期间的数据按照当期的列报要求进行调整，并在附注中披露调整的原因和性质，以及调整的各项目金额。对可比数据进行调整不切实可行的，应当在附注中披露不能调整的原因。不切实可行，是指企业在作出所有合理努力后仍然无法采用某项会计准则规定。

第二节　资产负债表

一、资产负债表的内容和结构

（一）资产负债表的内容

资产负债表是指反映企业在某一特定日期的财务状况的会计报表。由于它反映的是企业某一时点的资产、负债和所有者权益的情况，所以是一张静态报表。

资产负债表反映企业在某一特定日期所拥有或控制的经济资源、所承担的现时义务和所有者对净资产的要求权。资产负债表的作用包括：①可以提供某一日期资产的总额及其结构，表明企业所拥有或控制的资源及其分布情况，使用者可以一目了然地从资产负债表上了解企业在某一特定日期所拥有的资产总量及其结构；②可以提供某一日期的负债总额及其结构，表明企业未来需要用多少资产或劳务清偿债务以及清偿时间；③可以反映所有者所拥有的权益，据以判断资本保值、增值的情况以及对负债的保障程度。

（二）资产负债表的结构

关于资产负债表的格式，目前国际上流行的主要有账户式和报告式两种，我国会计准则规定，资产负债表的格式一律采用账户式结构。

报表分为左右两方，左方列示资产各项目，反映全部资产的分布及存在状态，资产项目按流动性大小从上至下排列；右方列示负债和所有者权益各项目，反映全部负债和所有者权益的内容和构成情况，负债项目按债务偿还期的长短顺序排列，偿还期短的流动负债排列在前，偿还期长的长期负债排列在后；所有者权益项目按永久性递减的顺序排列。

1. *表首*

资产负债表的表首应包括以下内容：①编报企业的名称；②资产负债表日；③货币名称和单位；④财务报表是合并财务报表的，应当予以表明。

2. *正表*

（1）资产类项目。资产类项目按流动性及重要性程度强弱顺序排列，即先流动资产，后非流动资产。流动性越强、越重要的资产排在前面，反之，排列在后面。

流动资产类项目主要包括：货币资金、以公允价值计量且其变动计入当期损益的金融资产、应收账款、预付款项、存货、被划分为持有待售的非流动资产及被划分为持有待售的处置组中的资产等。非流动资产类项目包括债权投资、其他债权投资、长期股权投资、投资性房地产、固定资产、生物资产、无形资产、递延所得税资产等。

（2）负债类项目。负债项目按流动性及契约强制性程度强弱顺序排列，即先流动负债，后非流动负债。

流动负债类项目主要包括短期借款、以公允价值计量且其变动计入当期损益的金融负债、应付账款、预收款项、应付职工薪酬、应交税费、被划分为持有待售的处置组中的负债等。非流动负债项目包括长期借款、应付债券、长期应付款、预计负债、递延所得税负债等。

（3）所有者权益类项目。所有者权益按永久性递减顺序排列，即先实收资本（或股本），后资本公积、盈余公积，最后是未分配利润。永久性程度高的项目排在前面，低的排在后面。

一般企业财务报表格式如表 9－1 所示。

表 9－1　资产负债表

会企 01 表

编制单位：　　　　　　　　　　　　年　　月　　日　　　　　　　　　　单位：元

资　产	期末余额	期初余额	负债和所有者权益（或股东权益）	期末余额	期初余额
流动资产：			流动负债：		
货币资金			短期借款		
交易性金融资产			交易性金融负债		
衍生金融资产			衍生金融负债		
应收票据			应付票据		
应收账款			应付账款		
应收款项融资			预收款项		
预付款项			合同负债		
其他应收款			应付职工薪酬		
存货			应交税费		
合同资产			其他应付款		
持有待售资产			持有待售负债		
一年内到期的非流动资产			一年内到期的非流动负债		
其他流动资产			其他流动负债		
流动资产合计			流动负债合计		
非流动资产：			非流动负债：		
债权投资			长期借款		
其他债权投资			应付债券		
长期应收款			其中：优先股		
长期股权投资			永续债		
其他权益工具投资			租赁负债		
其他非流动金融资产			长期应付款		
投资性房地产			预计负债		

续上表

资　产	期末余额	期初余额	负债和所有者权益（或股东权益）	期末余额	期初余额
固定资产			递延收益		
在建工程			递延所得税负债		
生产性生物资产			其他非流动负债		
油气资产			非流动负债合计		
使用权资产			负债合计		
无形资产			所有者权益（或股东权益）：		
开发支出			实收资本（或股本）		
商誉			其他权益工具		
长期待摊费用			其中：优先股		
递延所得税资产			永续债		
其他非流动资产			资本公积		
非流动资产合计			减：库存股		
			其他综合收益		
			专项储备		
			盈余公积		
			未分配利润		
			所有者权益（或股东权益）合计		
资产总计			负债和所有者权益（或股东权益）总计		

二、资产负债表的编制方法

资产负债表“期初余额”栏内各项数字，应根据上年年末资产负债表“期末余额”栏内所列数字填列。如果本年度资产负债表规定的各个项目的名称和内容与上年度不相一致，应对上年年末资产负债表各项目的名称和数字按照本年度的规定进行调整，填入本表“期初余额”栏内。

由于资产负债表是静态报表，因而它的“期末余额”填列依据主要是各账户的期末余额。有些项目可以根据相关账户的期末余额直接填列；有些项目需要根据相关账户的期末余额计算填列；还有的项目则需要分析填列。

资产负债表的“期末余额”各项目的填列方法如下。

（一）根据总账账户余额直接填列

资产负债表中很多项目都是根据总账账户余额直接填列的，这些项目包括：以公允价值计量且其变动计入当期损益的金融资产、交易性金融资产、递延所得税资产、短期借款、应付职工薪酬、应交税费、预计负债、实收资本、资本公积等。

(二) 根据总账账户余额计算填列

资产负债表中有些项目的填列方法是根据总账账户的余额相加或相减求得表上项目数字，这些项目主要包括：

(1)“货币资金”项目。根据“库存现金”“银行存款”“其他货币资金”账户的期末余额合计数填列。

(2)“其他应收款”项目。根据“应收利息”“应收股利”和“其他应收款”账户的期末余额合计数，减去“坏账准备”账户中相关坏账准备期末余额后的金额填列。

(3)“存货”项目。根据“材料采购”“原材料”“周转材料”“在途物资”“库存商品”“发出商品”“委托加工物资”“委托代销商品”等账户的期末余额合计，减去“存货跌价准备”账户期末余额后的金额填列。

(4)“持有待售资产”项目。反映资产负债表日划分为持有待售类别的非流动资产及划分为持有待售类别的处置组中的流动资产和非流动资产的期末账面价值。该项目应根据“持有待售资产”科目的期末余额，减去“持有待售资产减值准备”科目的期末余额后的金额填列。

(5)“长期股权投资”项目。根据“长期股权投资”账户的期末余额，减去“长期股权投资减值准备”账户的期末余额后的金额填列。

(6)“固定资产”项目。反映资产负债表日企业固定资产的期末账面价值和企业尚未清理完毕的固定资产清理净损益。该项目应根据“固定资产”科目的期末余额，减去“累计折旧”和“固定资产减值准备”科目的期末余额后的金额，以及“固定资产清理”科目的期末余额填列。

(7)“在建工程”项目。反映资产负债表日企业尚未达到预定可使用状态的在建工程的期末账面价值和企业为在建工程准备的各种物资的期末账面价值。该项目应根据“在建工程”科目的期末余额，减去“在建工程减值准备”科目的期末余额后的金额，以及“工程物资”科目的期末余额，减去“工程物资减值准备”科目的期末余额后的金额填列。

(8)“无形资产”项目。根据“无形资产”账户的期末余额，减去“累计摊销”“无形资产减值准备”账户期末余额后的金额填列。

(9)“其他应付款”项目。根据“应付利息”“应付股利”和“其他应付款”账户的期末余额合计数填列。

(10)“长期应付款”项目。根据“长期应付款”账户的期末余额，减去相关的“未确认融资费用”账户的期末余额，以及“专项应付款”账户的期末余额填列。

(三) 根据明细账户余额计算填列

资产负债表中有些项目应根据其明细账余额计算填列，这些项目主要包括：

1. “应收票据”项目

“应收票据”项目，反映资产负债表日以摊余成本计量的、企业因销售商品、提供服务等收到的商业汇票，包括银行承兑汇票和商业承兑汇票。该项目应根据“应收票据”科目的期末余额，减去“坏账准备”科目中相关坏账准备期末余额后的金额填列。

2. “应收账款”项目

“应收账款”项目反映资产负债表日以摊余成本计量的、企业因销售商品、提供服务等经营活动应收取的款项。该项目应根据“应收账款”科目的期末余额，减去“坏账准备”科目中相关坏账准备期末余额后的金额填列。

3. “其他应收款”

“其他应收款”项目，应根据“应收利息”“应收股利”和“其他应收款”科目的期末余额合计数，减去“坏账准备”科目中相关坏账准备期末余额后的金额填列。

4. “预付款项”项目

根据“预付账款”账户所属各明细账户的借方余额与“应付账款”账户所属明细账户的期末借方余额合计填列。如“预付账款”账户所属有关明细账户期末有贷方余额的，应在资产负债表“应付账款”项目内填列。

5. “预收款项”项目

根据“预收账款”账户所属各明细账户的贷方余额与“应收账款”账户所属明细账户的期末贷方余额合计填列。如“预收账款”账户所属有关明细账户期末有借方余额的，应在“应收账款”项目内填列。

三、资产负债表编制举例

1. 朝阳公司202×年12月31日有关总分类账户期末余额如表9－2所示。

表9－2　总分类账户期末余额

202×年12月31日　　　　单位：元

账户名称	期末余额	账户名称	期末余额
	借方		贷方
库存现金	2 000	短期借款	43 256
银行存款	323 500	应付票据	34 567
其他货币资金	5 623	应付账款	326 700
交易性金融资产	456 654	预收账款	57 856
应收票据	5 200	其他应付款	5 457
应收账款	453 668	应付职工薪酬	32 000
预付账款	100 000	应交税费	24 680
其他应收款	5 454	应付股利	80 560
材料采购	6 588	长期借款	100 000
原材料	45 320	应付债券	251 278
周转材料	30 246	长期应付款	256 000

续上表

账户名称	期末余额	账户名称	期末余额
	借方		贷方
库存商品	6 543	实收资本	458 962
生产成本	6 783	资本公积	155 000
其他债权投资	80 000	盈余公积	110 000
长期股权投资	60 000	利润分配	330 280
长期应收款	360 000	坏账准备——应收账款	56 000
固定资产	650 000	材料成本差异	5 568
工程物资	43 200	存货跌价准备	4 566
在建工程	99 350	累计折旧	320 000
无形资产	29 000	累计摊销	8 900
长期待摊费用	10 000	递延所得税负债	117 499
合计	2 779 129	合计	2 779 129

2. 该公司 12 月 31 日有关总分类账户所属明细账户期末余额如表 9 - 3 所示。

表 9 - 3　明细账户期末余额　　单位：元

总分类账户	明细分类账户	期末余额	
		借方	贷方
应收账款	应收 A 公司账款	497 500	
	应收 B 公司账款		43 832
应付账款	应付甲公司账款		400 000
	应付乙公司账款	73 300	
预付账款	预付 M 公司账款	131 450	
	预付 N 公司账款		31 450
预收账款	预收 C 公司账款		77 856
	预收 D 公司账款	20 000	

3. 其他资料：

（1）“其他债权投资”账户中有一年内到期的其他债权投资 2 万元。

（2）“长期借款”账户中有一年内到期的借款 4 万元。

（3）“应付债券”账户中有一年内到期应付债券 5 万元。

要求：根据上述资料，填列资产负债表，假设该公司已执行新金融准则、新收入准则和新租赁准则。编制的资产负债表如表 9 - 4 所示。

表 9－4　资产负债表

会企 01 表

编制单位：朝阳公司　　202×年 12 月 31 日　　单位：元

资　产	期末余额	负债及所有者权益	期末余额
流动资产：		流动负债：	
货币资金	331 123	短期借款	43 256
交易性金融资产	456 654	交易性金融负债	
衍生金融资产		衍生金融负债	
应收票据	5 200	应付票据	34 567
应收账款	461 500	应付账款	431 450
应收款项融资		预收款项	121 688
预付款项	204 750	合同负债	
其他应收款	5 454	应付职工薪酬	32 000
存货	85 346	应交税费	24 680
合同资产		其他应付款	86 017
持有待售资产		持有待售负债	
一年内到期的非流动资产	20 000	一年内到期的非流动负债	90 000
其他流动资产		其他流动负债	
流动资产合计	1 570 027	流动负债合计	863 658
非流动资产：		非流动负债：	
债权投资		长期借款	60 000
其他债权投资	60 000	应付债券	201 278
长期应收款	360 000	其中：优先股	
长期股权投资	60 000	永续债	
其他权益工具投资		租赁负债	
其他非流动金融资产		长期应付款	256 000
投资性房地产		预计负债	
固定资产	330 000	递延收益	
在建工程	142 550	递延所得税负债	117 499
生产性生物资产		其他非流动负债	
油气资产		非流动负债合计	634 777
使用权资产		负债合计	1 498 435
无形资产	20 100	所有者权益（或股东权益）：	
开发支出		实收资本（或股本）	458 962

续上表

资　产	期末余额	负债及所有者权益	期末余额
商誉		其他权益工具	
长期待摊费用	10 000	其中：优先股	
递延所得税资产		永续债	
其他非流动资产		资本公积	155 000
非流动资产合计	982 650	减：库存股	
		其他综合收益	
		专项储备	
		盈余公积	110 000
		未分配利润	330 280
		所有者权益（或股东权益）合计	1 054 242
资产总计	2 552 677	负债及所有者权益（或股东权益）总计	2 552 677

第三节　利润表

一、利润表的概念和作用

利润表是指反映企业在一定会计期间的经营成果的会计报表。利润表强调在一定会计期间，意味着利润表是一张动态报表，编制的理论依据是“收入 - 费用 = 利润”会计等式，将一定会计期间内的全部收入（广义）与同一会计期间的全部费用（广义）进行配比，从而计算出企业一定时期的净利润或净亏损。

利润表所报告的信息对信息使用者来说具有举足轻重的作用，一直以来都是人们关注的重点。首先，利润表是评价企业经营成果的有效工具。通过利润表提供的收入、费用等项目的绝对数和相对数的比较分析，可以分析企业的获利能力，便于投资者做出有效的决策。其次，利润表是预测企业未来盈利和现金流量的基础。企业的经营能力具有一定的连续性，通过利润表，人们可以预测企业未来的盈利趋势和现金流量趋势。最后，利润表是评价管理人员经营效率的工具。投资者可以通过利润表来计算出一些关键性指标来判断管理人员的经营效率，如净资产报酬率等。

二、利润表的结构

利润表一般包括表首和正表两部分。表首的内容一般来说包括报表名称、编制单位、编制日期、货币名称与单位。正表是利润表的主体部分，一般有两种格式，单步式利润表格式和多步式利润表格式。

在我国，利润表采用多步式格式。多步式利润表是通过对当期的收入、费用、支出项目按性质加以归类，按利润形成的主要环节列示一些中间性的利润指标（如营业利润、利润总额、净利润），分步计算当期损益。利润表中各项目均设置“本期金额”和“上期金额”两栏，“本期金额”栏反映各项目的本期实际发生数，“上期金额”反映上期实际发生数。

利润表的编制过程如下：

第一步，计算营业利润。

营业利润 = 主营业务收入 + 其他业务收入 − 主营业务成本 − 其他业务成本 − 税金及附加 − 销售费用 − 管理费用 − 研发费用 − 财务费用 − 资产减值损失 + 其他收益 + 投资收益（ − 投资损失） + 公允价值变动损益 + 资产处置收益（ − 损失）

第二步，计算利润总额。

利润总额 = 营业利润 + 营业外收入 − 营业外支出

第三步，计算净利润。

净利润 = 利润总额 − 所得税费用

第四步，计算其他综合收益的税后净额。包括不能重分类进损益的其他综合收益和将重分类进损益的其他综合收益。

第五步，计算综合收益总额。包括净利润和其他综合收益的税后净额。

第六步，计算每股收益。普通股或潜在普通股已公开交易的企业，还应当在利润表中列示每股收益信息，包括基本每股收益和稀释每股收益两项指标。

利润表的格式如表 9 − 5 所示。

表 9 − 5　利润表

会企 02 表

编制单位：　　　　年　月　日　　　　单位：元

项　目	本期金额	上期金额
一、营业收入		
减：营业成本		
税金及附加		
销售费用		
管理费用		
研发费用		
财务费用		
其中：利息费用		
利息收入		
加：其他收益		
投资收益（损失以“ − ”号填列）		

续上表

项 目	本期金额	上期金额
其中：对联营企业和合营企业的投资收益		
公允价值变动收益（损失以“－”号填列）		
资产减值损失（损失以“－”号填列）		
资产处置收益（损失以“－”号填列）		
二、营业利润（亏损以“－”号填列）		
加：营业外收入		
减：营业外支出		
三、利润总额（亏损总额以“－”号填列）		
减：所得税费用		
四、净利润（净亏损以“－”号填列）		
（一）持续经营净利润（净亏损以“－”号填列）		
（二）终止经营净利润（净亏损以“－”号填列）		
五、其他综合收益的税后净额		
（一）不能重分类进损益的其他综合收益		
1. 重新计量设定受益计划变动额		
2. 权益法下不能转损益的其他综合收益		
……		
（二）将重分类进损益的其他综合收益		
1. 权益法下可转损益的其他综合收益		
2. 可供出售金融资产公允价值变动损益		
3. 持有至到期投资重分类为可供出售金融资产损益		
4. 现金流量套期损益的有效部分		
5. 外币财务报表折算差额		
……		
六、综合收益总额		
七、每股收益：		
（一）基本每股收益		
（二）稀释每股收益		

三、利润表的编制方法

利润表的“上期金额”栏，应根据上年该期利润表“本期金额”栏内所列数字填列。如果该期利润表规定的各个项目的名称和内容同本期不相一致，应对上年该期利润表各项目的名称和数字按本期的规定进行调整，填入利润表“上期金额”栏内。

利润表“本期金额”栏内各项目的填列方法如下：

（1）“营业收入”项目，反映企业经营主要业务和其他业务所确认的收入总额。本项目应根据“主营业务收入”和“其他业务收入”账户的发生额分析填列。

（2）“营业成本”项目，反映企业经营主要业务和其他业务发生的实际成本。本项目应根据“主营业务成本”和“其他业务成本”账户的发生额分析填列。

（3）“税金及附加”项目，反映企业经营业务所负担的消费税、城市维护建设税、资源税、土地使用税和教育费附加等。本项目应根据“税金及附加”账户的发生额分析填列。

（4）“销售费用”项目，反映企业在销售商品过程中发生的包装费、广告费和为销售本企业商品而专设的销售机构的职工薪酬、业务费等经营费用。本项目应根据“销售费用”账户的发生额分析填列。

（5）“管理费用”项目，反映企业为组织和管理生产经营发生的管理费用。本项目应根据“管理费用”账户的发生额分析填列。

（6）“研发费用”项目，反映企业进行研究与开发过程中发生的费用化支出。本项目应根据“管理费用”账户下的“研发费用”明细账户发生额分析填列。

（7）“财务费用”项目，反映企业筹集生产经营所需资金等而发生的筹资费用及存款收益。本项目应根据“财务费用”账户的发生额分析填列，其中，“利息费用”项目，反映企业为筹集生产经营所需资金等而发生的应予以费用化的利息支出，本项目应根据“财务费用”账户的相关明细账户的发生额分析填列；“利息收入”项目，反映企业确认的利息收入，本项目应根据“财务费用”账户的相关明细账户的发生额分析填列。

（8）“资产减值损失”项目，反映企业各项资产发生的减值损失。本项目应根据“资产减值损失”账户的发生额分析填列。

（9）“其他收益”项目，反映计入其他收益的政府补助等。本项目应根据“其他收益”账户的发生额分析填列。

（10）“投资收益”项目，反映企业以各种方式对外投资所取得的收益。本项目应根据“投资收益”账户的发生额分析填列；如为投资损失，则以“－”号填列。

（11）“公允价值变动损益”项目，反映企业应当计入当期损益的资产或负债公允价值变动损益。本项目应根据“公允价值变动损益”账户的发生额分析填列；如为净损失，本项目以“－”号填列。

（12）“资产处置损益”项目，反映企业出售划分为持有待售的非流动资产所确认的利得或损失，以及处置未划分为持有待售的固定资产、已建工程、生产性生物资产及无形资产而产生的利得或损失。本项目应根据“资产处置损益”账户的发生额分析填列；如为处置损失，则以“－”号填列。

（13）“营业外收入”项目，反映企业发生的除营业利润以外的收益，主要包括债务重组利得、与企业日常活动无关的政府补助、盘盈利得、捐赠利得等。本项目应根据“营业外收入”账户的发生额分析填列。

（14）“营业外支出”项目，反映企业发生的除营业利润以外的支出，主要包括债务重组损失、公益性捐赠支出、非常损失、盘亏损失、非流动资产毁损报废损失等。本项目应根据“营业外支出”账户的发生额分析填列。

（15）“所得税费用”项目，反映企业按规定从本期损益中减去的所得税费用。本项目应根据“所得税费用”账户的发生额分析填列。

（16）“净利润”项目，反映企业实现的净利润。如为净亏损，以“－”号填列。“（一）持续经营净利润”和“（二）终止经营净利润”项目，分别反映净利润中与持续经营相关的净利润和与终止经营相关的净利润；如为净亏损，以“－”号填列。该两个项目应按照《企业会计准则42号——持有待售的非流动资产、处置组和终止经营》的相关规定分别列报。

（17）“其他综合收益的税后净额”项目，反映企业的潜在收益，本项目根据“其他综合收益”的贷方余额填列，如为借方余额，以“－”号填列。

（18）“每股收益”项目，反映普通股股东每持有一股所能享有的企业利润或需要承担的企业亏损。每股收益包括基本每股收益和稀释每股收益，基本每股收益用当期实现的净利润除以当期实际发行在外的普通股的加权平均数；稀释每股收益以基本每股收益为基础，假设企业所有发行在外的稀释性潜在普通股均已转换为普通股，从而分别调整归属于普通股股东的当期净利润以及发行在外普通股的加权平均数计算而得的每股收益。

四、利润表编制举例

【例9－1】朝阳公司202×年度利润表有关科目累计发生额如表9－6所示。

表9－6　利润表有关科目累计发生额

202×年　　单位：元

科目名称	借方发生额	贷方发生额
主营业务收入		13 500 000
其他业务收入		450 000
投资收益		420 000
资产处置收益	250 000	
营业外收入		160 000
主营业务成本	7 500 000	
其他业务成本	280 000	
税金及附加	90 000	

续上表

科目名称	借方发生额	贷方发生额
销售费用	320 000	
管理费用	780 000	
其中：研发费用	240 000	
财务费用	100 000	
其中：利息费用	110 000	
利息收入	20 000	
资产减值损失	195 000	
营业外支出	60 000	
所得税费用	1 125 000	

【分析】根据上述资料，编制利润表如表9－7所示（假设该公司未执行新金融准则、新收入准则和新租赁准则）。

表9－7 利润表

企业02表

编制单位：朝阳公司　　202×年度　　单位：元

项　目	本期金额
一、营业收入	13 950 000
减：营业成本	7 780 000
税金及附加	90 000
销售费用	320 000
管理费用	540 000
研发费用	240 000
财务费用	100 000
其中：利息费用	110 000
利息收入	20 000
资产减值损失	195 000
加：其他收益	

续上表

项　目	本期金额
投资收益（损失以"－"号填列）	420 000
其中：对联营企业和合营企业的投资收益	
公允价值变动收益（损失以"－"号填列）	
资产减值损失（以"－"号填列）	
资产处置收益（亏损以"－"号填列）	－250 000
二、营业利润（亏损"－"号填列）	4385 000
加：营业外收入	160 000
减：营业外支出	60 000
三、利润总额（亏损总额以"－"号填列）	4 485 000
减：所得税费用	1 125 000
四、净利润（净亏损以"－"号填列）	3 360 000
（一）持续经营净利润（净亏损以"－"号填列）	3 360 000
（二）终止经营净利润（净亏损以"－"号填列）	
五、其他综合收益的税后净额	
（一）不能重分类进损益的其他综合收益	
1. 重新计量设定受益计划变动额	
2. 权益法下不能转损益的其他综合收益	
……	
（二）将重分类进损益的其他综合收益	
1. 权益法下可转损益的其他综合收益	
2. 可供出售金融资产公允价值变动损益	
3. 持有至到期投资重分类为可供出售金融资产损益	
4. 现金流量套期损益的有效部分	
5. 外币财务报表折算差额	
……	
六、综合收益总额	3 360 000

第四节　现金流量表

一、现金流量表的内容和结构

（一）现金流量表的内容

现金流量表是指反映企业在一定会计期间的现金和现金等价物流入和流出企业的会计报表。现金，是指企业库存现金以及可以随时用于支付的存款。具体包括：①库存现金，指企业持有的、可随时用于支付的现金。②银行存款，指企业存放在金融企业、随时可以用于支付的存款。③其他货币资金，指企业存放在金融机构的有特定用途的资金，如银行汇票存款、银行本票存款、信用证保证金存款等。现金等价物，是指企业持有的期限短、流动性强、易于转换为已知金额现金、价值变动风险很小的投资。其中，期限短一般是指从购买日起 3 个月内到期。

从内容上看，现金流量表被划分为经营活动、投资活动、筹资活动三个部分。经营活动，是指企业投资活动和筹资活动以外的所有交易和事项；投资活动，是指企业长期资产的购建和不包括在现金等价物范围的投资及其处置活动；筹资活动，是指导致企业资本及债务规模和构成发生变化的活动。自然灾害损失、保险索赔等特殊项目，应当根据其性质，分别归并到经营活动、投资活动和筹资活动现金流量类别中单独列报。

（二）现金流量表的结构

现金流量表包括正表和补充资料两部分。正表主要列示了企业从事三大活动产生的现金流量，即经营活动产生的现金流量、投资活动产生的现金流量和筹资活动产生的现金流量；补充资料主要列示了净利润转化为经营活动现金流量的调整项目。编制现金流量表时，第一，正表第一大项“经营活动产生的现金流量”，与补充资料第一项“经营活动产生的现金流量”应当核对相符；第二，正表中的第五项“现金及现金等价物净增加额”，与补充资料中的第三项“现金及现金等价物净增加额”应当核对相符；最后，在一般情况下，正表中的第五项“现金及现金等价物净增加额”应当与资产负债表“货币资金”项目的期末数与期初数的差额核对相符。

二、现金流量表的填列方法

现金流量表是以现金及现金等价物为基础，按照收付实现制原则编制，将权责发生制下的盈利信息调整为收付实现制下的现金流量信息。

（一）经营活动产生的现金流量

经营活动，是指企业投资活动和筹资活动以外的所有交易和事项。经营活动产生的现金流量通常可以采用间接法和直接法两种方法反映。直接法是按现金收入和现金支出的主要类别直接反映企业经营活动产生的现金流量，一般是以利润表中的营业收入为起算点，调整与经营活动有关项目的增减变动，然后计算出经营活动产生的现金流量。间接法是以本年利润为起算点，调整不涉及现金的收入、费用、营业外收支等有关项目的增减变动，据此计算出经营活动产生的现金流量。在我国，规定企业应当采用直接法列示经营活动产生的现金流量。

经营活动产生的现金流量至少应当单独列示反映下列信息的项目：

（1）销售商品、提供劳务收到的现金；

（2）收到的税费返还；

（3）收到其他与经营活动有关的现金；

（4）购买商品、接受劳务支付的现金；

（5）付给职工以及为职工支付的现金；
（6）支付的各项税费；
（7）支付其他与经营活动有关的现金。

（二）投资活动产生的现金流量

投资活动，是指企业长期资产的购建和不包括在现金等价物范围的投资及其处置活动。长期资产，主要是指固定资产、无形资产、在建工程、其他资产等持有期限在一年或一个营业周期以上的资产。投资活动既包括实物资产投资，也包括金融资产投资。

投资活动产生的现金流量至少应当单独列示反映下列信息的项目：
（1）收回投资收到的现金；
（2）取得投资收益收到的现金；
（3）处置固定资产、无形资产和其他长期资产收回的现金净额；
（4）处置子公司及其他营业单位收到的现金净额；
（5）收到其他与投资活动有关的现金；
（6）购建固定资产、无形资产和其他长期资产支付的现金；
（7）投资支付的现金；
（8）取得子公司及其他营业单位支付的现金净额；
（9）支付其他与投资活动有关的现金。

（三）筹资活动产生的现金流量

筹资活动，是指导致企业资本及债务规模和构成发生变化的活动。

筹资活动产生的现金流量至少应当单独列示反映下列信息的项目：
（1）吸收投资收到的现金；
（2）取得借款收到的现金；
（3）收到其他与筹资活动有关的现金；
（4）偿还债务支付的现金；
（5）分配股利、利润或偿付利息支付的现金；
（6）支付其他与筹资活动有关的现金。

（四）汇率变动对现金的影响

本项目反映企业外币现金流量及境外子公司的现金流量折算为人民币时，所采用的现金流量发生日的汇率或平均汇率折算为人民币金额与“现金及现金等价物净增加额”中外币现金净增加额按期末汇率折算为人民币金额之间的差额。

（五）现金流量表补充资料

企业应当在附注中披露将净利润调节为经营活动现金流量、当期取得或处置子公司及其他营业单位、不涉及现金收支的重大投资和筹资活动、与现金和现金等价物有关的相关信息。

将净利润调节为经营活动现金流量，至少应当单独披露对净利润进行调节的下列项目：

（1）资产减值准备；

（2）固定资产折旧；

（3）无形资产摊销；

（4）长期待摊费用摊销；

（5）待摊费用；

（6）预提费用；

（7）处置固定资产、无形资产和其他长期资产的损益；

（8）固定资产报废损失；

（9）公允价值变动损益；

（10）财务费用；

（11）投资损益；

（12）递延所得税资产和递延所得税负债；

（13）存货；

（14）经营性应收项目；

（15）经营性应付项目。

当期取得或处置子公司及其他营业单位，包括以下内容：

（1）取得或处置价格；

（2）取得或处置价格中以现金支付的部分；

（3）取得或处置子公司及其他营业单位收到的现金；

（4）取得或处置子公司及其他营业单位按照主要类别分类的非现金资产和负债；

不涉及现金收支的重大投资和筹资活动，应当包括以下内容：

（1）债务转为资本；

（2）一年内到期的可转换公司债券；

（3）融资租入固定资产。

现金和现金等价物，主要包括以下内容：

（1）现金和现金等价物的构成及其在资产负债表中的相应金额；

（2）企业持有但不能由母公司或集团内其他子公司使用的大额现金和现金等价物金额。

三、现金流量表的格式

现金流量表包括现金流量表和现流量表补充资料，其格式如表9－8、表9－9所示。

表 9－8 现金流量表

会企 03 表

编制单位： ××年度 单位：元

项 目	本期金额	上期金额
一、经营活动产生的现金流量：		
销售商品、提供劳务收到的现金		
收到的税费返还		
收到其他与经营活动有关的现金		
经营活动现金流入小计		
购买商品、接受劳务支付的现金		
支付给职工以及为职工支付的现金		
支付的各项税费		
支付其他与经营活动有关的现金		
经营活动现金流出小计		
经营活动产生的现金流量净额		
二、投资活动产生的现金流量：		
收回投资收到的现金		
取得投资收益收到的现金		
处置固定资产、无形资产和其他长期资产收回的现金净额		
处置子公司及其他营业单位收到的现金净额		
收到其他与投资活动有关的现金		
投资活动现金流入小计		
购建固定资产、无形资产和其他长期资产支付的现金		
投资支付的现金		
取得子公司及其他营业单位支付的现金净额		
支付其他与投资活动有关的现金		
投资活动现金流出小计		
投资活动产生的现金流量净额		
三、筹资活动产生的现金流量：		
吸收投资收到的现金		
取得借款收到的现金		
收到其他与筹资活动有关的现金		
筹资活动现金流入小计		
偿还债务支付的现金		

续上表

项　目	本期金额	上期金额
分配股利、利润或偿付利息支付的现金		
支付其他与筹资活动有关的现金		
筹资活动现金流出小计		
筹资活动产生的现金流量净额		
四、汇率变动对现金及现金等价物的影响		
五、现金及现金等价物净增加额		
加：期初现金及现金等价物余额		
六、期末现金及现金等价物余额		

表9-9　现金流量表补充资料

补充资料	本期金额	上期金额
1. 将净利润调节为经营活动现金流量：		
净利润		
加：资产减值准备		
固定资产折旧		
无形资产摊销		
长期待摊费用摊销		
处置固定资产、无形资产和其他长期资产的损失（收益以"－"号填列）		
固定资产报废损失（收益以"－"号填列）		
公允价值变动损失（收益以"－"号填列）		
财务费用（收益以"－"号填列）		
投资损失（收益以"－"号填列）		
递延所得税资产减少（增加以"－"号填列）		
递延所得税负债增加（减少以"－"号填列）		
存货的减少（增加以"－"号填列）		
经营性应收项目的减少（增加以"－"号填列）		
经营性应付项目的增加（减少以"－"号填列）		

续上表

补充资料	本期金额	上期金额
其他		
经营活动产生的现金流量净额		
2. 不涉及现金收支的重大投资和筹资活动：		
债务转为资本		
一年内到期的可转换公司债券		
融资租入固定资产		
3. 现金及现金等价物净变动情况：		
现金的期末余额		
减：现金的期初余额		
加：现金等价物的期末余额		
减：现金等价物的期初余额		
现金及现金等价物净增加额		

第五节 所有者权益变动表

一、所有者权益变动表的内容和结构

（一）所有者权益变动表的内容

所有者权益变动表是指反映构成所有者权益的各组成部分当期增减变动情况的报表。所有者权益变动表应当全面反映一定时期所有者权益变动的情况，不仅包括所有者权益总量的增减变动，还包括所有者权益增减变动的重要结构性信息，特别是无法在利润表上反映的直接计入所有者权益的利得和损失，让报表使用者准确理解所有者权益增减变动的根源。

所有者权益变动表至少应当单独列示反映下列信息的项目：

（1）综合收益总额，在合并所有者权益变动表中还应单独列示归属于母公司所有者的综合收益总额和归属于少数股东的综合收益总额；

（2）会计政策变更和前期差错更正的累积影响金额；

（3）所有者投入资本和向所有者分配利润等；

（4）按照规定提取的盈余公积；

（5）所有者权益各组成部分的期初和期末余额及其调节情况。

（二）所有者权益变动表的结构

为了清楚地表明构成所有者权益的各组成部分当期的增减变动情况，所有者权益变动表应当以矩阵的形式列示：一方面，列示导致所有者权益变动的交易或事项；另一方面，按照所有者权益各组成部分（实收资本、其他权益工具、资本公积、其他综合收益、盈余公积、未分配利润和库存股）及其总额列示交易或事项对所有者权益的影响。同时，企业需要提供比较所有者权益变动表；所有者权益变动表还应将各项目分为“本年金额”和“上年金额”两栏分别填列。

二、所有者权益变动表的填制方法

所有者权益变动表各项目列报说明如下：

1. “上年年末余额”项目

本项目应根据上一年度所有者权益变动表的期末余额或者上年年末的资产负债表的所有者权益部分的数据填列。

2. “会计政策变更”与“前期差错更正”项目

本项目反映当年发生的调整以前年度损益的事项，以及当年发生的重要差错更正涉及调整以前年度所有者权益的事项，这些事项的发生使得所有者权益的期初余额不同于上年年末余额。通过详细反映这些事项，该表提供了关于所有者权益在一个会计年度中发生变动的全貌。本项目根据“以前年度损益调整”“利润分配——未分配利润”“盈余公积”等账户的发生额分析填列。

3. “综合收益总额”项目

本项目根据当年利润表的“综合收益总额”项目填列。

4. “所有者投入资本”项目

本项目根据“实收资本”“资本公积”账户及其所属明细账的记录分析填列。

5. “其他权益工具持有者投入资本”项目

本项目根据“其他权益工具”账户及其所属明细账的记录分析填列。

6. “股份支付计入所有者权益的金额”项目

本项目反映权益结算的股份支付，根据“资本公积”“实收资本”账户及其所属明细账的记录分析填列。

7. “利润分配”项目

本项目反映企业一定会计期间对已实现净利润的分配情况或企业亏损弥补情况，根据“本年利润”“利润分配”账户及其所属明细账的记录分析填列。

8. “所有者权益内部结转”项目

本项目反映企业所有者权益内部结构的变化，包括资本公积转增资本、盈余公积转增资本、盈余公积补亏等。该项目不影响所有者权益的合计数，但影响所有者权益下各个细项的金额。本项目根据“实收资本”“资本公积”“其他综合收益”“盈余公积”账户及其所属明细账的记录分析填列。

三、所有者权益变动表的格式

所有者权益变动表的格式如表 9－10 所示。

表 9－10 所有者权益变动表

会企 04 表

编制单位：　　　　　　　　× × 年度　　　　　　　　单位：元

项目	本年金额										上年金额									
	实收资本（或股本）	其他权益工具			资本公积	减：库存股	其他综合收益	盈余公积	未分配利润	所有者权益合计	实收资本（或股本）	其他权益工具			资本公积	减：库存股	其他综合收益	盈余公积	未分配利润	所有者权益合计
		优先股	永续债	其他								优先股	永续债	其他						
一、上年年末余额																				
加：会计政策变更																				
前期差错更正																				
其他																				
二、本年年初余额																				
三、本年增减变动金额（减少以“－”号填列）																				
（一）综合收益总额																				
（二）所有者投入和减少资本																				
1. 所有者投入的普通股																				
2. 其他权益工具持有者投入资本																				
3. 股份支付计入所有者权益的金额																				
4. 其他																				
（三）利润分配																				

续上表

项　目	本年金额										上年金额									
	实收资本（或股本）	其他权益工具			资本公积	减：库存股	其他综合收益	盈余公积	未分配利润	所有者权益合计	实收资本（或股本）	其他权益工具			资本公积	减：库存股	其他综合收益	盈余公积	未分配利润	所有者权益合计
		优先股	永续债	其他								优先股	永续债	其他						
1. 提取盈余公积																				
2. 对所有者（或股东）的分配																				
3. 其他																				
（四）所有者权益内部结转																				
1. 资本公积转增资本（或股本）																				
2. 盈余公积转增资本（或股本）																				
3. 盈余公积弥补亏损																				
4. 设定受益计划变动额结转留存收益																				
5. 其他综合收益结转留存收益																				
6. 其他																				
四、本年年末余额																				

第六节 会计报表附注

一、会计报表附注的概念

会计报表附注是对在资产负债表、利润表、现金流量表和所有者权益变动表等报表中列示项目的文字描述或明细资料，以及对未能在这些报表中列示项目的说明等。财务报表总括地反映企业的财务状况和经营成果、现金流量等信息，因为采用了结构性的表述方式，对某一具体项目，从报表中只能看到总金额，无法看到其具体构成及明细金额；同时，因会计核算以货币计量为主要的计量手段，非货币信息在财务报表中无法反映出来。为了提供更加具体和全面的信息，企业需要编制会计报表附注。附注应当披露财务报表的编制基础，相关信息应当与资产负债表、利润表、现金流量表和所有者权益变动表等报表中列示的项目相互参照。

二、会计报表附注的内容

会计报表附注一般应当按照下列顺序披露：

（一）企业的基本情况

（1）企业注册地、组织形式和总部地址；
（2）企业的业务性质和主要经营活动；
（3）母公司以及集团最终母公司的名称；
（4）财务报告的批准报出者和财务报告批准报出日，以签字人及其签字日期为准；
（5）营业期限有限的企业，还应当披露有关其营业期限的信息。

（二）财务报表的编制基础（略）

（三）遵循企业会计准则的声明

企业应当声明编制的财务报表符合企业会计准则的要求，真实、完整地反映了企业的财务状况、经营成果和现金流量等有关信息。

（四）重要会计政策和会计估计

重要会计政策的说明，包括财务报表项目的计量基础和在运用会计政策过程中所做的重要判断等。重要会计估计的说明，包括可能导致下一个会计期间内资产、负债账面价值重大调整的会计估计的确定依据等。

企业应当披露采用的重要会计政策和会计估计，并结合企业的具体实际披露其重要会计政策的确定依据和财务报表项目的计量基础，以及其会计估计所采用的关键假设和不确定因素。

（五）会计政策和会计估计变更以及差错更正的说明

企业应当按照《企业会计准则第 28 号——会计政策、会计估计变更和差错更正》的规定，披露会计政策和会计估计变更以及差错更正的情况。

（六）报表重要项目的说明

企业应当按照资产负债表、利润表、现金流量表、所有者权益变动表及其项目列示的顺序，对报表重要项目的说明采用文字和数字描述相结合的方式进行披露。报表重要项目的明细金额合计，应当与报表项目金额相衔接。

企业应当在会计报表附注中披露费用按照性质分类的利润表补充资料，可将费用分为耗用的原材料、职工薪酬费用、折旧费用、摊销费用等。

（七）或有和承诺事项、资产负债表日后非调整事项、关联方关系及其交易等需要说明的事项

（略）

（八）有助于财务报表使用者评价企业管理资本的目标、政策及程序的信息

（略）

本章小结

财务会计报告是指企业对外提供的反映企业某一特定日期的财务状况和某一会计期间的经营成果、现金流量等会计信息的文件。企业对外提供的财务会计报告至少应当包括会计报表及其附注，以及其他应当在财务会计报告中披露的相关信息和资料。

资产负债表是反映企业在某一特定日期的财务状况的会计报表，又被称为财务状况表。按照资产负债表主体部分排列形式的不同，资产负债表的常用格式主要有账户式和报告式两种。我国会计准则规定使用账户式资产负债表格式。资产负债表各项目根据相关账户的期末余额直接填列或计算分析填列。

利润表又称为损益表、收益表，是反映企业一定期间经营成果的财务报表。利润表的常用格式有两种，分别是单步式和多步式。我国会计准则规定使用多步式利润表格式。在多步式利润表中，将企业的利润分为六个层次进行反映，即营业利润、利润总额、净利润、其他综合收益的税后净额、综合收益总额和每股收益。利润表项目在一般情况下都是根据对应账户的本期发生额直接填列。

现金流量表是反映企业在一定会计期间现金和现金等价物流入和流出的报表。按照产生现金的企业经营业务的性质，可将企业在一定时间产生的现金流量划分为经营活动产生的现金流量、投资活动产生的现金流量、筹资活动产生的现金流量。编制现金流量表时，对经营活动产生的现金流量的填列方法有两种，即直接法和间接法。

所有者权益变动表是反映构成所有者权益的各组成部分当期的增减变动情况的财务报

表。作为联系利润表和资产负债表的纽带，所有者权益变动表通过提供综合收益信息、资本交易信息进一步帮助外部信息使用者评价企业价值。

会计信息的披露是财务会计报告中的重要内容。相对于会计信息在基本会计报表中的列示，会计信息的披露受到的规制要小得多，可以包含更多的定性信息。

习　题

一、单项选择题

1. 在下列财务报表中，反映企业在某一特定日期财务状况的财务报表是（　　）。
   A. 资产负债表　　B. 现金流量表
   C. 利润表　　D. 所有者权益（股东）变动表
2. 反映企业一定时期经营成果的会计报表是（　　）。
   A. 资产负债表　　B. 利润表
   C. 现金流量表　　D. 所有者权益（股东）变动表
3. 反映企业现金流量的会计报表是（　　）。
   A. 资产负债表　　B. 现金流量表
   C. 利润表　　D. 所有者权益（股东）变动表
4. 我国资产负债表中资产项目的排列是按照（　　）。
   A. 各项资产的重要程度
   B. 各项资产的金额大小
   C. 各项资产流动性的大小及重要性程度强弱
   D. 各项资产的增加顺序
5. 下列项目中，哪一项不属于资产负债表的“存货”的核算范围。（　　）
   A. 半成品　　B. 原材料
   C. 在建工程物资　　D. 委托加工材料
6. 我国利润表采用（　　）格式。
   A. 单步式　　B. 多步式
   C. 报告式　　D. 账户式
7. 现金流量表是以（　　）为基础编制的会计报表。
   A. 费用配比制　　B. 权责发生制
   C. 收付实现制　　D. 应收应付制

二、多项选择题

1. 会计报表的表首应包括（　　）。
   A. 填制日期　　B. 会计报表名称
   C. 营业外收支净额　　D. 编制单位名称
   E. 货币计量单位

2. 企业会计报告包括（　　）。

A. 会计报表　　B. 会计报表附注

C. 科目余额表　　D. 银行存款余额调节表

E. 其他应当在财务会计报告中披露的相关信息和资料

3. 下列各项科目中，编制资产负债表时应根据明细账余额计算填列的有（　　）。

A. 应收账款　　B. 预收账款

C. 预付账款　　D. 应收票据

E. 应付账款

4. 资产负债表的编制方法是（　　）。

A. 根据总账账户余额直接填列　　B. 根据总账账户余额计算填列

C. 根据明细账户余额计算填列　　D. 根据有关账户的发生额填列

E. 根据预测数据填列

5. 构成营业利润的要素主要包括（　　）。

A. 营业收入　　B. 营业成本

C. 营业外收入　　D. 研发费用

E. 财务费用

6. 会计信息的使用者包括（　　）。

A. 企业投资者　　B. 企业债权人

C. 政府及其相关机构　　D. 潜在投资者和债权人

E. 企业职工

7. 资产负债表中的“货币资金”项目，应根据（　　）科目期末余额的合计数填列。

A. 备用金　　B. 其他货币资金

C. 银行存款　　D. 库存现金

E. 应收账款

8. 企业的现金流量可分为（　　）。

A. 借款产生的现金流量　　B. 经营活动产生的现金流量

C. 投资活动产生的现金流量　　D. 筹资活动产生的现金流量

E. 还款产生的现金流量

三、判断题

1. 现金流量表中的“经营活动”是指直接进行产品生产、商品销售或劳务提供的活动。（　　）

2. 财务报表分析的基本资料就是资产负债表、利润表、现金流量表三张主表。（　　）

3. 在资产负债表中，长期借款是不可以直接根据总分类账户期末余额填列的项目。（　　）

4. 资产负债表是依据“资产 = 负债 + 所有者权益”原理设计的。（　　）

5. 现金流量表的现金净增加额应与资产负债表中的货币资金期末数相等。（　　）

6. 企业的利润表应提供的利润指标有营业利润、利润总额和净利润。(　　)

7. 资产负债表中的"其他应收款"项目，应根据"应收利息""应收股利"和"其他应收款"账户的期末余额合计数，减去"坏账准备"账户中相关坏账准备期末余额后的金额填列。(　　)

8. 财务报表附注是账簿中所列示项目的文字描述或明细资料。(　　)

四、计算题

1. 朝阳公司 202×年 12 月 31 日有关账户的明细账余额如表 9-11 所示。

表 9-11　有关账户明细账余额　　单位：元

科目名称	借方余额	贷方余额
应收票据	20 000	
应收账款	30 000	12 000
应付票据		18 000
应付账款	34 000	65 000
预收账款	13 000	40 000
预付账款	50 000	32 000

要求：计算填列资产负债表中以下项目：

(1)"预收款项"项目；

(2)"预付款项"项目；

(3)"应收账款"项目；

(4)"应付账款"项目。

2. 朝阳公司 202×年 1 月 1 日至 12 月 31 日损益类科目累计发生额如表 9-12 所示。

表 9-12　损益类科目累计发生额

项　目	借方余额/万元	贷方余额/万元
主营业务收入		2 400
其他业务收入		200
主营业务成本	1 000	
其他业务成本	80	
税金及附加	90	
销售费用	120	
管理费用	150	
其中：研发费用	40	

续上表

项　目	借方余额/万元	贷方余额/万元
财务费用	138	
投资收益		300
营业外收入		260
营业外支出	200	
所得税费用	400	

要求：计算该企业当年的营业利润、利润总额和净利润。

五、综合题

朝阳公司202×年资料如下。假设该企业为已执行新金融准则、新收入准则和新租赁准则的企业。

朝阳公司202×年初各科目的期初余额如表9-13所示。

表9-13　朝阳公司202×年初各科目期初余额

科目名称	借方余额/元	贷方余额/元
库存现金	5 000	
银行存款	220 000	
其他货币资金	30 000	
应收票据	20 000	
应收账款	180 000	
坏账准备		10 000
原材料	91 000	
库存商品	450 000	
固定资产	900 000	
累计折旧		190 000
无形资产	580 000	
累计摊销		120 000
短期借款		40 000
应付账款		146 000
其他应付款		130 000
应付股利		100 000
应交税费		120 000
长期借款		450 000
实收资本		750 000
利润分配		420 000

朝阳公司202×年度发生的经济业务（假定增值税税率为13%）：

（1）企业销售产品取得销售收入1200 000元，60%收到货款，40%尚未收到。

（2）结转本年已售产品销售成本400 000元。

（3）收回应收账款36 000元，款项已存入银行。

（4）计算并支付本年产品销售费用80 000元。

（5）本年计提固定资产折旧150 000元，其中：生产车间100 000元，管理部门50 000元。

（6）本年计提无形资产摊销75 000元，全部由生产车间负担。

（7）将制造费用全部结转至生产成本。

（8）提取长期借款利息28 000元，假设该长期借款为到期一次还本付息。

（9）用存款购入厂房一栋，共计120 000元。

（10）收到投资收益200 000元，款项已存入银行。

（11）用银行存款100 000元偿还长期借款。

（12）将各收支科目结转本年利润。

（13）计算本年应交所得税（所得税税率为25%）

（14）按税后利润的10%提取法定盈余公积，按提取盈余公积之后的净利润的50%计算分配利润给投资者。

要求：

1. 根据上述各项业务编制相关的会计分录。

2. 编制该企业202×年12月31日的资产负债表和本年度的利润表。

习题答案

一、单项选择题

1. A；2. B；3. B；4. C；5. C；6. B；7. C

二、多项选择题

1. ABDE；2. ABE；3. ABCE；4. ABC；5. ABDE；6. ABCDE；7. BCD；8. BCD

三、判断题

1. √；2. ×；3. ×；4. √；5. ×；6. √；7. √；8. √

四、计算题

1. 答：

（1）预收款项 = 40000 + 12000 = 52000（元）

（2）预付款项 = 50000 + 34000 = 84000（元）

（3）应收账款 = 30000 + 13000 = 43000（元）

（4）应付账款 = 65000 + 32000 = 97000（元）

2. 答：

（1）营业利润 = 2400 + 200 -（1000 + 80 + 90 + 120 + 110 + 40 + 138）+ 300 = 1322（万元）

（2）利润总额 = 1322 + 260 - 200 = 1382（万元）

（3）净利润 = 1382 - 400 = 982（万元）

五、综合题

1. 分录如下：

（1）借：银行存款	813 600	
应收账款	542 400	
贷：主营业务收入		1 200 000
应交税费——应交增值税（销项税额）		156 000
（2）借：主营业务成本	400 000	
贷：库存商品		400 000
（3）借：银行存款	36 000	
贷：应收账款		36 000
（4）借：销售费用	80 000	
贷：银行存款		80 000
（5）借：制造费用	100 000	
管理费用	50 000	
贷：累计折旧		150 000
（6）借：制造费用	75 000	
贷：累计摊销		75 000
（7）借：生产成本	175 000	
贷：制造费用		175 000
（8）借：财务费用——利息支出	28 000	
贷：长期借款——应计利息		28 000
（9）借：固定资产	120 000	
贷：银行存款		120 000
（10）借：银行存款	200 000	
贷：投资收益		200 000
（11）借：长期借款	100 000	
贷：银行存款		100 000
（12）		
①借：主营业务收入	1 200 000	
投资收益	200 000	
贷：本年利润		1 400 000
②借：本年利润	558 000	

贷：主营业务成本　　　　400 000
　　销售费用　　　　80 000
　　管理费用　　　　50 000
　　财务费用　　　　28 000

（13）借：所得税费用　　　　210 500
　　贷：应交税费——应交所得税　　　　210 500

（14）

①借：本年利润　　　　210 500
　　贷：所得税费用　　　　210 500

②借：本年利润　　　　631 500
　　贷：利润分配——未分配利润　　　　631 500

③借：利润分配——提取法定盈余公积　　　　63 150
　　　　　　　——应付股利　　　　284 175
　　贷：盈余公积——法定盈余公积　　　　63 150
　　　　应付股利　　　　284 175

④借：利润分配——未分配利润　　　　347 325
　　贷：利润分配——提取法定盈余公积　　　　63 150
　　　　　　　　——应付股利　　　　284 175

2.（1）资产负债表如表 9－14 所示：

表 9－14　资产负债表

会企 01 表

编制单位：朝阳公司　　　　202×年 12 月 31 日　　　　单位：元

资　产	期末余额	年初余额	负债和所有者权益（或股东权益）	期末余额	年初余额
流动资产：			流动负债：		
货币资金	1004 600	255 000	短期借款	40 000	40 000
交易性金融资产			交易性金融负债		
衍生金融资产			衍生金融负债		
应收票据	20 000	20 000	应付票据		
应收账款	576 400	170 000	应付账款	146 000	146 000
预付款项			预收款项		
其他应收款			合同负债		
存货	316 000	541 000	应付职工薪酬		
合同资产			应交税费	486 500	120 000
持有待售资产			其他应付款	514 175	230 000
一年内到期的非流动资产			持有待售负债		

续上表

资　产	期末余额	年初余额	负债和所有者权益（或股东权益）	期末余额	年初余额
其他流动资产			一年内到期的非流动负债		
流动资产合计	2017 000	986 000	其他流动负债		
非流动资产：			流动负债合计	1 186 675	536 000
债权投资			非流动负债：		
其他债权投资			长期借款	378 000	450 000
长期应收款			应付债券		
长期股权投资			其中：优先股		
其他权益工具投资			永续债		
其他非流动金融资产			长期应付款		
投资性房地产			预计负债		
固定资产	680 000	710 000	递延收益		
在建工程			递延所得税负债		
生产性生物资产			其他非流动负债		
油气资产			非流动负债合计	378 000	450 000
无形资产	385 000	460 000	负债合计	1 600 675	986 000
开发支出			所有者权益(或股东权益)：		
商誉			实收资本（或股本）	750 000	750 000
长期待摊费用			其他权益工具		
递延所得税资产			其中：优先股		
其他非流动资产			永续债		
非流动资产合计	1065 000	1 170 000	资本公积		
			减：库存股		
			其他综合收益		
			盈余公积	63 150	
			未分配利润	704 175	420 000
			所有者权益（或股东权益）合计	1 517 325	1 170 000
资产总计	3082 000	2 156 000	负债和所有者权益（或股东权益）总计	3 082 000	2156 000

（2）利润表如9－15所示：

表 9－15 利润表

会企 02 表

编制单位：　　202×年　　单位：元

项　目	本期金额
一、营业收入	1 200 000
减：营业成本	400 000
税金及附加	
销售费用	80 000
管理费用	50 000
研发费用	
财务费用	28 000
其中：利息费用	28 000
利息收入	
资产减值损失	
加：其他收益	
投资收益（损失以“－”号填列）	200 000
其中：对联营企业和合营企业的投资收益	
公允价值变动收益（损失以“－”号填列）	
资产处置收益（亏损以“－”号填列）	
二、营业利润（亏损“－”号填列）	842 000
加：营业外收入	
减：营业外支出	
三、利润总额（亏损总额以“－”号填列）	842 000
减：所得税费用	210 500
四、净利润（净亏损以“－”号填列）	631 500
（一）持续经营净利润（净亏损以“－”号填列）	631 500
（二）终止经营净利润（净亏损以“－”号填列）	
五、其他综合收益的税后净额	
（一）不能重分类进损益的其他综合收益	
1. 重新计量设定受益计划变动额	
2. 权益法下不能转损益的其他综合收益	
……	
（二）将重分类进损益的其他综合收益	
1. 权益法下可转损益的其他综合收益	

续上表

项　目	本期金额
2. 可供出售金融资产公允价值变动损益	
3. 持有至到期投资重分类为可供出售金融资产损益	
4. 现金流量套期损益的有效部分	
5. 外币财务报表折算差额	
……	
六、综合收益总额	631 500

第十章　会计工作组织与职业道德

【学习目标及内容概述】

通过本章内容的学习，应该掌握会计工作组织的主要内容及其构成因素，明确会计档案的管理步骤，熟记各类会计档案的保管期限，了解我国会计准则由哪几部分组成及其基本内容，牢记会计职业道德的要求。

本章内容主要讲述了会计工作组织内容和构成；会计档案管理的步骤；会计准则的基本分类及内容；会计监督的作用和规范方法；会计职业道德与实施办法。

【教学案例导入】

202×年，张三作为会计师事务所的一名注册会计师，为谋求非法利益，利用职务之便与时任某商贸公司业务经理的李四经事先预谋，由张三提供客户，李四伪造银行询证函及银行对账单，先后为34家公司及个体工商户进行虚假验资，出具虚假验资报告，并收取高额费用，使上述单位在资金不足的情况下顺利进行工商注册登记和年检。经法院核实，张三在202×年3月至202×年11月期间，共非法出具34份验资报告，每份收费均在5000元之上，远超其所在会计师事务所对验资业务收费不超过2000元的标准，且其在收钱后只出具收据，概不出发票。根据上述资料，当事人都违反了哪些会计职业道德的要求？

思考：张三和李四伪造银行询证函及银行对账单，出具虚假报告时收取高额费用，出具虚假验资报告，分别违反了哪些会计职业道德要求？

第一节　会计工作组织

会计工作，需保证会计信息质量，充分发挥会计职能。这就要求除了建立完善的会计规范体系外，还必须科学地设置会计机构，配备有相应资格和素质的会计人员。同时，在会计工作中，形成了大量重要的会计档案资料，必须加强会计档案的管理，确保其安全和完整。

一、会计工作组织的意义

（一）会计工作组织的概念

会计工作组织是建立会计系统、设计会计政策和制度，以及系统内部部门和人员之间的分工与协调。

会计是经济管理的重要组成部分，因此，一个单位建立会计系统就成为必需。这个系统的组成不仅要有会计机构、会计人员，而且应有它的政策和制度，只有这样系统才能有效和规范运行。一个系统仅此还不够，还必须考虑环境——有关部门之间、有关人员之间的分工与协调，只有在分工恰当、明确与协调的情况下，系统才能有效运作，从而保证会计任务的圆满完成。企事业单位为使会计工作正常、高效运行，必须科学地组织会计工作。

（二）会计工作组织的意义

会计工作的恰当组织是形成、提高与完善会计工作，保证会计工作质量与效率，充分发挥会计作用的前提条件。其主要意义在于：

第一，为会计工作的开展与有效进行提供前提条件，保证会计工作的质量，提高会计工作的效率。会计反映的是再生产过程中的资金运动，它所提供的信息要经过一系列处理程序，而各个程序间存在着密切的联系，任何一个环节出现差错，都会造成整个核算结果不正确或不能及时完成，进而影响整个会计核算工作的质量和效率。一个专门的会计机构和高素质的会计人员，同时有认真制定并严格执行的会计法规和会计制度，能保证这一系列程序顺利进行。

第二，使会计工作与其他经济管理工作协调一致。企事业单位的各项经济活动都要通过会计来核算和监督，所以会计部门不但与宏观经济密切相关，而且与各单位内部的计划、统计等工作密切相关。会计工作能够促进其他经济管理工作之间关系的建立，做到相互促进、密切配合、口径一致，从而全面地完成会计工作。

第三，有利于国家方针政策和财经纪律的贯彻，加强经济责任和员工的核算意识，强化经济核算。会计系统的建立，根据单位规模和管理要求，一直可分层延伸到班、组和个人，因此会计系统使得国家方针政策和财经纪律、会计核算思想、会计管理要求都可得到有效贯彻，强化经济核算和经济责任。

二、会计工作组织应遵循的原则

（一）统一性原则

组织会计工作必须按照《会计法》和企业会计准则以及其他相关会计法规制度对会计工作的统一要求，贯彻执行国家规定的法令制度，满足社会各方面的组织和人员对会计信息的需求。

（二）适应性原则

组织会计工作必须适应本单位经营管理的特点。各单位应在遵循国家法规和会计准则的前提下，根据自身业务特点及规模大小等情况，制定出相应的具体办法，采用不同的账簿组织、记账方法和程序处理相应的经济业务，以适应企业发展的需求。

（三）效应性原则

组织会计工作时，在保证会计工作质量的前提下，应讲求效益，尽量量化会计工作所耗费的时间和所需的费用，防止、杜绝机构过于庞大、重叠，人浮于事和形式主义，努力提高会计工作的效率和质量。

三、会计机构

会计机构，是指各企业事业单位内部直接从事和组织领导会计工作的职能部门。建立、健全各单位的会计机构是保证会计工作正常进行、充分发挥会计管理职能作用的重要条件。

（一）会计机构的类型

（1）国家管理部门设置的会计机构。《会计法》规定，国务院财政部门是主管全国会计工作的机构，地方各级人民政府的财政部门是主管该地区会计工作的机构。国家各级管理部门分别设置会计司、处、科等。

（2）行政、事业单位设置的会计机构。行政、事业单位设置的会计机构，不仅需满足对经费收支及时进行核算和报告的要求，同时也需遵循内部控制的原则，以保证各单位预算资金的安全与合理使用。

（3）企业单位设置的会计机构。了解企业单位设置会计机构之前，首先明确，企业单位指的是那些自负盈亏、自主经营、自我发展的盈利单位。它包括各种类型的企业组织。一般而言，除了那些规模小、业务简单而不需要设立专门会计机构的单位外（但必须进行正常的会计核算），所有的企业单位都必须设置会计机构。

（二）会计机构的组织形式

各单位所设置的会计机构，一般称之为会计（或财务）处、科、室、组等，主要任务是组织和处理本单位的会计工作，严格贯彻和执行国家财经法规制度，如实反映经济活动情况和结果，并及时向有关部门和人员提供有效的会计信息，参与企业经营的预测和决策，努力提高经济效益。会计机构在处理本单位会计业务时，可以根据内部经营管理需要实行集中核算和非集中核算。

1. 集中核算形式

集中核算就是把整个企业的主要会计工作集中在企业会计机构进行，企业内部其他部门和下属单位只对其发生的经济业务填制原始凭证，定期将原始凭证或原始凭证汇总表交给会计部门，由会计部门审核，然后据以填制记账凭证，登记账簿，编制会计报表。实行集中核算，便于会计部门掌握有关资料，了解企业的全面经济活动，减少核算层次。

2. 非集中核算形式

非集中核算又称分级核算，是相对于集中核算而言的。单位内部会计部门以外的其他部门和下属单位，可以在会计部门的指导下，对其所发生的经济业务填制原始凭证或原始凭证汇总表，然后分别登记总分类账和明细分类账，编制会计报表，并进行其他会计工作。实行非集中核算，可以使各职能部门和车间随时了解本部门、车间的经济活动情况，及时分析问题并解决问题。

一个单位是采用集中核算还是非集中核算，主要取决于企业内部经营管理上的需要，取决于企业内部是否实行分级管理、分级核算。集中核算与非集中核算是相对的，在一个企业内部，可以根据管理上的需要对其各个业务部门分别采用集中核算或非集中核算两种核算形式，集中核算或非集中核算的具体内容和方法也不一定完全相同。但无论采取哪种形式，企业对外现金收付、银行存款收付、应收和应付款项的结算等，都应集中在会计部门进行。

四、会计人员

会计人员是指直接从事会计工作的人员。

（一）会计人员的配备

各单位应根据规模的大小及业务的需要，配置适量的具有相当素质的会计人员。设置会计机构的单位，应当有一定数量的具备会计专业能力的会计人员。不需要设置会计机构的单位，应当在有关机构中配备若干办理会计事务的专职会计人员，单位领导人应当在这些会计人员中指定一人为会计主管人员，负责领导和办理本单位的会计工作。对国有以及国有资产占控股地位或者主导地位的大、中型企业，还必须设置总会计师，来统筹整个单位的会计工作。

（二）会计人员的职责

会计人员的职责，概括起来就是及时提供真实可靠的会计信息，认真贯彻执行和维护国家财经制度和财经纪律，积极参与经营管理，提高经济效益。根据《会计法》的规定，会计人员的主要职责是：

（1）进行会计核算。会计人员要以实际发生的经济业务为依据，记账、算账、报账，做到手续完备，内容真实，数字准确，账目清楚，日清月结，按期报账，如实反映财务状况、经营成果和财务收支情况。进行会计核算，及时地提供真实可靠的、能满足各方需要的会计信息，是会计人员最基本的职责。

（2）实行会计监督。各单位的会计机构、会计人员对本单位实行会计监督。会计人员对不真实、不合法的原始凭证，不予受理；对记载不准确、不完整的原始凭证，予以退回，要求更正补充；发现账簿记录与实物、款项不符的时候，应当按照有关规定进行处理；无权自行处理的，应当立即向单位负责人报告，请求查明原因，作出处理；对违反国家统一的财政制度、财务制度规定的收支，不予办理。

（3）拟订本单位办理会计事务的具体办法。各单位要根据国家颁布的会计法规，结合本单位的特点和需要，建立健全本单位内部使用的会计事项处理办法。

（4）参与拟定经济计划、业务计划，考核、分析预算和财务计划的执行情况。

（5）办理其他会计事务。

（三）会计人员的权限

为保障会计人员顺利履行其职责，国家有关会计法规在明确会计人员职责的同时，也赋予会计人员相应的权限。

1. 审核原始凭证

会计人员按照国家统一的会计制度的规定对原始凭证进行审核时，针对三种情况进行处理：如发现不真实、不合法的原始凭证，有权不予受理，并向单位负责人报告；如发现弄虚作假、严重违法的原始凭证，有权不予受理，同时，应当予以扣留，并及时向单位负责人报告，请求查明原因，追究当事人的责任；如发现记载不准确、不完整的原始凭证，有权予以退回，并要求按照国家统一的会计制度的规定更正、补充。

2. 处理账实不符

会计人员如发现会计账簿记录与实物、款项及有关资料不相符的，按照国家统一的会计制度的规定有权自行处理的，应当及时处理；无权处理的，应当立即向单位负责人报告，请求查明原因，做出处理。

3. 处理违法收支

会计人员对违法的收支，有权不予办理，并予以制止和纠正；制止和纠正无效的，有权向单位领导提出书面意见，要求处理。对严重违法损害国家和社会公众利益的收支，会计人员有权向主管单位或者财政、审计、税务机关报告。

4. 处理造假行为

会计人员对伪造、变造、故意毁灭会计账簿或账外设账的行为，对指使、强令编造、篡改财务报告的行为，有权予以制止和纠正；制止和纠正无效的，有权向上级主管单位报告，请求做出处理。

5. 监督预算计划

财政部颁布的《会计基础工作规范》第八十一条规定：会计机构、会计人员应当对单位制定的预算、财务计划、经济计划、业务计划的执行情况进行监督。

（四）会计人员的任职资格

1. 会计人员的从业资格

在 2017 年 11 月 4 日之前，我国《会计法》规定，从事会计工作的人员，必须取得会计从业资格证书。但 2017 年 11 月 4 日颁布的新《会计法》取消了会计从业资格证书的相关要求，至此，我国实行的会计从业资格管理制度正式退出了历史舞台，修订后的新《会计法》规定，会计人员应当具备从事会计工作所需要的专业能力。

一般来说，从事会计工作的人员所需的会计专业知识，有以下几方面：

（1）财务会计知识；

（2）相关的经济管理知识；

（3）法律法规知识；

（4）其他行业相关知识。

2. 会计机构负责人（会计主管人员）的任职资格

设置会计机构的单位，应当指定会计机构负责人；在有关机构中配备专职会计人员的，应当在专职会计人员中指定会计主管人员。会计机构负责人或者会计主管人员，是在一个单位内具体负责会计工作的中层领导人员，在单位领导人的领导下，负有组织、管理包括会计基础工作在内的所有会计工作的责任。《会计法》对会计机构负责人的任职资格作了明确规定：“担任单位会计机构负责人（会计主管人员）的，还应当具备会计师以上专业技术职务资格或者从事会计工作三年以上经历。”

3. 总会计师的任职资格

我国1985年颁布实施的《会计法》，首次以法律的形式明确了设置总会计师的要求，充分肯定了总会计师制度，从而大大推动了我国总会计师制度的发展。1993年修订《会计法》时明确规定：“大、中型企业、事业单位和业务主管部门可以设置总会计师。总会计师由具有会计师以上专业技术任职资格的人员担任。”并且，这次修订的《会计法》对设置总会计师的范围又有了新的规定，即“国有的和国有资产占控股地位或者主导地位的大、中型企业”，“必须设置总会计师”。

《总会计师条例》规定，总会计师的任职条件具体包括以下几个方面：一是坚持社会主义方向，积极为社会主义市场经济建设和改革开放服务。总会计师，不仅是财务会计方面的专家，更是单位的行政领导人，具备一定的政治素质是必需的。二是坚持原则、廉洁奉公。总会计师是单位经济技术干部，是专业人才，主要领导单位的财务会计工作和经济工作，掌管着单位的经济命脉和财经大权，并负有严格维护国家财经纪律的责任。因此，总会计师必须做到坚持原则，廉洁奉公。三是取得会计师专业技术资格或持有总会计师（CFO）资格证书，主管一个单位或者单位内部一个重要方面的财务会计工作的时间不少于3年。作为总会计师，不仅应该具有较高的、扎实的财务会计理论知识，还应该具有独立、全面地组织领导本单位的财务会计工作、协调处理各方面关系的能力和经验。

4. 会计专业技术职务与会计专业技术资格

会计专业技术资格是对会计人员的政治表现、学识水平、业务能力等方面水准的认证，是从事会计专业技术工作的必备条件，分初级，中级和高级三个级别。会计专业职务是区别会计人员业务技能的技术等级，会计专业职务分为正高级会计师、高级会计师、会计师、助理会计师、会计员。

五、会计档案

（一）会计档案的概念

会计档案，是指单位在进行会计核算等过程中接收或形成的、记录和反映单位经济业务事项的、具有保存价值的文字等各种形式的会计资料，包括通过计算机等电子设备形成、传输和存储的电子会计档案。

会计档案是国家档案的重要组成部分，也是各单位的重要档案，它是对一个单位经济活动的记录和反映，通过会计档案，可以了解每项经济业务的来龙去脉；可以检查一个单位是否遵守财经纪律，在会计资料中有无弄虚作假、违法乱纪等行为；会计档案还可以为国家、单位提供详尽的经济资料，为国家制定宏观经济政策及单位制定经营决策提供参考。

（二）会计档案的内容

会计档案的内容一般指会计凭证、会计账簿、会计报表以及其他会计核算资料四个部分。

（1）会计凭证。会计凭证是记录经济业务，明确经济责任的书面证明。它包括自制原始凭证、外来原始凭证、原始凭证汇总表、记账凭证（收款凭证、付款凭证、转账凭证）、记账凭证汇总表、银行存款（借款）对账单、银行存款余额调节表等。

（2）会计账簿。会计账簿是由一定格式、相互连接的账页组成，以会计凭证为依据，全面、连续、系统地记录各项经济业务的账簿。它包括按会计科目设置的总分类账、各类明细分类账、日记账等。

（3）会计报表。会计报表是反映企业会计财务状况和经营成果的总结性书面文件，主要有财务指标快报，月、季度会计报表，年度会计报表（包括资产负债表、损益表）、财务情况说明书等。

（4）其他会计核算资料。其他会计核算资料属于经济业务范畴，是与会计核算、会计监督紧密相关的，由会计部门负责办理的有关数据资料。如：经济合同、财务数据统计资料、财务清查汇总资料等。

第二节 会计档案的管理

会计档案的管理一般分为五个步骤：一是会计档案的归档，二是会计档案的保管，三是会计档案的查阅和复制，四是会计档案的移交，五是会计档案的销毁。

一、会计档案的归档

单位的会计机构或会计人员按照归档范围和归档要求，负责定期将应当归档的会计资料整理立卷，编制会计档案保管清册。当年形成的会计档案应在会计年度结束后由单位会计管理机构保管一年，再移交单位档案管理机构保管。因工作需要需推迟移交的，应当经单位档案管理机构同意。

单位会计管理机构临时保管会计档案最长不超过 3 年。临时保管期间，会计档案的保管应当符合国家档案管理的有关规定，且出纳人员不得兼管会计档案。

二、会计档案的保管

会计档案应分类保管。《会计档案管理办法》明确规定会计档案的保管期限分为永久保管和定期保管。其中，定期保管期限一般分为 10 年和 30 年，时间从会计年度结束后的第一天算起。会计档案的具体保管期限见表 10－1。

表 10－1　企业和其他组织会计档案保管期间

序号	档案名称	保管期限
	一、会计凭证	
1	原始凭证	30 年
2	记账凭证	30 年
	二、会计账簿	
3	总账	30 年
4	明细账	30 年
5	日记账	30 年
6	固定资产卡片	固定资产报废清理后保管 5 年
7	其他辅助性账簿	30 年
	三 、财务会计报告	
8	月度、季度、半年度财务会计报告	10 年
9	年度财务会计报告	永久
	四、其他会计资料	
10	银行存款余额调节表	10 年
11	银行对账单	10 年
12	纳税申请表	10 年
13	会计档案移交清册	30 年
14	会计档案保管清册	永久
15	会计档案销毁清册	永久
16	会计档案鉴定意见书	永久

三、会计档案的查阅和复制

各单位保管的会计档案不得借出。如有特殊需要，经本单位负责人批准，可以提供查阅或者复制，并办理登记手续。查阅或者复制会计档案的人员，严禁在会计档案上涂画、拆封和抽换。会计档案借用单位应当妥善保管和利用借入的会计档案，确保借入的会计档案的安全完整，并在规定时间内归还。

四、会计档案的移交

单位应当编制会计档案移交清册用于单位会计管理机构办理会计档案移交，同时也需按照国家档案管理的有关规定办理移交手续。

交接双方在单位间移交会计档案时都应办理会计档案交接手续；移交会计档案的单位需编制会计档案移交清册，列明应当移交的会计档案名称、册数、卷号、档案编号、起止年度等内容；交接双方按照会计档案移交清册所列内容逐项交接，并由交接双方的单位有关负责人负责监督。交接完毕后，交接双方的经办人和监督人应在会计档案移交清册上签名或盖章。

五、会计档案的销毁

单位应当定期对已到保管期限的会计档案进行鉴定，并形成会计档案鉴定意见书。经鉴定，仍需继续保存的会计档案，应当重新划定保管期限；对保管期满，确无保存价值的会计档案，可以销毁。保管期满但未结清的债权债务原始凭证和涉及其他未了事项的原始凭证，不得销毁，应当单独抽出立卷，保管到未了事项完结时为止。单独抽出立卷的会计档案，应当在会计档案销毁清册和会计档案保管清册中列明。

会计档案保管期满需要销毁时，由会计档案管理人员提出销毁意见，经部门经理审查，总经理批准，报上级有关部门批准后执行。由会计档案管理机构编制会计档案销毁清册，销毁时应由监销人员共同参加，并在销毁单上签名或盖章。

一般销毁程序分为三个步骤：①由本单位档案管理机构同会计机构提出销毁意见，单位档案管理机构编制会计档案销毁清册，列明销毁会计档案的名称、卷号、册数、起止年度、档案编号、应保管期限、已保管期限和销毁时间等内容。②单位负责人、档案管理机构负责人、会计管理机构负责人、档案管理机构经办人和会计管理机构经办人在会计档案销毁清册上签署意见。③监销人在销毁会计档案前，应当按照会计档案销毁清册所列内容清点核对所要销毁的会计档案；销毁后，应当在会计档案销毁清册上签名盖章，并将监销情况报告本单位负责人。

第三节　会计准则与会计监督

一、会计准则

会计准则，是会计人员从事会计工作必须遵循的基本原则，是会计核算工作的规范。它就经济业务的具体会计处理作出规定，以指导和规范企业的会计核算，保证会计信息的质量。

会计准则是会计人员从事会计工作的规则和指南。按其使用单位的经营性质，会计准则可分为营利组织的会计准则和非营利组织的会计准则。

（一）我国会计准则

我国会计准则体系是我国法规体系的重要组成部分，属于国家法律法规和部门规章。我国会计准则是以法律、法规和部门规章的形式确定下来，由政府部门发布而且必须执行的会计准则，具有强制性特点，如果相关的企业不执行，就属于违法违规行为。建立和实施完备的会计准则体系，企业及其他组织的会计行为得到规范，会计信息的质量得到了基本保证，从而为我国市场经济的有效运行和资源配置效率的提高奠定了基础。

目前，我国会计准则包括企业会计准则、小企业会计准则和非企业会计准则。其中，企业会计准则由基本会计准则、具体会计准则、应用指南组成。

（二）企业会计准则

1. 基本会计准则

基本会计准则的作用是“准则的准则”，对 38 个具体准则起着统驭和指导作用，具体会计准则应在基本会计准则规定的框架内，按照会计业务或事项的类别进行制定与执行。新基本会计准则将制定会计准则体系的目的归纳为：“规范企业会计确认、计量和报告的行为，保证会计信息质量。向财务报告使用者提供企业财务状况、经营成果和现金流量等有关的会计信息，反映企业管理层受托责任的履行情况，以帮助财务会计报告使用者作出高效率的经济决策。”

基本会计准则规范会计核算的基本前提和会计信息质量要求。新会计准则对会计核算的基本前提（即会计的基本假设）没有作修改变动，仍然为会计主体、持续经营、会计分期和货币计量四个方面。将原来的会计核算一般原则修改为对会计信息质量要求。修改前的会计核算原则为 12 条，要求企业的会计核算要遵循客观性、相关性、可比性、一贯性、及时性、明晰性、历史成本定价、权责发生制、谨慎、配比、划分收益性支出和资本性支出、重要性原则。新会计准则将原来的会计核算 12 条原则分成了两部分，一部分改为对会计信息质量提出要求，这些要求包括：真实性、相关性、明晰性、可比性、一贯性、实质重于形式、谨慎性、重要性、及时性等；而将原来的历史成本计价、权责发生制、配比原则作为对会计要素计量提出的要求处理。

基本会计准则规范会计要素及其确认与计量、会计报告整体要求。新基本会计准则仍然将企业会计要素规范为资产、负债、所有者权益、收入、费用和利润六个，未发生变动；原会计准则规定会计要素的计量属性只有历史成本一个，新准则规定的计量属性有五个，即历史成本、重置成本、可变现净值、现值和公允价值；并规定企业在对会计要素进行计量时，一般应当采用历史成本，采用重置成本、可变现净值、现值、公允价值计量的，应当保证所确定的会计要素金额能够取得并可靠计量。新会计准则在原财务会计报告的基础上进行了修改，对报告的内容规范为会计报表、附注和其他应当在财务会计报告中披露的相关信息和资料，即由披露的信息取代了原财务会计报告中的财务情况说明书。

2. 具体会计准则

具体会计准则应根据基本会计准则的精神制定，用来指导企业各类经济业务的确认、计量、记录和报告。38 项具体准则又具体规范三类经济业务或会计事项的处理：

（1）一般业务处理准则。主要规范各类企业普遍适用的一般经济业务的确认与计量。如存货核算、长期股权投资、固定资产、无形资产、投资性房地产、职工薪酬、收入、建造合同、所得税、股份支付、政府补助、外币折算、借款费用、资产减值、每股收益、企业合并、企业年金基金、财务报表列报、现金流量表、中期财务报告、分部报告、资产负债表日后事项、会计政策、会计估计变更和前期差错更正等。

（2）特殊行业会计准则。主要规范特殊行业的会计业务或事项的处理，如生物资产、石油天然气开采等。

（3）特定业务准则。主要规范特定业务的确认与计量，如债务重组、非货币性资产交换、租赁、或有事项、金融工具确认与计量、金融资产转移、金融工具列报、套期保值、原保险合同、再保险合同等。

3. 应用指南

会计准则应用指南是根据基本准则和具体准则制定的，指导会计实务操作的细则。它主要解决在运用会计准则处理经济业务时所涉及的会计科目、账务处理、会计报表的格式及其编制说明等问题，类似于以前的会计制度。由于金融企业的会计业务与其他企业的会计业务存在较大的差别，所以会计准则应用指南包括金融企业的会计科目和会计报表，以及非金融企业的会计科目和会计报表。新准则的应用指南是企业会计准则体系的组成部分，有助于会计人员完整、准确地理解和掌握新准则，确保新准则的贯彻实施。财政部正在起草的准则应用指南包括两大部分内容：一是准则解释部分，主要对各项准则的重点、难点和关键点进行具体解释和说明；二是会计科目和财务报表部分，主要根据企业会计准则规定应当设置的会计科目及主要账务处理、报表格式及编制要求等。会计准则应用指南的两个部分从不同角度对企业会计准则进行了细化，以解决实务操作问题。

（三）小企业会计准则

小企业会计准则规范小企业会计确认、计量和报告行为，促进小企业可持续发展，是由财政部根据《会计法》及其他有关法律和法规制定的准则。

该准则共十章九十条，对小企业的资产、负债、所有者权益、收入、费用、利润及利润分配、外币业务、财务报表等方面作了一系列规定。

（四）非企业会计准则

非企业会计准则是企业之外的其他单位适用的会计准则，主要包括《事业单位会计准则（试行）》《政府会计准则》等。其中，《事业单位会计准则（试行）》1997 年 5 月 28 日颁布，于 1998 年 1 月 1 日起施行。该准则已于 2012 年 12 月 5 日进行修订，修订后的《事业单位会计准则》，自 2013 年 1 月 1 日起施行。修订后该准则共九章四十九条，对事业单位的会计核算原则、会计信息质量要求、资产、负债、所有者权益、收入、支出或者费用、财务会计报告等方面作了规定。另外，为了贯彻落实《国务院关于批转财政部权责发生制政府综合财务报告制度改革方案的通知》的要求，构建统一、科学、规范的政府会计准则体系，2015 年 10 月 23 日，财政部发布了《政府会计准则——基本准则》，自 2017 年 1 月 1 日起施行；随后，2016 年财政部发布了第 1－4 号的存货、投资、固定资产和无形资产等四项政府会计具体准则，自 2017 年 1 月 1 日起施行；2017 年发布了第 5 号公共基础设施和第 6 号政府储备物资等两项政府会计具体准则，自 2018 年 1 月 1 日起施行。截至 2018 年 12 月 30 日，我国的政府会计准则已发布了 1 项基本准则和 6 项具体准则。

二、会计监督

会计监督，是指单位内部的会计机构和会计人员、依法享有经济监督检查职权的政府有关部门、依法批准成立的社会审计中介组织，对国家机关、社会团体、企事业单位经济活动的合法性、合理性和会计资料的真实性、完善性以及本单位内部预算执行情况所进行的监督。

（一）会计监督的内容

根据《中华人民共和国会计法》和其他有关会计法规的规定，会计人员进行会计监督的对象和内容是本单位的经济活动。具体内容包括：

（1）对会计凭证、会计账簿和会计报表等会计资料进行监督，以保证会计资料的真实、准确、完整、合法。

（2）对各种财产和资金进行监督，以保证财产、资金的安全完整与合理使用。

（3）对财务收支进行监督，以保证财务收支符合财务制度的规定。

（4）对经济合同、经济计划及其他重要经营管理活动进行监督，以保证经营管理活动的科学、合理。

（5）对成本费用进行监督，以保证用尽可能少的投入，获得尽可能多的产出。

（6）对利润的实现与分配进行监督，以保证按时上交税金和进行利润分配。

（二）会计监督的主体

会计监督的主体是指由谁来实行会计监督。《中华人民共和国会计法》第十六条规定：“各单位的会计机构、会计人员对本单位实行会计监督。”这一规定明确了会计人员是会计监督的主体。在我国，会计人员作为会计监督的主体，有其特殊性。一方面，会计人员是国家财经法规的维护者；另一方面，会计人员又是本单位的经济管理人员，要维护本单位的经济利益。会计人员的这种双重身份决定了会计监督的复杂性和艰巨性。这主要表现在，当国家利益与单位利益不一致时，会计人员坚持原则、维护国家利益，往往会遇到来自各方面的阻力。这就要求会计人员有很强的政策性和原则性。

（三）会计监督的种类

会计监督可以按不同的标准进行分类。

按监督实行的时间，可以分为事前监督、事中监督和事后监督。事前监督是对将要发生的经济活动进行会计监督；事中监督是对正在发生的经济活动进行会计监督；事后监督是对已经发生的经济活动进行会计监督。事前监督与事中监督有利于及时发现问题、及时采取补救措施，防患于未然；事后监督便于全面、真实、准确地检查经济活动的全过程，提高会计监督的准确性。因此，应结合具体情况，灵活选择监督的方法。

按监督的要求不同，可以分为政策性监督和技术性监督。政策性监督是检查单位的经济活动是否符合国家有关政策、法规，着眼于经济活动的真实性和合法性。技术性监督是检查单位的经济活动是否符合财务会计的核算技术要求，着眼于经济活动的准确性、完整性和全面性。

（四）会计监督的作用

会计监督有利于维护国家财经法规。财经法规是一切经济单位从事经济活动必须遵循的基本准绳和依据。会计监督正是依据国家财经法规，对各单位经济活动的真实性、合法性、可行性等进行检查，从而促进各单位严格遵守国家财经法规。会计工作是财政经济工作的基础，一切财务收支都要通过会计这个“关口”。因此，有效地发挥会计监督职能，对于防范和制止违反财经法规的行为，保护国家和集体财产的安全完整具有非常重要的意义。

会计监督有利于强化单位内部的经营管理。会计监督是经济管理的一种手段，其最终目的是促进各单位改善经营管理，提高经济效益。通过对单位经济活动的真实性、合法性、合理性等方面的监督，保证各单位的经济活动在遵守国家财经法纪的同时，符合本单位的计划、定额、预算和经营管理要求，以便提高经济效益，或避免不必要的经济损失。

第四节　会计职业道德

一、会计职业道德的主要内容、功能及特点

会计职业道德，指在会计职业活动中应当遵循的、体现会计职业特征的、调整会计职业关系的各种经济关系的职业行为准则和规范。会计工作能否提供客观、公正的会计信息，能否对本单位经济活动的合法性、合规性、真实性进行监督，在很大程度上取决于会计人员在会计工作中是否遵守会计职业道德规范，按会计法律和会计准则的要求开展工作。会计职业道德规范贯穿于会计工作的所有领域和整个过程，着重点在于调整会计领域人与人之间、人与社会之间的关系，它的实现依靠人们内心的观念、惯例、传统、社会教育以及舆论的压力。

（一）主要内容

（1）爱岗敬业。要求会计人员热爱会计工作，安心本职工作，忠于职守，尽心尽力，尽职尽责。

（2）诚实守信。要求会计人员做老实人，说老实话，办老实事，执业谨慎，信誉至上，不为利益所诱惑，不弄虚作假，不泄露秘密。

（3）廉洁自律。要求会计人员公私分明、不贪不占、遵纪守法、清正廉洁。

（4）客观公正。要求会计人员端正态度，依法办事，实事求是，不偏不倚，保持应有的独立性。

（5）坚持准则。要求会计人员熟悉国家法律、法规和国家统一的会计制度，始终坚持按法律、法规和国家统一的会计制度的要求进行会计核算，实施会计监督。

（6）提高技能。要求会计人员增强提高专业技能的自觉性和紧迫感，勤学苦练，刻苦钻研，不断进取，提高业务水平。

（7）参与管理。要求会计人员在做好本职工作的同时，努力钻研相关业务，全面熟悉本单位经营活动和业务流程，主动提出合理化建议，协助领导决策，积极参与管理。

（8）强化服务。要求会计人员树立服务意识，提高服务质量，努力维护和提升会计职业的良好社会形象。

（二）功能

（1）指导功能。在社会经济生活中，会计职业道德能指导会计人员的会计行为，指明方向，表现出会计职业道德的指导功能。

（2）评价功能。会计职业道德使人们依据会计职业道德标准，对会计人员的会计职业行为等进行善恶评价。

（3）教化功能。会计职业道德一方面引导会计人员遵守会计职业道德原则和会计职业道德规范，另一方面通过使会计人员在各种社会活动中遵守会计职业道德，直接和间接地影响社会道德，推动社会道德水准不断提高。

（三）特点

会计职业道德规范是根据会计职业的特点提出的，要求会计人员在会计活动中普遍遵循的职业道德要求，它贯穿于整个会计规范体系之中。

会计职业道德规范具有如下特点：

（1）职业性。会计职业道德规范是会计职业界提出的，与会计职业活动紧密相连，具有鲜明的会计职业特征。

（2）自觉性。会计职业道德规范对会计工作和会计人员的约束作用，主要依靠社会舆论和道德的力量来维护。

（3）综合性。既有对会计人员业务素质的要求，也有对其思想道德等方面的要求。

二、会计职业道德奖惩

为了充分发挥会计职业道德的作用，健全会计职业道德体系，应在建立会计职业道德规范和加强职业道德教育的基础上，强化对会计人员职业道德规范遵循的检查，并根据检查的结果进行相应的表彰和惩罚，建立起会计职业道德的奖惩机制，这是会计职业道德法律机制的重要组成部分。开展会计职业道德检查与奖惩是道德规范付诸实施的必要方式，也是促使道德力量发挥作用的必要手段，有着很重要的现实意义。

（一）具有促使会计人员遵守职业道德规范的作用

前面已经谈到，会计职业道德的养成是内因和外因交互作用的结果，会计人员的自觉追求和刻苦修养是基础性的。

（二）裁决与教育作用

会计职业道德提出了一系列要求，但是，将这些外在要求要转化为会计人员的内在要求和自觉行动，则需要一个艰苦的过程。通过监督检查，可以及时将会计人员所从事的会计行为和会计职业道德的要求进行对照，对符合职业道德的行为予以肯定和奖励，对违反职业道德的行为进行否定和惩罚。

（三）有利于塑造良好的社会环境

会计职业道德的养成需要适宜的社会环境，我们有时也称之为社会文化。社会文化的形成需要长时间的点滴积累，需要全社会的共同努力。

三、会计职业道德建设组织与实施

会计职业道德建设是一项复杂的系统工程，要抓好会计职业道德建设、关键在于加强和改善会计职业道德建设的组织和领导，并得到切实贯彻和实施。

（一）财政部门对会计职业道德的监督检查

1. 将会计执法检查与会计职业道德检查结合

财政部门作为《会计法》的执法主体，可以依法对社会各单位执行《会计法》及国家统一的会计制度的情况进行检查或抽查。若会计人员有违反《会计法》的行为，也一定是违反了会计职业道德要求的行为。会计人员若存在这种行为，不仅要承担《会计法》被检查的责任，同时也要接受相关机构的会计职业道德规范检查。

2. 将会计专业技术资格考评、聘用与会计职业道德检查相结合

将会计职业道德奖惩与会计专业资格考评、聘用联系起来，必将使广大会计人员像重视自己专业技术职称一样重视自己的职业道德形象，不断提高自身的职业道德修养。

（二）会计职业组织建立自律机制与惩戒制度

会计职业组织起着联系会员与政府的桥梁作用，应充分发挥协会等会计职业组织的作用，改革和完善会计职业组织自律机制，有效发挥自律机制在会计职业道德建设中的促进作用。我国可以通过借鉴国外会计职业组织实施职业道德约束的做法和经验，在注册会计师协会、会计学会等职业组织中设立职业道德委员会，专司职业道德规范的制定、解释、修订和实施之职，对涉及会计职业道德的案件由会计职业组织进行处罚。

（三）企业开展会计人员职业道德教育

各企事业单位必须任用具备会计职业道德的人员从事会计工作，在任用重要的会计岗位的人员时，应审查其职业记录和诚信档案，选择业务素质高、职业道德好的会计人员。在日常工作中，应注意开展对会计人员的道德和纪律教育，并加强检查，督促会计人员坚持原则、诚实守信。在制度建设上要加强单位内部控制制度的建立和完善，形成内部约束机制，依法开展会计工作，为会计人员遵守职业道德提供良好的执业环境，从而可以有效地防范舞弊和经营风险，规避道德失范。同时，单位负责人要当遵纪守法的表率，支持会计人员依法开展工作。

（四）社会监督，形成良好的社会氛围

良好的会计职业道德风尚的树立，离不开社会舆论的支持和监督，强化舆论监督，有

利于在全社会形成诚实守信的氛围。要以新闻媒体为阵地，广泛开展会计职业道德的宣传教育，使社会各界了解会计职业道德规范的内容，使良好的会计职业道德意识深入人心。并通过会计职业道德建设中正反典型的事例，弘扬正气，打击歪风。

本章小结

会计工作组织是建立会计系统、设计会计政策和制度，以及系统内部部门和人员之间的分工与协调。各单位应当根据会计业务的需要，设置会计机构，配备会计人员。不同层次的会计人员的任职资格要求不同。聘用会计人员应注重其职业道德。

会计档案主要包括会计凭证、会计账簿、财务会计报告和其他会计资料，还包括通过计算机等电子设备形成、传输和存储的电子会计档案。其保管期限分为永久保管和定期保管两类。

会计准则是会计人员从事会计工作必须遵循的基本原则，是会计核算工作的规范，是会计人员从事会计工作的规则和指南。我国会计准则体系是我国法规体系的重要组成部分，属于国家法律法规和部门规章，具有强制性特点。目前，我国会计准则包括企业会计准则、小企业会计准则和非企业会计准则。其中，企业会计准则由基本会计准则、具体准则、应用指南组成。

会计监督作为会计的一项基本职能，它是我国经济监督体系的重要组成部分，也是经济管理的重要组成部分。我们必须进一步规范、健全和完善会计监督体系，加强会计的内部监督与控制。会计监督又包括：单位内部会计监督、政府监督以及社会监督。会计工作规范包括科学设置会计科目、提高会计人员素质，加大会计人员培训力度、建立和完善内部会计监督和审核制度，加大监督、检查力度。

会计职业道德是指在会计职业活动中应当遵循的、体现会计职业特征的、调整会计职业关系的各种经济关系的职业行为准则和规范。具体的会计职业道德实施与规范应是依靠财政部门对会计职业道德的监督检查，将会计执法检查与会计职业道德检查结合，将会计专业技术资格考评、聘用与会计职业道德检查相结合，会计行业组织建立自律机制与惩戒制度，企业开展会计人员职业道德教育以及社会监督，从多方面规范会计人员的职业行为。

习　题

1. 会计组织应遵循哪些原则？
2. 企业设置会计机构的组织形式的依据是什么？
3. 会计档案的管理分为哪五个步骤？
4. 会计监督该如何分类？
5. 会计职业道德的主要功能和特点是什么？
6. 会计职业道德与会计法律制度有什么关联？

7. 会计职业道德建设该如何开展?

习题答案

1. 统一性原则、适应性原则、效应性原则。

2. 会计机构的组织形式有两种：集中核算和非集中核算。一个单位是采用集中核算还是非集中核算，主要取决于企业内部经营管理上的需要和企业内部是否实行分级管理、分级核算。

3. 会计档案的管理的步骤：一是会计档案的归档，二是会计档案的保管，三是会计档案的查阅和复制，四是会计档案的移交，五是会计档案的销毁。

4. 会计监督有两种分类方式。一是按监督实行的时间，可以分为事前监督、事中监督和事后监督。二是按监督的要求不同，可以分为政策性监督和技术性监督。

5. 会计职业道德的主要功能是指导功能、评价功能和教化功能；特点是职业性、自觉性和综合性

6. 会计职业道德与会计法律制度有着共同的目标、相同的调整对象、承担着同样的职责。在作用上，会计职业道德与会计法律相互补充、相互依托：基本的会计行为必须运用会计法律制度强制遵守，但不需要或不宜用会计法律制度进行规范的行为，可通过会计职业道德规范来实现；在内容上，二者相互渗透、相互重叠：会计法律制度中含有会计职业道德规范的内容，会计职业道德规范中也包含会计法律制度的某些条款；在地位上，二者相互转化、相互吸收：最初的会计职业道德逐渐被吸收到会计法律制度中，会计法律制度是会计职业道德的最低要求；在实施上，二者相互作用、相互促进：会计职业道德是会计法律制度正常运行的社会和思想基础，会计法律制度是促进会计职业道德规范形成和遵守的制度保障。

7. 会计职业道德建设应从多方面开展，一是依靠财政部门对会计职业道德的监督检查，二是会计行业组织建立自律机制和惩戒制度，三是企业多方面开展会计人员职业道德教育，四是通过社会监督树立良好的风气。

第十一章 “大智移云”视角下的会计

【学习目标及内容概述】

本章内容由“大智移云”的概念介绍、“大智移云”背景下的信息化变革及“大智移云”技术对会计各方面的影响三部分组成。本章内容的主要目标是让同学们初步了解何谓“大智移云”，以及“大智移云”技术在会计各方面的应用。通过对“大智移云”技术影响的阐述，让同学们了解到会计人员的转型是会计行业发展的大趋势。

通过本章的学习，同学们应该对“大智移云”及“大智移云”技术有一定的了解，结合自身专业要求学习掌握相关技术，提高创新能力。

【教学案例导入】

“互联网 +”时代下的会计人员转型需求

会计老刘是在A工厂会计部门工作的一名资深老会计。在A工厂工作的十几年，他一直兢兢业业，经他处理的账务几乎从没出过差错，老刘一直为此感到自豪。可他最近听说厂里来了个叫小李的年轻人，是厂长专门请来对会计部门进行改革的。老刘一直很疑惑这位年轻人到底有什么了不起的本领，竟然如此受厂长的青睐。

没过多久，厂长在厂里开了一次会议，内容如下：之前厂里的会计依据每笔业务的会计分录手工登记，这种会计精神实为可贵，但工作效率低下，月末结账时遇到账户不平衡最让会计抓狂，哪怕差一分钱也必须查出错在哪里；不过，随着会计电算化的广泛应用，手工账被替代，账户不平衡的现象不复存在。近几年税法不断更新、税务风险增大、金税三期上线，懂税务筹划、风险管理等综合性的会计，成为未来管理会计发展的大趋势。财务人员要从重复的基础记账中走出去，逐渐向电子化、信息化、高捷化发展，并转向更高端的财务管理领域。财务人员要不断学习，完善自我，才能适应“互联网 +”时代的需求。基于以上综合考量，我特意请来了小李这位专业人士，希望能带领大家共同完成厂里会计部门的信息化改革。希望大家能多多配合，早日为我们会计部门换上“新面貌”！

会议结束后，老刘不禁感叹：“看来自己以前那套老方法已经不再适应现在互联网时代的大环境了，得加油努力学习新技能咯。”

思考问题：面对当前的大环境，你认为会计人员需要具备哪些技能？

第一节 “大智移云”概念的提出与发展

“大智移云”是中国工程院院士、互联网专家邬贺铨在2013年8月的互联网大会上提出的，其概念将大数据、云计算、物联网综合到一起，是指大数据、智能化、移动互联网和云计算的时代。

“大数据”需要满足3个特点：规模性、多样性、高速性。云计算和物联网等信息技术的不断发展，使海量数据迅速积累，过去的数据处理方式已经无法满足需求。大数据通过一系列的数据收集和存储、管理和处理、分析和共享及可视化技术等对海量数据进行处理，是一种新的数据处理技术革命。

“物联网”是指通过信息传感设备，按照约定的协议，把任何物品与互联网连接起来，进行信息交换和通信，以实现智能化识别、定位、跟踪、监控和管理的一种网络。它是在互联网基础上延伸和扩展的网络。

移动终端、移动网络、应用服务是“移动互联网”最重要的三个因素。它是通过移动网络来接入互联网和服务。移动互联网主要包括以下三个方面：①移动终端，主要指手机、数据卡方式的便携电脑和专用移动互联网终端；②接入2G/3G/4G/5G移动通信网络；③提供Web，WAPD等方式的公众互联网服务。在移动互联网中，最基本的前提是要有移动终端，基础是要接入网络，核心则是提供的应用服务。

“云计算”通过整合、管理、调配分布在各处的网络计算资源，将其提供给需要这一服务的大量客户。通过云计算技术，千万甚至过亿的数据信息，都可以在瞬息之间被处理；同时，用户不需要购买，只需要按照需求租用这些服务。

在经历了20世纪70年代末的起步阶段和90年代中后期的深化发展阶段之后，近年来，随着大数据、智能化、移动互联网和云计算等技术的广泛应用，会计信息化发展也迎来了第三次浪潮，进入了新的变革阶段。

在“大智移云”的时代背景下，会计信息化将传统的会计工作与计算机、网络通信为主的信息技术相结合，不仅能实现基础的会计电算化功能，而且能通过这些技术手段对原有的会计信息进行加工、传输和应用，将管理信息资源的效用最大化，为管理决策提供更多的解决方案，实现业务处理的高度自动化，构建充分开放、高度共享、实时报告的会计信息系统，提升企业的管理水平。

第二节 “大智移云”背景下的会计信息化变革

（一）XBRL技术

1. XBRL技术介绍

XBRL（可拓展商业报告语言，extensible business reporting language）是XML（可扩展的标记语言，extensible markup language）在财务报告信息交换中的一种应用，是目前应用于非结构化信息处理，尤其是财务信息处理的最新标准和技术。XBRL是由一个国际公共联盟开发的一种开放源代码标准。该联盟由来自27个国家将近500个组织构成，其中包括公司、投资机构、咨询机构、审计机构、监管机构，以及财务数据集成商，如标准普尔等。

从技术角度来讲，XBRL是XML在商业报告领域的应用。它采用一种电子标签来明确定义某个信息，从而便于各种应用程序读取。XBRL还描述了不同信息之间的关系，给出了计算各种比率的公式，提供了可供参照的会计准则和其他相关信息源，甚至可以将信息转化为不同的人类语言。这就意味着目前的手工流程可以变得简化和流程化。

XBRL在证券行业的应用，能够实现证券业内、业间的上市公司信息共享和互操作，进一步推动我国上市公司信息披露和证券信息服务业的规范、有序发展，实现上市公司信息网上披露。随着中国证券市场规模的扩大和金融领域对外开放的深入，国内外投资者对于上市公司财务状况和经营情况的关注程度日益提高，XBRL的广泛应用将满足各类机构和个人对上市公司越来越高的信息披露要求，并将显示出愈来愈大的经济价值和社会效用。

2. XBRL技术的影响

在实际应用中，XBRL将对财务信息产生、流转和应用的各个环节带来深刻的变革。主要表现在以下方面：

（1）降低数据采集的成本，提高数据交换及流转的效率。基于XBRL架构的财务报表信息具有标准格式，一次生成后，就可以直接在会计师事务所、监管机关、银行、互联网以及出版印刷单位之间流通，各个机构可根据自身需要提取数据进行处理利用；另一方面，由于XBRL是基于XML的，其本身就是一种跨平台的纯文本的描述性语言，因此，数据交换也是跨平台进行的。

（2）提高财务报告编制效率，数据可靠性高。XBRL根据底层的元数据形成XBRL文档，重新利用数据只需根据规范的报表格式即可自动生成，无需手工录入，提高了报表编制的效率及准确性，同时降低重新输入资料的次数，减少人工出错的风险。

（3）为财务数据提供更广泛的可比性。在建立了具有广泛通用性的XBRL分类体系后，使用XBRL标记的财务报表，为数据比较分析提供了更广泛的可能性，财务数据不仅可以进行纵向的跨越多年份的分析，还可以进行横向的跨越多报表、多公司、多行业、多国家的比较。

（4）更方便快捷地检索、读取和分析数据。如XBRL报表文档能够与微软的OFFICE结合，可以与Excel 2003、Excel XP进行数据转换，可以直接用IE网络浏览器打开，并且数据从网络浏览器到Excel电子表格的转换都是无缝平滑实现的，使得数据处理变得更加容易。

（5）能够适应变化的会计制度和报表要求。因为XBRL将财务数据细分为基本的元数据，再次利用和处理都是以元数据为对象，变化了的会计制度以及报表格式只是处理过程不同而已，原有XBRL的文档只需按照新的规则进行重组就可满足新的会计制度和报表格式的要求，自动生成具有可比性、一致性的数据。

（二）管理会计信息化

管理会计信息化，是信息技术在管理会计领域中的运用，更准确地讲，是指面向管理会计的信息系统在企业中的运用，是企业信息化的重要组成部分。

1. 预算管理信息化

随着预算管理在企业管理活动中的地位的日益重要，对预算管理信息化的要求也在过去20年中伴随着信息技术的发展而发展，从最初的基于文档、Excel表格等文件型数据库发展到基于专业性应用软件的信息系统。信息化水平的提升也使得处理复杂的预算编制、过程监控和预算分析成为可能。

但总体来说，预算管理信息系统在我国企业中的应用还不够普遍。2013年，元年诺亚舟与国务院国资委研究中心共同进行了一次针对大型国有企业的调研，发现仅有4成的企业实现了预算管理信息化。大型国有企业在我国企业预算管理推行中占有领先地位，倘若将这一调研范围放大到所有中国企业，相信这一数值还会有较大下降。

预算管理信息化工具主要包括以下几种：

（1）ERP中的预算模块；

（2）专业的预算管理软件；

（3）企业自行研发的预算软件。

随着预算在企业中地位的日益重要，独立的专业化预算管理软件逐渐成为应用的主流，而且在已有的实践中，对于强化企业管控和实现企业战略目标皆发挥了较大作用。

2. 成本管理信息化

随着生产自动化程度的提高以及产品种类越来越复杂，传统的手工管理模式往往不易也不可能实现对各个环节的最优成本控制。而基于计算机技术的信息系统，则可以给企业提供一个能协调、计划、监控和管理企业各类成本发生的全面集成化系统。它是中国企业由传统成本管理迈向精益成本管理的必然选择。

然而，与信息化对成本管理的巨大推动力形成鲜明对比的是，目前，在中国企业成本管理的应用领域，信息化的实施效果却不甚理想，特别是在标准成本法、计划成本法等领域，以ERP系统中的一个功能为主流的信息化应用大多是不成功的。但在以独立的专业化信息系统为主流的作业成本管理领域，信息化的实施对于推动这方面的应用所产生的作用已经得到显现。

（三）内部控制信息化

目前信息技术的应用越来越广泛，对于企业内部财务控制管理而言，信息化技术管理能够促使其良好有序地发展。当然，为了促使企业能够良好有序地发展，还需要监管机构对内部财务进行全面的控制。由于当前信息化技术更新发展速度日益加快，因而在企业的内部控制管理中运用了信息化管理，并在内部控制管理方面提供了有效的措施。

1. 内部控制管理设计原则

（1）要坚持勾稽制衡原则。随着社会经济的发展，企业财务管理实施了精益化管理措施，与传统的财务管理有很大的差别。就传统的企业内部风险管理系统建设而言，主要以企业财务管理的权力制衡为主，在实际操作中以勾稽监督为基础，让企业的财务和业务相分离。而在实施了信息化管理后，其管理系统依然使用的是勾稽制衡的原则，但企业内部控制管理的各个业务流程、岗位职责以及具体的权限等都能够通过信息化技术加以设定，同时也能通过系统设置实现权利自动化的勾稽制衡，从而对整个体系实施有效的反馈。

（2）企业内部风险控制管理设计坚持兼容并蓄原则。就企业内部风险控制管理而言，其系统性和复杂性比较强，信息化管理下整体系统由多个相互联系的子系统构成，因而解决其内部控制管理的问题比较复杂。要实现对企业内部风险的控制管理，需要不同层次的子系统衔接才能实现。那么，如何让各个系统发挥各自特点以使财务促进企业经济发展，是目前必须解决的重要问题。

（3）促使财务管理部门实施信息化管理及坚持以人为本的原则。在企业内部财务风险控制管理中运用信息化技术，能够促使企业内部财务管理的许多程序和处理措施都实现自动化。但这种自动化也需要人为的参与才能完成，并且工作人员在信息化系统中输入信息，将会对系统的自动化处理结果有非常大的影响，如果情况严重将对整个系统的正常工作产生影响。因此，在企业财务管理运营信息化系统后，在人员管理中要坚持“以人为本”的管理理念，促进财务管理的工作人员与计算机的和谐相处，最终促使企业内部财务管理工作人员与计算机达到最佳的匹配效果。

2. 内部控制管理具体应用措施

（1）信息化在企业内部风险管理方面的应用分析。在企业发展过程中，风险一直伴随企业的发展变化，其中对于企业的经营风险而言，主要源于企业在生产经营中出现的许多不稳定因素和不可知的因素。对于风险管理，运用信息化管理下的企业内部风险控制管理与传统的风险管理有很大的差别。传统的风险管理主要通过风险目标的设定、风险识别、风险评估和解决风险的策略等程序进行管理；而在实施信息化技术后的风险管理，主要通过建立风险网络评估机制和风险预警机制。如果企业经营的各个环节出现风险危机，则风险预警机制将会报警，然后财务管理的工作人员根据风险预警提供的信息数据进行分析，对出现的财务风险制定出切实可行的解决方案，确保企业信息经营的安全性。

（2）信息化在财务管理业务流程革新方面的应用。企业内部财务管理在运用信息化内部控制管理后，企业的资源实现了共享，企业各个部门之间的相互监督，从而促使了企业财务信息化管理系统的良性发展。而企业的内部控制将重点放在了财务高风险业务流程管理中，主要对其流程实施积极的控制，这对整体企业的发展起到了积极的推动作用。由于财务管理在业务流程方面运用了信息化管理，因而也对其实施了相应的改造，对企业内部财务风险控制管理的各个部门的工作内容和工作期间的权责实施了明确的区分，也让不同的风险控制管理部门之间有了平衡的制约和平等的合作。通过上述的改造之后，企业的内部财务风险管理控制取得了非常好的效果，企业内部的业务流程等区分得非常严格，但也相互联系，任何一个流程出现了问题，将引起整个业务流程的反应。

（四）云会计

云会计是指构建于互联网上，并向企业提供会计核算、会计管理和会计决策服务的虚拟会计信息系统。在会计领域，云会计作为一种新兴的基于云计算技术和理念的会计信息化模式，可实现企业信息系统的有效集成，提高企业的管理能力，增强企业的竞争优势。虽然云会计为实现企业会计信息化提供了一种新的途径，但要应用于企业会计工作中仍面临着多种问题，会计信息是否安全乃是企业选择云会计时最为担忧的问题之一。纵然有很多困难，但建立基于云计算的企业管理信息系统也将成为下一代企业信息化的发展趋势，把云计算应用于会计信息系统可助推企业会计信息化建设，降低企业成本，完成企业的会计核算和会计管理等内容。

1. 云会计的特点

云计算是信息社会的一种新产物。把云计算应用于会计数据的研究，就产生了云会计。财政部发布的《会计改革与发展“十二五”规划纲要》中明确提出，将全面推进会计信息化工作作为实现会计管理科学化、精细化的重要措施。云计算应用于会计信息系统可助推企业会计信息化建设。云会计是企业发展的长足动力，所以它在企业财务中的应用是必然的发展趋势。

云会计重点对应于企业的管理会计和财务决策，让企业把工作的重心聚焦到经营管理，而将会计信息化的建设与服务外包，这种模式将进一步推动会计工作向前发展。

云会计涉及云服务的提供商以及企业用户，云服务的提供商不仅为企业用户提供相关的云会计业务服务，如会计核算系统、管理信息系统、企业决策系统等业务系统，而且为企业用户提供相关的云会计服务平台，如云会计的数据库服务、会计信息化开发应用等平台（如图 11－1 所示）。企业用户通过付费的形式享受云会计服务。

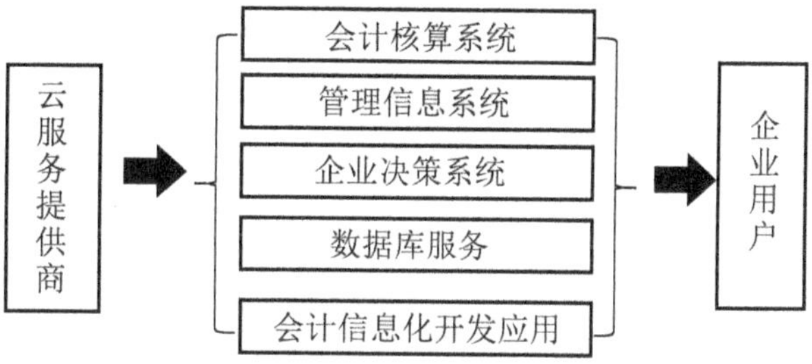

图 11－1　云会计服务平台

2. 云会计的应用

（1）用于大数据时代信息化建设，实现会计信息化外部协同。企业云会计信息化运营平台运算资源部署在云端，使企业所有的会计信息处理需求都可以通过网络在云计算平台的服务器集群中以最快的速度共同响应并完成。云会计可以实时控制财务核算，及时生成企业的财务数据，实现企业财务信息同步和共享。大数据时代，企业会计信息化建设需要同银行、税务、会计师事务所、供应商和客户等多方进行信息共享，使用传统的会计信息化建设模式很难与外部协同。云会计信息化平台通过广泛互联、灵活控制，不仅做到与会计准则保持一致，还可以实现网上报税、银行对账、审计、交易、与上下游企业和用户之间的会计信息系统集成，从而有效实现大数据时代企业会计信息化建设的外部协同。

（2）用于大数据时代成本控制系统，降低会计核算成本。大数据时代企业会计核算需满足新的商业模式，尤其是创新的互联网商业模式。“按需使用、按使用多少付费”的商业模式能够满足会计云计算服务需求者（企业信息化）的利益需要。云会计以软件服务方式提供，企业用户按需购买，按使用资源多少或时间长短付费。企业不必为服务器、网络、数据中心和机房等基础设施投入巨大的费用，不会占用企业过多的营运费用，并能及时获得最新的硬件平台和稳固的软件平台以及业务运行的最佳解决方案。已经在运行的“基础架构即服务（IaaS）”“平台即服务（PaaS）”“软件即服务（SaaS）”等云会计，通过对应的服务构成，整合提供云会计综合服务，在充分体现互联网商业模式的同时，有效降低大数据时代的会计核算成本。如利用云计算技术的软件即服务（SaaS）来构建云会计的会计核算系统、会计管理系统、会计决策系统、统一访问门户（Portal）以及其他与会计信息系统相关的业务系统；利用平台即服务（PaaS）来构建云会计的数据库服务以及会计信息化开发应用环境服务平台；利用数据即服务（DaaS）、基础实施即服务（IaaS）构建云会计的存储及数据中心的应用环境；利用硬件即服务（Haas）来构建服务器集群，形成有效的弹性计算能力，最后形成基于互联网的云会计系统。

（3）用于财务流程再造，确保财务战略顺利实施。与传统的财务信息系统账表驱动不同，大数据时代财务流程中的应用流程再造的思想是：将实时信息处理嵌入业务处理过程中，企业在执行业务活动的同时，将业务数据输入管理信息系统，通过业务规则和信息处理规则生成集成信息。基于这种模式构建的财务信息系统称为“事件驱动”的财务信息系统。云计算的发展将推进财务流程全部移到线上。在云计算系统的支持下，企业将数据存储在云中，业务流程可以实现将购销业务、生成合同、会计人员记录业务等信息传至云端，云端存储数据并自行运算，形成报表以及各种指标数据；管理层及税务部门、会计师事务所等外部协同部门都可以共享云空间的数据，满足各自需要。可扩展商业报告语言XBRL，可以实现企业数据的自动归集，报表使用者通过 XBRL 访问企业数据。公司管理层可以在实现以上财务流程再造的同时，确保企业财务战略及公司战略的顺利实施。

第三节 “大智移云”技术对会计各方面的影响

（一）“大智移云”对会计数据的影响

1. 管理会计数据价值提升

大数据特征认可度最高的是其大量性、多样性、高速性等，这些数据特征对于会计都有着或多或少的影响。对于管理会计师，获取来自公司内外部的数据将有助于其进行决策。在大量的数据中，数据结构变得多样，既包括结构化数据也包括非结构化数据。而非结构化数据一般包括媒体、视频、音频、社交网络交互数据、邮件以及各种 APP 等。数据高速性的特征使得会计师能实时处理企业数据，可以避免繁琐的年末结账。

另外，越来越多可收集的非财务数据以及财务数据分析技术的出现会对管理会计产生深刻的影响。例如：电商收到的顾客对该商品的评价，这些非财务信息可以作为评价企业产品的数据，使得企业能够根据这些信息及时改进产品，从而提升企业价值。

2. 会计数据安全风险加大

云会计，即云环境下的会计工作，是大智移云时代的产物，其实质是利用云技术在互联网上构建虚拟会计信息系统，完成企业的会计核算和会计管理等内容。企业运用云会计往往是对会计信息化的建设与服务采用外包模式，外包模式下企业的业务关键数据保存在第三方（云）存储库中，数据安全性、业务连续性和服务可用性是关键问题。

在这种模式下，企业的一些重要数据可能会在处理过程中丢失。可能带来的安全风险包括网络瘫痪、病毒攻击或者竞争对手恶意攻破企业网站盗取战略信息等。我们所处的经济环境具有高度的竞争性，每个企业在分享自己的财务数据时都非常谨慎，在合适的时间拥有合适的信息可能会给该产业或者业务领域带来巨大的变化，如果这些数据丢失或者被窃将给企业造成巨大的损失。因此，数据的安全性问题可能是“大智移云”在会计中运用的阻碍之一。

3. 企业会计信息的相关性取决于大数据技术的应用水平

大智移云时代，信息变得廉价且容易获得，企业可以根据需要获取各种形式的数据，无论是结构化的数据还是非结构化的数据。企业通过对这些数据进行分析，可以帮助企业做出决策。由于企业能够通过数据挖掘技术找到对于本企业有价值的信息，因此财务报告将会更加及时准确地反映企业的财务状况，提升财务报告的相关性。

在财务会计方面，大数据将提高会计信息的相关性，从而提高透明度，有利于利益相关者的决策。但从另一方面说，大数据也可能会削弱企业会计信息的相关性，大数据的数据结构复杂、信息全面，但这恰恰可能也是大数据最大的弊端。大数据中包含了太多不相关的数据，如果企业不能从中找出精准的数据，将会削弱会计信息的相关性，且由于企业花费了人力、物力处理不相关信息，会造成资源的严重浪费。比如有些公司可能没有足够的数据提取技术，或者获取的数据是不相关的或者不可靠的，使得会计信息相关性减弱。因此，会计人员所使用的数据必须准确才能反映企业的真实情况，或者是为企业制定正确的决策提供参考。

同时，在大智移云时代，如果企业过分依赖相关性分析的结论而不关注因果关系，将会造成决策失误。企业在发展过程中需要不断提高其数据分析技术，只有具备了数据分析技术，才能提高会计信息的相关性。

（二）大智移云技术对会计准则的影响

1. “货币计量”假设受到冲击

会计的四大假设分别是会计主体假设、持续经营假设、会计分期假设、货币计量假设。“货币计量”，即企业的财务报表只能反映能以货币计量的经济活动。之所以会产生“货币计量”这一假设，是因为会计准则制定时的经济环境、技术发展水平决定了会计只能收集记录可以用货币计量的经济活动。

但是在大智移云时代，大数据技术和人工智能技术使得非货币计量数据的大量收集与处理成为可能，非货币计量数据加入后能帮助企业进行更好的决策。

在大智移云时代，由于非结构化数据的获取，企业可以处理一些非财务的信息并进行披露。由于互联网缩短了世界的距离，金融危机的影响范围更广，使得货币贬值的风险加剧；大数据时代无形资产逐渐成为企业的核心竞争力，很多无形资产却无法用货币计量，因此，无形资产货币计量假设必须完善。

2. 计量属性受到冲击

会计中采用公允价值计量还是历史成本计量，专家学者已经研究很多，专家提出公允价值计量的应用有些情况下受限，主要是技术不够导致获取的公允价值可靠性较差。《企业会计准则》（2014）规定公允价值所使用的输入值分为三个层次，第一层次为“计量日能够取得的相同资产或负债在活跃市场上未经调整的报价”，且优先使用第一层次。这表明从活跃市场上取得的报价是公允价值最准确的衡量。大数据技术的发展使得企业能够实时获得活跃市场上的数据，获得较为准确的公允价值，使得公允价值的应用成为可能。因此“大智移云”会对计量属性产生一定的影响。

3. 会计要素确认受到冲击

云会计模式下企业的数据和资源都存在于云计算服务商的系统中，这种数据资源的性质就不符合传统的资产确认原则中的“存在性”，这就需要会计准则对于这种情况下的资产确认条件进行更新，以适应时代的发展。所以大智移云技术背景下资产的确认准则将要发生变化。

云会计下云计算服务提供商收入的区分和确认将出现问题。云计算服务商不能将其他业务的收入和云计算服务收入很好地区分开来，原因在于云计算业务的复杂性和当前准则的适用性。其复杂性主要表现在云计算服务提供商经常将云计算服务和非云计算服务捆绑销售；而会计准则的适用性则是由于商业模式的创新，会计准则已经不能指导会计人员去合理区分云计算服务的收入，因此亟待发布新的收入准则。

另外，云计算服务商提供云计算服务的成本也难以准确计量，因为提供云计算服务的成本很多，在建设、运行以及未来的时段都会发生成本，有一些成本甚至是云计算服务商想不到的，因此其成本计量受到很大的限制。

4. 物联网改变会计信息处理的模式

在物联网技术支持下，企业可以利用 RFID（射频识别）技术从原材料采购开始就给每件物品嵌入电子标签，在之后的生产到销售的环节中都将设置多个感应器与标签进行“互动”，全程没有工人的参与，这样可以加强数据的真实性。而且在物联网情况下，业务活动的信息能够实时处理，这样能够增加会计信息处理的时效性。另外，电子标签包含的信息量巨大，从原材料的采购到销售的各个方面的数据都可以被反映，所以使得非财务化数据收集变得容易。因此在物品管理方面应用物联网也将改变会计的工作方式。

（三）大智移云技术对会计人员的影响

1. 大智移云技术对会计人员的挑战

大智移云技术对会计人员的挑战首先表现在人工智能将会对会计师这一职业产生一定的影响。人工智能在会计中的应用从四大会计师事务所推出财务机器人开始。目前，也有其他公司成功应用了财务机器人。例如：江苏电信在 2017 年 4 月试运行了财务核算机器人，月均完成自动制证 6 万余单，8 月份的核算量占比已达 70%，准确率为 100%，这完全可以媲美任何一个经验丰富的会计；中化国际财务共享中心使用普华永道机器人，来提升税务及财务工作效率，其在降低人力时间成本、提升工作质量等方面效果显著。可以看出，用人工智能来代替一些重复性较高的会计工作以提高效率和准确度将是未来发展的趋势。

2. 大智移云技术促进会计人员转型

传统的会计工作都比较冗杂，使得会计人员的精力都放在了实际操作。因为他们要处理大量的凭证、账簿等，在手工做账的情况下难以避免由于疏忽导致的错误。即使是在会计信息化的条件下，也需要手动去录入记账凭证中的信息，这样也难免会发生错误。所以在传统会计工作中，会计师在财务会计方面投入的精力与时间比管理会计多。而在大智移云时代，大数据将有助于有效地管理控制系统和预算编制过程。这说明大智移云技术无论是从时间上还是从技术上都有助于实现管理会计。

事实上，在发达国家，管理会计人员的比例已远远高于财务会计人员的比例，所以随着“大智移云”在会计中的应用，会计人员的转型是大势所趋。

【案例分析】

基于智能时代的集团公司财务云建设

某大型电器集团公司在经过多年的发展，如今已经成功地从单一的军工产业转型为军民结合的产业发展模式，在家用电器、通信、IT、液晶显示等方面都取得了不错的业绩。财务处理方面，集团在进入21世纪后大步前进，2000年，集团ERP系统上线，开启了从单机、单用户的初步电算化阶段到基于局域网（LAN）、多用户信息化阶段的探索。2008年，集团建立财务共享中心，使集团核算不仅仅局限于LAN，而是跨越更大地域限制的广域网（WAN）。到了2012年，随着互联网的进一步发展，云技术、大数据等技术也逐渐兴起，为了进一步提高财务处理流程的智能化、快捷化水平，集团开始探索以这些先进技术为基础的财务管理模式，并逐步构建了财务云管理的体系。

但其在财务处理方面仍然存在以下问题：

1. 原始凭证多而杂，传统审核方式弊端严重

企业在开展经济活动时，需取得相关的原始凭证，这些原始凭证在种类、内容、格式等方面各不相同。传统的单证审核分为纵向和横向两种审核方法，纵向审核法遵循“单证一致”的原则，横向审核法遵循“单单相符”的原则，看似严密，但由于资料承载的信息量多，如：发票上的单位、商品名称、数量、单价、金额、是否盖有印章等，合同的标的、数量、价款、结算方式、合同签章是否有效等，审批人难以面面俱到，必然导致四处漏风。此外，由于审核中存在的形式主义较为普遍，对于审批人的考核也就无从谈起，使整个审核无法达到预期目的。

2. 纸质凭证众多，传递归档费时费力

在集团内，每天发生的经济业务种类众多，取得的原始凭证数量繁杂，来源四面八方，传递千里迢迢，丢失不易察觉，对档案的完整性造成风险隐患。集团平均每月仅费用报销凭证就有约4.4万笔，而每笔报销凭证从业务经办人员最终经过财务人员处理和核算到归档，需要经过4到5个环节，财务人员的工作重心完全放在了原始凭证中，效率可想而知。

3. 信息系统异构，相互交换数据困难

在共享阶段，集团以SAP公司的ERP系统为核心信息平台，外围开发了20多个财务和业务协作处理系统，这些外围开发系统存在数据结构、开发语言、数据名称等方面的不相一致，使数据交换存在很大困难。在提取辅助信息系统的数据后，由于数据的整合性、及时性较差，需要线下手工处理数据，信息报送不够及时，效率不高，对整体财务信息系统形成桎梏，不利于数据分析、数据挖掘和数据应用。

上述问题的存在对财务处理智能化运行有很大程度的制约，为解决这些问题，集团依托先进的云处理技术手段，在原有的智能化财务处理系统基础上，针对数据标准、单据标准、数据名称等方面进行了改革和统一，实现了业务流程的再造和嵌入式审核，形成了新型的更加智能和方便的“财务云”平台。“财务云”平台搭建后，集团财务处理也基本完成了无纸化业务处理，整个工作均可以实现在网络上高效、规范、智能化的处理，业务的

去物理化、凭证电子化、数据颗粒化、存储云端化也成为集团“财务云”的最主要的特征。

1. 云采集

顾名思义，“云采集”是指通过一定的方式和手段对数据进行收集、计量、确认以及输入。该集团采用“云采集”的方式对进行模块化处理后的原始单据进行分析和数据采集，最终形成统一的标准化的数据。

2. 云处理

“云处理”与云计算、云存储的核心都是远程的大型服务器。云处理是将特定的数据信息处理指令发送至远程服务器，然后经过数据处理分析后反馈回用户电脑。反映在财务处理系统中则表现为：远程服务器对数据要素进行提取分析、分类筛选、审核汇总和存储传递等数据处理活动。数据的及时性、准确性和完整性要求云处理对处理动作、处理机构和处理环境进行科学设计和合理安排。

3. 云产品

该集团的“云产品”是经过财务信息处理后所衍生出来的一种信息产品，包涵简单会计产品、复杂会计产品和综合类产品。财务信息处理以要素形式的模块化处理，通过整合分析，将有价值的信息汇总、归类、输出从而形成有商业价值的“产品”。

（1）简单会计产品。简单会计产品是不需要经过数据分析，可直接输出的信息产品，包括会计凭证、简单统计报表。例如收付款凭证和转账凭证、销售收入及回款报表、应收账款报表、产品成本报表、存货进销存表、公司资金情况表、税收缴纳情况表、银行未达账项调节表等。一般情况下，这些信息的提供能够满足公司的日常财务管理需求。

（2）复杂会计产品。复杂会计产品的输出以云存储为基础，通过调取服务器中存储的大量的要素信息，进行云计算和云处理，并对其进行加工处理、逻辑分析、合并分组，最后进行输出。具体包括了个别报表和合并报表，其服务对象也转变为企业内部管理决策者、政府监管部门、股东及债权人等。

（3）综合类产品。通过全口径、全业务的数据采集，财务云承载了企业大量宝贵的数据资产，成为企业数据中心，利用大数据的优势，深挖数据信息，为企业的决策提供业务动因分析及相关指标分析，使决策更加科学合理。例如：根据全国各分公司的相关历史数据，按时点、按产品结构进行产品的销量和销售额预测；按相关运行要素对产品的竞争力、市场等进行模拟分析；配合产品经理制，为产品经理提供销量、占比、趋势等分析功能；根据全国分（子）公司的办公用品数据分析进行采购比价；通过顾客信息得到不同地区的购物偏好等。

案例讨论：

1. 在实施云处理技术前后，企业在财务处理方面有什么不同?
2. 请对该集团财务云建设的绩效进行评价。

本章小结

“大智移云”背景下，会计的工作内容以及工作范围发生了翻天覆地的变化，这为会计人员带来了极大的挑战与机遇，进而要求会计从业人员不断培养创新能力，掌握好新环境下的新方法和新技术，为转型为“复合型”人才打好坚实基础。

习 题

1. 什么是“大智移云”?
2. 请简要介绍几种“大智移云”背景下的信息技术。
3. 大智移云技术对会计行业的影响有哪些?

习题答案

1. “大智移云”是中国工程院院士、互联网专家邬贺铨在2013年8月的互联网大会上提出的，其概念将大数据、云计算、物联网综合到一起，是指大数据、智能化、移动互联网和云计算的时代。

2. 分别介绍XBRL技术，管理会计信息化、内部控制信息化、云会计的内容。

3. 分别阐述了对会计数据、会计准则、会计人员的影响。

参考文献

[1] 晋晓琴. 会计学基础 [M]. 北京：经济科学出版社，2018.
[2] 财政部会计资格评价中心. 初级会计实务 [M]. 北京：经济科学出版社，2019.
[3] 陆正飞，黄慧馨，李琦. 会计学 [M]. 4 版. 北京：北京大学出版社，2018.
[4] 卢佳友，喻凯. 会计学原理 [M]. 北京：清华大学出版社，2012.
[5] 汪伟. 会计学 [M]. 北京：经济科学出版社，2012.
[6] 孔陇，马亚红，侯洪沄. 会计学基础 [M]. 北京：经济科学出版社，2018.
[7] 彭卉. 基础会计学 [M]. 广州：华南理工大学出版社，2014.
[8] 董京原，潘宏霞. 基础会计 [M]. 北京：北京师范大学出版社，2011.
[9] 牟小容，王玉蓉. 会计学原理 [M]. 4 版. 北京：经济科学出版社，2012.
[10] 苏强. 会计学基础 [M]. 北京：经济科学出版社，2016.
[11] 中华人民共和国财政部. 企业会计准则 2006 [S]. 北京：经济科学出版社，2006.
[12] 财政部会计司编写组. 企业会计准则讲解 2010 [M]. 北京：人民出版社，2010.
[13] 刘玉廷. 中国企业会计准则体系：架构，趋同于等效 [J]. 会计研究，2007 (3).
[14] 韩向东. 管理会计信息化的应用现状和成功实践 [J]. 会计信息化，2014 (32).
[15] 刘勤，常叶青，刘梅玲，等. 大智移云时代的会计信息化变革 [J]. 会计研究，2014 (12).
[16] 王海洪，肖洋洋. 大智移云技术对会计影响的文献综述 [J]. 会计信息化，2018 (24).
[17] 刘李. 大智移云时代企业会计信息化的相关问题探讨 [J]. 会计信息化，2015 (6).
[18] 董红杰. 大智移云时代财会类专业人才培养实践与探索 [J]. 财会通讯，2018 (31)：40 - 42.